用思维导图学解码器的使用

杨增雨　主编

辽宁科学技术出版社

·沈　阳·

图书在版编目（CIP）数据

用思维导图学汽车解码器的使用 / 杨增雨主编. —
沈阳 : 辽宁科学技术出版社, 2020.10
ISBN 978-7-5591-1752-6

Ⅰ. ①用… Ⅱ. ①杨… Ⅲ. ①汽车－车辆修理 Ⅳ.
①U472

中国版本图书馆CIP数据核字（2020）第169694号

出版发行：辽宁科学技术出版社
　　　　　（地址：沈阳市和平区十一纬路25号　邮编：110003）
印 刷 者：辽宁新华印务有限公司
经 销 者：各地新华书店
幅面尺寸：165mm × 235mm
印　　张：18.5
字　　数：300千字
出版时间：2020年10月第1版
印刷时间：2020年10月第1次印刷
责任编辑：吕焕亮
封面设计：熊猫工作室
责任校对：徐　跃

书　　号：ISBN 978-7-5591-1752-6
定　　价：128.00元

编辑热线：024-23284373
邮购热线：024-23284626

前　言

从事汽车维修 30 年中，汽车新技术层出不穷，越学习越觉得学习不过来，如何适应当前知识爆炸年代汽车技术的发展呢？

思维导图是这样被发明的。英国东尼博赞先生在进入大学后，遇到了难题，他发现无论如何努力，都不能使自己的学习成绩提高。于是，他搜集了以往学习成绩优异的前辈们的笔记，发现一个共同的特点，就是图文并茂，不仅仅是文字化的笔记。这其中是不是暗含什么玄机？经过认真分析，他发明了思维导图这个思维工具，它可以提高我们的思维效率，帮我们进行知识整理。

笔者在汽车维修技术学习的道路上也遇到类似问题，有幸于 2015 年在北京安莱汽车技术研究院阚有波老师的指导下，了解到了思维导图，并且在王树磊老师的支持下得到了电脑片的思维导图。从 2017 年开始尝试用于整理以往的技术知识，同年编写出版了《用思维导图学汽车万用表》一书，到 2020 年的几年时间内，利用思维导图这个工具编写出版图书 4 本。

综合解码器是我们修理厂平时工作中应用最频繁的设备之一，该设备属于电子通信类设备，使用它的都是汽车维修技术人员，要想用好这个设备需要有扎实的汽车电子控制系统知识的基本功，比如，会读电路图，会熟练使用万用表、示波器以及其他一些常见的诊断设备。这些设备是如何工作的，我们平时很少关注，但随着技术的发展，诊断技术也越来越复杂，有时我们如果能懂一些设备的工作原理，可以加深我们对诊断结果的理解，这对排除疑难故障大有帮助。本书首次尝试讲解设备内部的工作原理，这部分内容安排在了第一单元。除此之外，本书还有以下三大亮点：

亮点 1：通过使用案例，让我们的维修技师类似于看故事的形式，来了解我要讲的问题，轻松自然，便于进入深度思考的状态。

亮点 2：本书共有 100 个知识点，是笔者从事汽车维修 30 年的心得，加上从事技术文章写作 20 年技巧精心编辑而成。

亮点 3：思维导图是一个思维工具，让我们的思维走上高速公路，道理很简单，如果不利用思维导图进行思维，就如杂乱的公路上随时有调头的车辆，会使思维公路上的效率降低。因为我们的思维本身是发散性思维为主，想起一件事会联想起另一件事；在加装了车道上的中间护栏后，就不用再思考从左侧对面开过来不守规矩车的干扰，在高速公路上就是利用这种方法提高效率的，我们的思维也是这样的。

写作本书的难点：有很多的案例可以写，有很多的内容可以写，如何让读者受益最大，在这海量的信息里面怎样取舍是最大的难题。其他几本书难在题材不够，而这本书则是题材过于杂乱。怎样整理是个难题，多亏了有思维导图（图 1）不断进行梳理，最终才完成本书的写作。

本书以道通 906、元征 431、朗仁 H6 为主要设备进行讲解。

笔者在综合修理厂工作，对于专用的解码器使用经验较少，所以本书涉及专业解码器相对于综合解码器的优势讲得还不够，不过不要紧，我们还可以在以后陆续出版相关图书，希望同行们多多关注！

由于时间仓促，笔者水平有限，还有很多不足之处，请读者朋友们给予指正，在此表示感谢！

出版这本书要感谢的人很多，首先要感谢我的家人，因为写书这件事我自己付出许多精力，全靠家人的理解和支持，甚至是两代人的支持，才能有充足的时间去完成；要感谢我的同事，虽然书中内容是我组织的，但明雨轿车维修站的同事们通过平时的维修工作给我积累了很多的精彩内容和材料，他们的思考方式对我启发也很大；要感谢我们的客户，他们的车辆来维修，为我们提供了难题，我们以解难题为己任，"啃骨头"时间长了，练就了一副好"牙口"；要感谢北京安莱技术研究院的几位老师，阚有波院长为我提供了思路与方法，王树磊老师为我提供思维导图软件方面的支持，朱振奇老师在技术上给予了指导；要感谢《汽车维修技师》杂志的支持，本书是在编辑部各位老师的帮助下，才得以快速与读者见面！

编　者

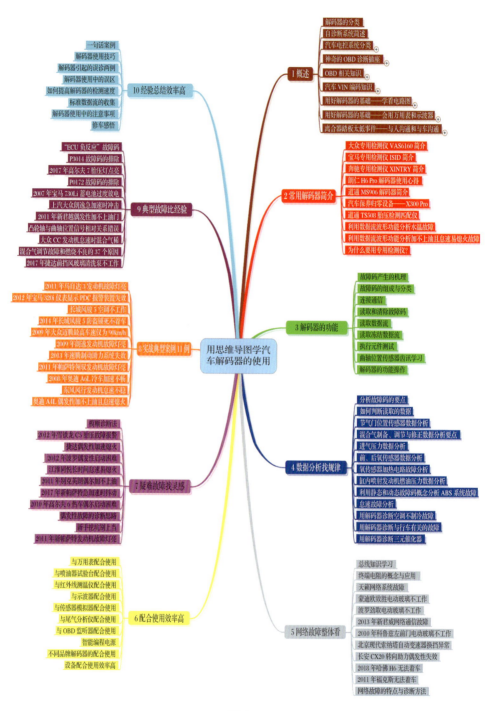

图 1

目 录

1 概述

▶ **1.1 解码器的分类**

在汽车诊断解码器的阵营里可以分为两大类：综合型解码器和专用型解码器。近几年还有一些专用功能型解码器，比如 X300 专做保养归零和防盗，TS508 专做胎压监测等。

常见的综合型解码器品牌有道通、金奔腾、元征、朗仁等，都是市场上常见的品牌；另一类是 4S 店使用的专用型解码器（也叫专用检测仪，简称专检），如别克的 MDI、福特的 VCM-2、奔驰的 XENTRY、宝马的 ISID、大众的 VAG1551/1552（现在最新的大众奥迪的是 VAS6160A）。

因为笔者一直在维修一线工作，所使用过的解码器有十几台，早期的解码器因为更新换代已经淘汰，我们修理厂现在正在使用的解码器有以下几台，刚好就这几台解码器给大家讲一下它们各自的特点。

根据不同的特点可以分为专用型解码器和综合型解码器。我们修理厂现在有 9 台解码器，分别是金奔腾神州星 – Ⅲ、3G 版元征 431、道通 MS906、平板版元征 431、奥迪大众专用检测仪、奔驰 / 宝马 / 奥迪三合一专用检测仪、X300、朗仁 H6 Pro、道通 TS508。

每一个解码器都有自己的特点，虽然金奔腾神州星 – Ⅲ（图 1–1）用的时间比较长，也比较老，好几年不升级了，但它在检测一些车型时，还有独到的地方，检测速度比较快，工作稳定，一些老车型新解码器可能还没有，必须用它才能解决问题，但遇到新车型，这个解码器就可能测量不了了。

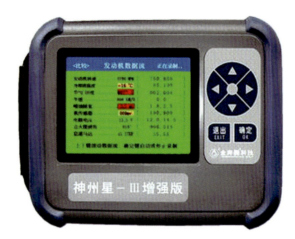

图 1-1

3G 版元征 431（图 1-2）可以检测的车型众多，很多稍微老一点儿的车都能检测，工作性能也十分稳定，它的特点就是可以检测的车型比较多。

道通 MS906（图 1-3）可以检测大多数的新车型，检测速度比较快，车型菜单也比较齐全，只是电池不耐用，必须每天充电，并且在设计上有一个缺点，在检测的时候不会给电池充电。相比 431 无线版的，有检测线的拖累，但有一

图 1-2

图 1-3

个优点值得肯定，就是对故障码的解释比较严密。

平板版元征 431 使用起来比较方便，是无线蓝牙接头，可以检测的车型比较新，并且在全车扫描时不仅能显示哪个系统有故障，还可以直接把故障码显示到检测结果菜单内，让我们可以看到全车共有多少个控制模块，每个控制模块里面有哪些故障码，这对于分析疑难故障是非常有帮助的。这个功能比一般的专检做得都不差，跟专检相比，就差一个资料库了。在应用过程中，我发现在检测宝马车系时，有时比专检都好用。

在综合型解码器的阵营里，目前市场占有率比较高的有元征、道通和朗仁。这几个品牌的解码器升级换代比较快，可以检测的车型在 90% 以上，并且经过多年的市场竞争，市场占有率高，质量比较稳定，在实际使用中，故障率极低，并且其售后服务有保障。

在新型综合型解码器的市场里，比较流行的就是用平板电脑代替了原来的按键式工业检测仪，采用触摸彩色大屏幕设计，方便、美观。有了大屏幕的支持，可以显示更多的内容。

新的综合型解码器也增加了远程操作的功能，一些修理厂接触较少的疑难问题，可以实现远程协助操作。另外，在读取故障码后，不但有设备给出的解释，还设计出与互联网相关联链接，可以方便地从互联网上搜索到相关的案例。

当然，这些案例仅起参考作用，还有更多的案例是找不到的或者与实际维修车辆相关性不大的。尽管这样，从发展的角度看，综合型解码器的优势不断增加，甚至有些 4S 店也会配上综合型解码器。

奔驰 / 宝马 / 奥迪三合一专检，在检测德系豪华车上，功能强大，不仅是一台检测仪，还是一台数据库系统，可以用来查电路图，以及零件查询，它的编程和资料库是综合型解码器无法替代的，缺点是只能检测一个或几个车系。

奥迪大众专用检测仪，虽然功能上与奔驰 / 宝马 / 奥迪三合一专检有点儿重复，但相对奔驰 / 宝马 / 奥迪三合一专检工作更稳定，是一个备用解码器。平时维修工作还是奥迪大众车型比较多，用它来检测十分方便。

将以上内容总结一下，解码器可以分为综合型解码器和专用型解码器，综合型解码器可以检测绝大多数车型，专用型解码器只适用于某一个品牌的车型。综合型解码器对于综合修理厂来讲，具有使用方便的特点，可以一机多用，缺点是对于某些车型的特殊功能往往会受到限制，专用型解码器则不仅支持解码器的通信功能，还带有资料查询功能，非常方便，专业性更强。

除了维修用的解码器，市场上还出现了专门做胎压匹配与检测的解码器，如道通 MS508（图 1-4），以及专门做保养归零和防盗的解码器朗仁 X300（图 1-5），它们都比较适用于汽车电子维修的某一特定领域。这两款解码器笔者也有，确实用它来解决相关问题比较专业。

总结：专用型解码器和综合型解码器各有优点，当今社会发展，时间就是效率，选用合适的诊断设备对提高修理厂的工效至关重要。新车型、新技术的不断出现，也会有更多的诊断解码器的升级换代产品，这就要求我们的维修人员不断地学习，才能跟上时代的发展。从笔者所了解到的市场来看，有好多综合修理厂也配备了与 4S 店一样的专用型解码器，并且还有综合型解码器，无论哪种解码器，都是操作人员来使用它，这是一个修理厂对维修人员的基本要求。

道通 TS508 可以用于胎压故障的检测，元征和朗仁也生产了类似的产品，它们都适用于大多数市面上常见车型。因为主机厂生产的胎压传感器可编程，所以就能解决各种车系的胎压故障。

朗仁 X300（此产品升级为 X300 全能型）刚开始时用得比较多，使用它比较方便，后来综合型解码器的功能越来越完善，用它的机会就少了，但用它来解决防盗匹配还是比较好用的。

图 1-4

图 1-5

▶ 1.2　自诊断系统简述

汽车控制电子化以后，整个汽车变成了一个车载网络系统，以前有人把汽车比喻成是一辆由四个轮子拉着一台电脑的机械设备，现在则是由一个庞大复杂的网络所指挥的新型智能机械设备。这个网络不但包括车载网络，还包括互联网，我们每时每刻都在使用的导航信息，就是利用互联网在工作，将来自动驾驶，还要使用更加复杂的网络信息才能完成，如图 1-6 所示。

这些复杂的智能设备，如果生病了是会自己进行诊断的，我们的解码器就

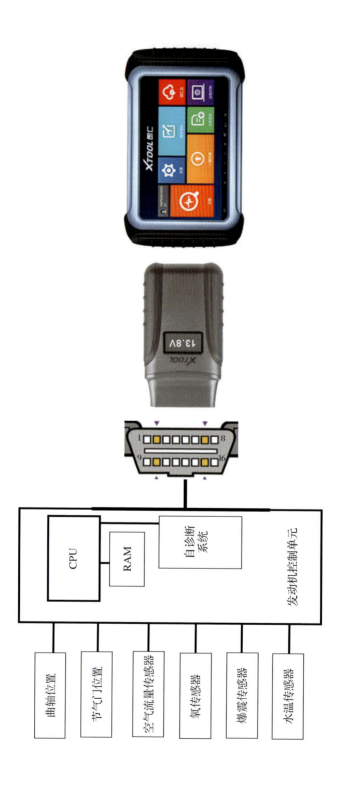

图 1-6

是理解汽车故障信息的翻译器。维修人员需要听懂汽车的"鸟语"，才能理解这只鸟哪生病了，哪不舒服。可惜的是我们都是凡人，怎样让这些凡人修炼成具有听鸟语的本领呢？汽车设计工程师们为了方便这些凡人，设计出一个顺风耳，帮我们听懂"鸟语"，这就是解码器的作用，用来与汽车电子控制系统进行交流，听懂它所说的话，发出命令，让它去执行，实现人机互动。

解码器本身就是一台电脑，它可以与车载电脑进行通信，因为车载电脑只会说机器专用语言，我们人是无法与之直接进行对话的，通过解码器的翻译作用，我们可以完成与车载电脑之间的交流，这也就是解码器的主要作用。

如果人能像阿凡达一样，跟他的坐骑之间连接上通信线就能实现用思维控制飞行。那东西不是凭空想象出来的，至少我们如果学好使用解码器了，汽车就会变成一只被驯服的怪兽，它就会俯首帖耳，听从我们的指挥。

为了实现这一目标，需要一步一步地训练我们自己，一点一点地学习相关知识，并在实践中不断应用。

汽车解码器是利用数字通信的方法，与车载电脑进行数据交换，在人的操作下，读取汽车上的信息，然后进行翻译显示到显示屏上，经过人的理解后，由人来操作，把操作人员的想法变成指令，由解码器变成车载系统可以理解的信息去执行，最终通过这种互动，完成车辆故障的诊断与维修。

解码器与车载电脑之间的信息，是通过数字信号来完成传递的。早期的解码器，因不同汽车公司生产和标准不一样而有许多种。在我们国内，我接触最早的解码器就是元征的电眼睛，当时的车型也只是以上海大众和一汽大众为主的，其他车型往往采用各自的标准生产，所以它们的诊断插座往往也千差万别。对于综合修理厂，想要诊断更多的车型，就需要有更多的接头，虽然都是利用数字通信，也都是串行通信，但因为软件和硬件都不统一，所以给修理带来了极大的不方便。那已经是 20 多年前的事了，到 2020 年的今天，汽车上的诊断插座已经 99% 变成了标准 OBD Ⅱ 的形状了。

虽然各个厂家的软件还有所不同，但在硬件上基本统一了。前两天修一辆中华轿车，该车采用的是 3 针玛瑞利的插头，我们以前使用的插头，长时间不用，已经找不到了。说了很多硬件的事，但是软件是想得到、看不见、摸不到的。想要理解解码器的工作原理，其实也很简单，就是两台电脑或多台电脑之间进行通信，只不过这种通信是为专业汽车维修人员服务的，是通过一条通信线，完成与车载电脑通信的。最新的解码器已经变成无线通信了，但需要一个与 OBD 诊断相连接的蓝牙接头来把信号转换成无线信号，这样就更方便操作人员使用了。

用一句话来描述解码器的工作原理，就是利用数据通信原理，从车辆中读取信息，并且解释给操作人员，还可以把操作人员的操作意图通过解码器输出给车载电脑，实现各种功能性操作。

一般解码器的功能，对于专用检测仪来讲，它不仅仅具备上述通信功能，解码器本身还是一个数据库，它上面有 3 种软件，一种是解码器软件，另一种是资料软件，还有一种是零件查询软件。更多详细内容我们会在后面的章节中提供给大家。

前面我们了解了一下自诊断系统的硬件，下面我们来了解一下软件。

如同我们人与人之间交流一样，想要完成交流，一定要有一套不可忽略的协议，就相当于是用汉语说话还是用英语说话一样，两台设备之间的交换信息就可以称得上是通信。

开始维修汽车时，发现最初的通信是这样的，汽车上最早的水温表是利用一片双金属片来驱动指针偏转，通过双金属片上缠绕的电热丝来加热双金属片，电热丝的电流受控于水温传感器内部双金属片接通和判断时间的变化，相当于随着温度变化，水温表上的双金属片上流过的电流在变化，进而引起指针的偏转。驾驶员通过偏转的角度配合表盘上的刻度来了解当前的水温信息，这种传递信息的方式可以看作是"单线、专线"通信。

汽车发动机出现电子控制系统后，出现了解码器，通过 7 号脚的 K 线来传递车辆信息。刚开始时仅有发动机系统有电子控制单元，后来电子控制单元逐渐增多。

早期可以通过一条 K 线解决通信问题，控制单元多了之后，一条 K 线难以满足通信的速度要求，出现了 CAN 通信方式。早期的各大公司有不同的通信标准，造成了维修上的障碍，在美国汽车工程师协会的规定下，要求出口到美国的汽车必须遵守 OBD 标准才能销售。这样，基本统一了通信标准，我们现在遇到的更多的是 ISO 组织规定的通信标准。

近几年，为了进一步把汽车环保排放做好，于 2019 年我国开始执行 EOBD 检车。这一工作是在几年前就开始要求汽车制造商达到相关标准的，于 2019 年开始实施。

汽车解码器要想与车辆进行通信，先要确立通信协议标准，两台设备协议一致才能相互通信，就如同人与人之间对话一样，只不过设备之间是通过机器语言来进行交流的。

建立通信的第一步就是先进行一个握手，我们的解码器主动呼唤车载电脑，在专业通信领域上也叫上位机，车载电脑属于下位机。通过一个特定的约定脉冲，实现呼与应，当车载电脑答应通信询问后，开始进行数据交换。这个建立通信的过程也叫作"握手"。就像两个人见面打招呼一样，需要先有一个礼节性的形式。利用 K 线通信时用示波器记录的"握手"波形如图 1-7 所示。

图 1-7

"握手"成功后，开始进行内容交换，比如读取故障码、数据流等。

汽车解码器开机后，会有众多的车型让你选择，这种利用车型菜单进行通信的方法其实是解码器内部存储这些车型的资料，资料中包含有该车型所配装的电控系统生产厂家的软件版本。我们选择车型的目的是找到相符的通信协议进行通信。

除了要选择车型外，在检测发动机系统故障时，还可以利用一个通用型的程序来完成，这就是EOBD。

EOBD到底是什么东西？之前我也仅仅知道对于一些稀有车型，当解码器中找不到与之对应的菜单时，我们没有办法对其进行检测，如果是维修发动机方面的故障，可以利用这个菜单检测出故障码与数据流，也就可以进行下一步的诊断与维修了。当初对EOBD的认识就是一个"万能检测软件"。

到最近几年才搞清楚，这其实是美国汽车工程师协会的功劳。汽车电控系统出现后，各大厂商之间采用不同的通信标准，造成这样一个局面，要想修某个品牌车的电控系统，只能使用原厂生产的解码器，这给维修行业带来了非常多的麻烦。后来ASE规定，你要到我这里卖车，就要符合我的要求，需要采用一种通用的通信标准，就逐渐采用OBD这个通信标准了。

通过各大汽车生产厂家与美国汽车工程师协会机构相互协商，推出比较人性化的规定，在符合OBD标准后，还可以保留各大厂商自己的诊断协议。与排放相关的都要求可以用OBD协议来检测，除此之外，与排放相关性不大的，可以用厂商自己的专检来检测。

这就出现了我们看到的综合车型检测仪，这样的解码器市面上有很多品牌，目前比较主流的有元征、道通、朗仁等。

EOBD的发展，经历了几代和几个版本，比如我们选用自动扫描菜单时，可以依次看到下面几种软件版本尝试与车辆通信。

以下就是这些版本软件的协议型号：ISO15765、SAE J1850、ISO9141、ISO14230等。当我们使用EOBD通信时，如果选择自动菜单，解码器就会自动按顺序启用以上的通信软件，尝试与车辆上的解码器进行通信联系，如果有合适的软件，就会建立通信，进行数据交换。

解码器上自动扫描的软件菜单界面如图 1-8 所示。

图 1-8

关于 EOBD 检测，还有很多专业的内容，限于篇幅，我们只能介绍这么多了，以便让我们把更多的精力放到如何把手中的解码器用好，达到提高工作效率的目的。

作为汽车维修人员，我们越来越多地会听到这些词，到底什么是编程，什么是设码，以及什么是解保护？下面我们简单地了解一下。

先从诊断说起，诊断就是指用汽车解码器中的软件与车辆电脑进行通信。通过读取故障码、数据流以及执行元件测试等功能，与车辆电子控制系统进行互动。这些功能统称为汽车解码器的诊断功能。

编程：类似于把 Windows 装到新买的计算机当中，这样这个硬件才能在软件的指挥下工作起来，这个写程序的过程叫编程。

设码：一个新控制单元装到车上后，需要与车上其他的控制系统进行一个沟通，也需要让这个新配件知道自己被安装到了一个什么样的环境当中，这个过程叫设码。

解保护：为了起到更好的防盗作用，在奥迪车新换上去的与防盗相关的控制单元都需要解保护，就是通过网络，从德国总部的电脑上下载重要的数据，然后再写到车载电脑中去，这样这个新的控制单元才可以在车上正常使用。

编程通常是用专检完成，也就是说宝马的编程只能用宝马专检完成，奔驰的编程只能用奔驰专检完成。但随着技术的发展，最近出现了一种新的编程方式，就不能不说一下 J2534 这个软件。2002 年美国汽车工程师协会（SAE）发布了该软件，它可用于汽车 ECU 重新编程的接口标准，目的是创建一个 API（应用程序编程接口），能被所有的汽车制造商采用，允许独立的售后市场（IAM）具备重新编程 ECU 的能力，而不需要特殊的经销商专用工具。

目前道通 908、朗仁 H6 Pro 以及元征的 Smartbox 等设备都具有这种编程的功能，解决了一些以前只能利用专检才能实现编程的问题。朗仁 H6 Pro 解码器所能编程的车型如图 1-9 所示。

可以看到，现在的综合解码器的编程功能几乎涵盖了常见的车型，非常方便，并且非常适合综合修理厂使用，极大地扩展了修理厂的维修能力。

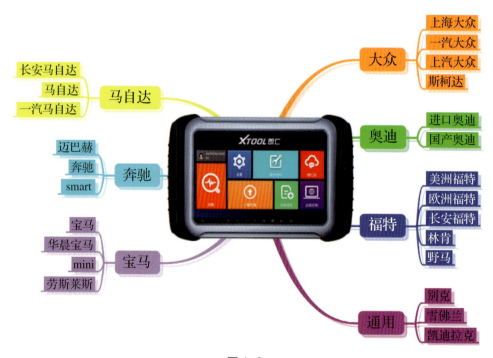

图 1-9

▶ 1.3　汽车电控系统分类

把汽车电控系统进行分类，可以让我们有效整理不同系统的结构、技术特点与故障规律，有效提高维修效率。

这个想法来源于我当初学习无线电修理的思路，我看到一些彩色电视机的电路图是按进口国家公司的名称来分类的，我们当时主要是模仿或引进某国外公司的产品，所以会看到某种类型的机芯电路图，比如说东芝、夏普、日立等，不同公司生产的产品有一些共性，我们可以借助这些共性来解决更多的问题。

我们国家有很多汽车生产厂，但其核心的电控技术大多采用的是国外技术。从技术角度讲，这样的分类会让我们尽量少地去投入精力，把诊断效率提高。全世界常见的生产发动机电控系统的公司如图 1-10 所示。

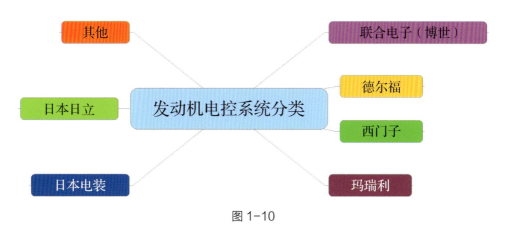

图 1-10

在此基础上，又经过不断改进，比如德尔福的产品，我们能看到 1 代、2 代和 3 代不同版本的电控系统，主要区别在于点火线圈的控制形式在变化。

我们通过以上方法分类，不仅技术上可以少花些精力，还可以降低库存，有可能实现一个配件通用于多个车型上，也就提高了维修效率。

对于节省配件库存，提高诊断效率都有相当大的帮助，尤其是我们综合修理厂，这方面的知识更为有用。甚至我们能通过一个传感器确定它属于哪一个电控系统，并且有利于我们总结出各个电控系统常见的故障规律。

　　总结是提高技术的好方法，也是我们这个系列丛书中的精华思想，思维导图是一个好方法，我们把自己的经验与这个方法结合，就会使我们的思路更加有条理。

　　说到这里，想起以前维修联合电子系统的一个特殊现象：当怠速电机与发动机控制单元之间线路出现断路时，发动机控制单元会限制发动机转速，故障表现为车速最高只能达到 80km/h。所以，当我们遇到联合电子系统时，如果出现故障码为怠速电机线路故障，而驾驶员报修的问题中，除了怠速问题以外，如果还有一个问题，最高车速无法超过 80km/h，那么，我们要从怠速电机的线路检查入手，而不要从超不过 80km/h 的车速入手。解决了怠速电机线路故障，车速跟着就解决了，以上的故障仅在联合电子系统中遇到过。

　　还有，对于德尔福的系统，经常遇到较老的车辆出现怠速不稳定故障，无规律地升高。读数据流会看到节气门位置信号在不踩油门时出现电压上升的情况，这种情况极有可能是节气门位置传感器插头接触不良引起的。如果没有这方面的经验，你用万用表去检测传感器的信号电压，会发现信号电压正常，因为我们在检测信号电压时触动了插头，接触不良故障会暂时消失。所以处理这样的问题可以直接观察节气门插头是否变形，如果变形将插头端子调整就能轻松排除故障。

　　我们对上面不同电控系统常见故障进行总结，得出下面的思维导图，帮你建立电控系统的维修经验库，如图 1-11 所示。

　　给发动机电控系统分类，还可以提高资料的利用率，不同车型可能会采用同一个公司的电控系统，比如联合电子 M7 小板的控制系统，我们可以在比亚迪车上看到，可以在东南车上看到，也可以在长城皮卡上看到，而它的电路图 90% 以上是一样的，这就有利于我们找到参考资料，提高维修效率。

　　给发动机控制分类还有一个好处，就是可以在使用解码器时有更多的测量手段，更灵活地选择测量菜单，提高诊断设备的利用率。

　　总之，给电控系统分类，是通过我们不断总结就能实现多种好处的好方法。请你看一下，下面的内容你了解的有多少？如图 1-12 所示。

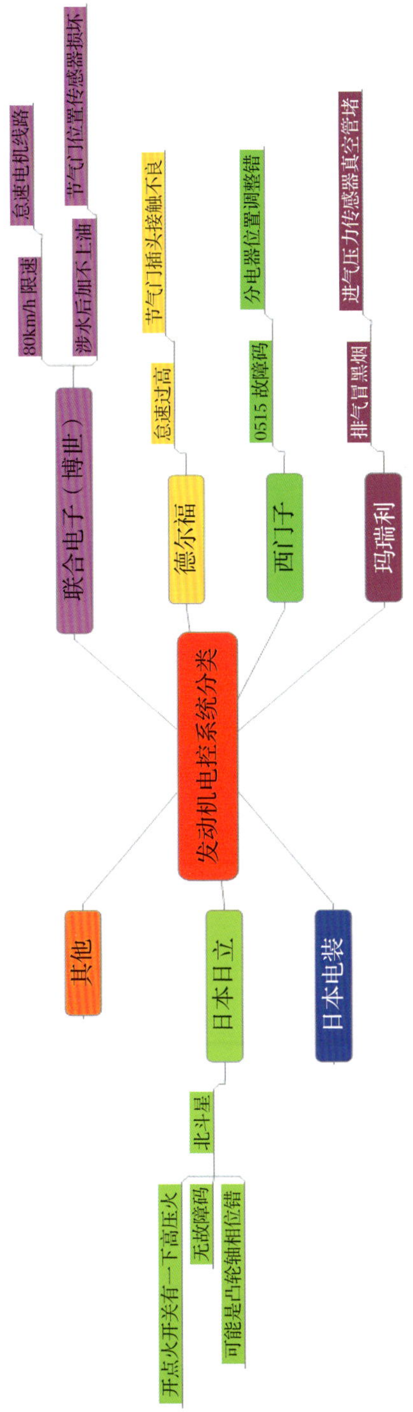

发动机电控系统分类

联合电子（博世）
- 80km/h 限速
  - 怠速电机线路
  - 节气门位置传感器损坏
- 涉水后加不上油
  - 节气门插头接触不良

德尔福
- 怠速过高

阿丁子
- 0515 故障码
  - 分电器位置调整错

玛瑞利
- 排气冒黑烟
  - 进气压力传感器真空管堵

其他

日本日立
- 北斗星
  - 开点火开关有一下高压正火
  - 无故障码
  - 可能是凸轮轴相位错

日本电装

图 1-11

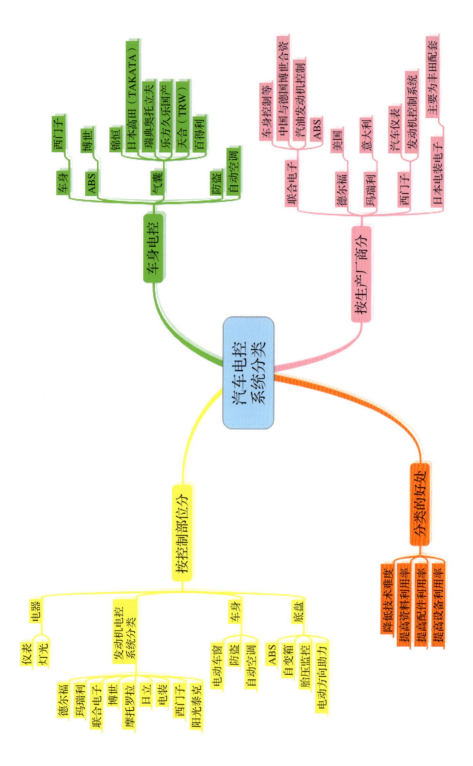

图 1-12

▶ 1.4 神奇的 OBD 诊断插座

我们可以通过一个专用插座完成与全世界车辆的诊断通信，所以说 OBD 插座是一个神奇的插座，它的外观如图 1–13 所示。

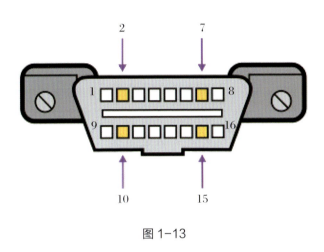

图 1–13

因为最近维修 EOBD 检车不通信的案例比较多，所以想记住该插座引脚排列规律，以前多次尝试都没有记住这个每天在使用的插座，因为不用关注它的引脚排列就能完成通信，所以一直没有记住。为了解决一些车辆无法完成 EOBD 通信问题，终于找到了一个记住这个插座引脚功能的好方法，在此分享给大家。

（1）把该梯形插座在头脑当中按以上方向放置，宽的一面在上，窄的一面在下。

（2）在车辆端为母端子，在解码器一端是公端子，我们以车辆端为例，正对插座时按此规律排列，解码器一端与之呈镜像关系。

（3）共有两行端子，每行 8 个，共 16 个端子。上面一行从左到右依次是 1~8，下面一行是 9~16，与我们平时书写文字的排列习惯一样，从左到右书写，从上到下换行。

（4）在这 16 个端子中，4 脚和 5 脚是负极，16 脚是正极，并且是不受控制的常电，这几个端子的功能在任何车上都遵循此规律。其他各个端子负责通信数据的传递，各大汽车生产公司有不同设计。我们将在后面的章节中进行详细讲解。

通过上述方法，我找到了轻松记住 OBD 诊断插座的引脚功能排列，一些简单问题，可以不用查手册，拿起万用表或示波器就能进行不通信故障的检测。我们把这个方法用思维导图整理，如图 1-14 所示。

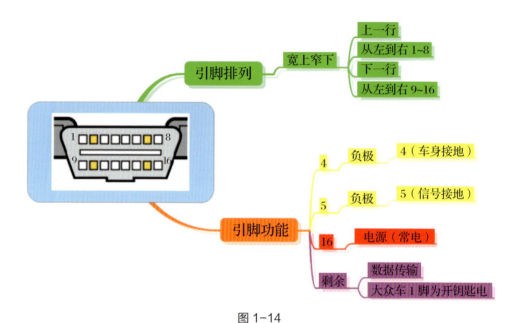

图 1-14

大众车系诊断插座遵循规律如图 1-15 所示。

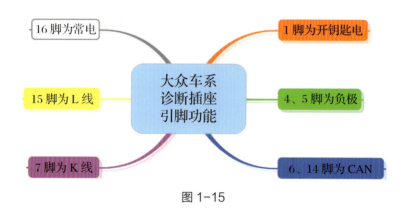

图 1-15

目前市场上的车辆绝大多数都配备此诊断插座，用来连接诊断设备，诊断设备通过此插头完成与车辆的数据交换，然后把信息显示在显示屏上，完成人机交流。

关于诊断插座的改进历程，我们还要回顾一下它的发展史。

自从电控燃油喷射系统出现后，使得汽车故障的诊断越来越复杂，因为之前的发动机结构是由分电器、化油器为核心控制元件组成的，到了电控燃油喷射阶段，变成由电子控制系统完成的机器，必须要有专业的电子控制系统的维修知识，才能完成故障的诊断。

因为电控发动机的出现，导致诊断复杂化，各大汽车公司在研制电控技术时，考虑到了将来故障诊断的问题，就推出了各自的诊断系统，这些诊断系统互不统一。所以，最原始的诊断插座各个汽车生产厂家有不同的标准，最简单的诊断插座就只是一个短接插头。一句话，早期的诊断插座形式千差万别，给维修人员带来了非常大的麻烦，早期各个公司的诊断插座如图1-16所示。

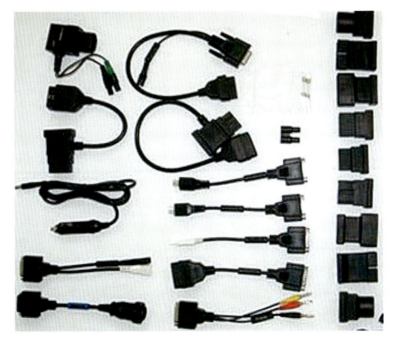

图1-16

后来，统一成 OBD 的梯形诊断插座，也经历了第 Ⅰ、Ⅱ、Ⅲ 代 OBD 的变化。那么，这三代 OBD 有什么区别，我们在下一小节中进行详细讲解。

总结：我们每天都在用的 OBD 诊断插座，它的引脚功能排列你记住了吗？本文中提到的小方法是：

上宽下窄水平放，上下左右依次数。

正极常电 16 脚，负极端子 4 和 5。

大众 7 脚是 K 线，6 与 14 CAN BUS。

记住了以上内容，可以方便我们维修时随时测量不通信故障。

▶ 1.5 OBD 相关知识

不知道你想过没有，到底是什么原因导致原来的化油器燃油系统要被电控燃油系统来代替？这是因为化油器车很难长时间精确控制空燃比，在长时间内无法保证排放干净。而电控燃油喷射是利用计算机来精确控制发动机的燃烧，这有两大好处：其一，可以随时监控混合气；其二，可以精确控制点火时间。这两点保证了发动机长期工作时最低的排放。

还有另外一个优势就是，如果一旦出现混合气调节失控或是点火时间失控，电控燃油喷射系统可以点亮发动机故障灯来报警，提醒驾驶员去维修，这在化油器式发动机中是无法实现的。一句话，因为汽车排放造成的污染，利用化油器技术无法全面控制，所以要采用电控燃油喷射技术。

电控燃油喷射技术是利用计算机控制发动机，这就带来诊断上的难题，最现实的问题是多个传感器在工作，如果出现了某种故障，是哪里引起的。这是一个很难凭猜想解决的问题，所以要有配套的诊断系统。正如上一小节所说，各大公司的汽车诊断插座在早期是不一样的，给故障诊断带来了人为的困难。

因为美国在当时乃至现在都是一个汽车大国，并且处于领导地位，于是，美国一些汽车部门制定了相关的标准，具体情况如表 1-1 所示。

OBD 就是一套标准，它规定了车载通信的规则、故障码的制定规则，方便全世界的维修人员去诊断故障。制定这个规则的原本是美国，后来欧洲也采用

表 1-1

时间	制定者	具体特点	分代
1981 年	美国通用公司（GM）	提出车载诊断系统 OBD（On Board Diagnostics）概念，使车载电脑有了检测和监控能力	
1981—1987 年	SAE、EPA 和 CARB 开始规范和标准化汽车排放装置		
1988 年	CARB 规定到加利福尼亚销售的新车必须配备 OBD 系统	特点：可以监控氧传感器、废气再循环供油系统等，它装在发动机控制单元内 存在问题： （1）故障不能标准化，OBD 连接品不标准 （2）监测功能有限，无法监测三元催化器是否工作正常，发动机缺火不受监控，燃油蒸发系统不受监控	OBD - I
1994 年	美国加州立法，提出 OBD - II	标准化的 16 孔插座，除 OBD - I 所监控内容外，对于部件老化、失效引起的排放升高要监控，包括燃油蒸发系统。对于通信协议、故障码部件名称和排放相关名词都要标准化 出现故障时点亮 MIL 灯，提醒驾驶员需要维修	OBD - II
2005 年	OBD - III	点亮 MIL 故障灯后，是否去维修全凭驾驶员自愿，OBD - III 的目的是要更好地监控故障出现后强制维修的问题 特点： （1）OBD - III 不仅监控发动机，还包括变速器、ABS 等系统的监控 （2）通过无线通信上报自动管理部门，包括车辆的 VIN 和故障码以及所在位置 （3）管理部门根据车辆排放问题，对其发出指令，包括去何处维修、解决问题的时限等 （4）对排放有问题的车辆发出警告，如果不接受警告，进行惩罚甚至禁行	OBD - III
2000 年	在美国 OBD 的基础上，欧洲也制定了类似的标准，我们称其为 EOBD。它主要是指对如图 1-17 所示思维导图的几个方面进行监控		EOBD

了类似的标准。在美国推出 OBD-III 的同时，欧洲执行的是 EOBD，我们参考欧洲采用了 EOBD。在这套系统背后，还有一套相应的运行机制，就是 I/M 制度。在美国，检测站（即 I 站）检车时的数据，会上传到环保部门，不能通过排放监测的车辆，将交到有维修资质的 M 站，即修理厂去维修，整个检测与维修过程，环保部门全程监控。

我国河北地区的车辆年检从 2019 年 11 月 1 日开始执行 EOBD 检测方法，

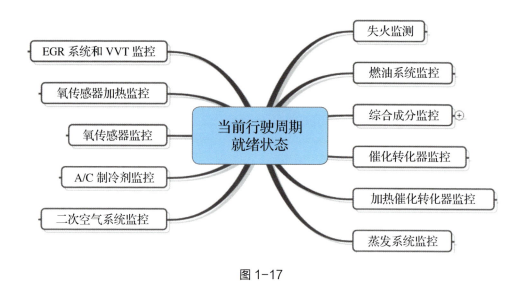

图 1-17

在车辆检测排放数据的同时，发动机运行的数据流会通过专用设备上传到国家环保部门，以加强排放的监管，减少检测过程中造假的可能。

标准规定 2007 年 7 月 1 日之后生产的车辆，必须符合 EOBD 的检测标准。具体的检测方法是：

（1）要先通过解码器进行 EOBD 检测，没有关于排放的故障，仪表盘上的发动机故障灯处于熄灭状态下，才能进行下一步的检测。

（2）读取解码器中 EOBD 数据中的就绪项目，各项关于排放的数据就绪完成后，才能进入下一步的排放检测。

（3）就绪数据通过后，进入排放检测阶段，在检测尾气排放成分的同时，发动机运行中通过解码器读取与排放有关的数据流，此数据流上传到环保部门。以上几个步骤全部通过后才算排放合格，只有检测合格的车辆才允许在道路上行驶。

总结：OBD 是一套车载诊断系统标准，它是在环保的要求下产生的。因为发动机控制只有电子化后，才能保证排放符合环保，而电子控制后产生的诊断就需要由专门的系统来解决。为了统一标准，给维修人员诊断带来方便，就出现了 OBD，这是美国提出的，后来经历了 Ⅰ、Ⅱ、Ⅲ 代的改进，我国国内的 EOBD 是参考欧洲的标准来制定的。

▶ 1.6 汽车 VIN 编码知识

车辆 VIN 编码的标准是美国工程师协会（SAE）制定的，其英文全称是 Vehicle Identification Number，简称"VIN 码"。

它又被称为车辆身份证，是一个 17 位的编码，包含有字母和数字。就如同人的身份证一样，这个编码包含有大量的车辆生产制造方面信息。VIN 知识很多，不是一篇文章可以说完的，甚至可以说它本身就是一本书，但作为修理人员，我们选出其对我们有用的部分加以简单介绍。

VIN 码每一位数都包含着车辆信息，到底是什么信息呢？还是用思维导图来讲解比较高效，如图 1-18 所示。

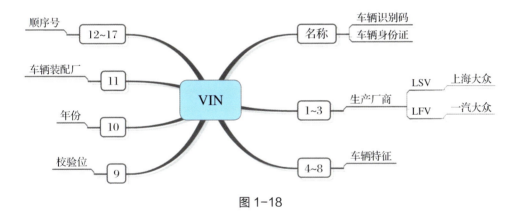

图 1-18

它有什么用处？主要有 3 方面作用：首先，是按 17 位码找配件，一般正确率极高；其次，是用它来查资料，可以找到对应的电路图与其他维修资料，一般也不会出错；最后，就是可用解码器确定车型，选取正确的测量软件，保证通信，保证测量结果的准确性。保养维修都离不开这个车辆身份证。

第 1 位编码代表制造商，即该车由哪个国家生产的，用思维导图整理如图 1-19 所示。

有些车型是需要前 3 位合起来看的，以此来表示生产厂家及车辆类型。下面举几个典型的前 3 位合并的例子，如图 1-20 所示。

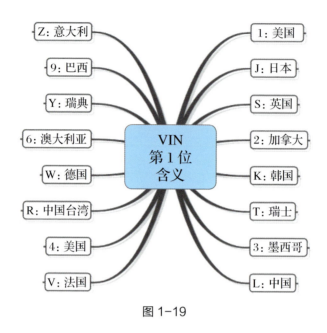

图 1-19

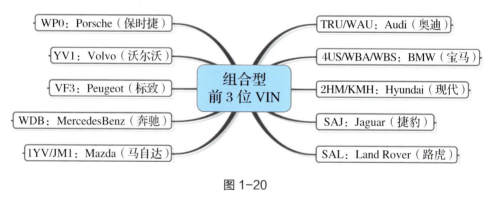

图 1-20

VIN 第 10 位编码代表出厂时间，可以让你更准确地判断车辆生产日期，它遵循的规则如表 1-2 所示。

VIN 码包含车辆方方面面的信息，用途也十分广泛，我们维修人员主要是从以上几个方面去应用。当用解码器进行检测时，新型车辆大多可以实现利用 VIN 码进行自动识别。

不同车型的 VIN 码位置不尽相同，但基本都在非常明显的位置，大多位于仪表板左侧和风挡玻璃下侧。也有一些车型比较特殊，比如标致 307 的 VIN 码

表 1-2

年份	代码	年份	代码	年份	代码	年份	代码	年份	代码
1991	M	1998	W	2005	5	2012	C	2019	K
1992	N	1999	X	2006	6	2013	D	2020	L
1993	P	2000	Y	2007	7	2014	E	2021	M
1994	R	2001	1	2008	8	2015	F	2022	N
1995	S	2002	2	2009	9	2016	G	2023	P
1996	T	2003	3	2010	A	2017	H	2024	R
1997	V	2004	4	2011	B	2018	J	2025	S

除风挡玻璃下有，在车辆铭牌和右前减震器上部的车身上也能找到，还有的车型在尾箱处等。

除了以上方法，也可以从行车本上看到这个码，还可以利用解码器从车辆控制单元中读到这个数据，它可能存储在以下控制单元内：仪表控制单元、防盗控制单元、发动机控制单元或车身控制单元内。

总结：

（1）VIN 码是一个车辆身份证，它包含汽车制造方面的多种信息，可以用在汽车销售、管理、检测与维修等多个方面。

（2）维修行业得到 VIN 码的 4 种方法：车辆铭牌、前风挡玻璃前下方、行车本和用设备读取。

▶ 1.7 用好解码器的基础——学看电路图

与客户交流是汽车故障诊断工作的重要环节，忽略了这个环节就会闹出很多笑话来。其实，汽车维修工作中的诊断还要与车辆设计工程师进行交流。大家会有一个疑问，我们维修人员面对的是每一辆"病车"，没有机会与这辆车的设计者沟通呀？其实，中国有句古话，叫作"知子莫若父"，对于汽车来讲，它的父亲也就是设计工程师。汽车设计工程师其实是一个团队，一个团队把汽车设计出来后，要解决的问题之一就是日后孩子病了，该如何进行诊断。

全球来看，每一个车系都有自己的电路图资料库，它里面存储了当初设计时的电路图资料，如果我们维修人员不能看懂电路图是不会成为一名合格的维修人员的，这是绕不过去的一个门槛，必须学会看电路图，才能用好解码器。从全球来看，越是高档车，其电路图越复杂，越是大公司设计的车辆，其资料也越是完整。汽车电路图是我们与车辆进行交流的重要工具，也是用好解码器的必备技能。下面，我们开始为大家讲解不同车系电路图的看法。

马自达车系：2018 年马自达昂克赛拉的电路图如图 1–21 所示。左侧一列为目录，右侧为电路图，电路图中控制单元的引脚是以字母命名的，如果这个控制单元只有一个插头，则插头中的端子只有字母，如果有多个插头，则在字母前面加上该端子的数字顺序命名。下面一行为控制单元插头端子排列规律表。

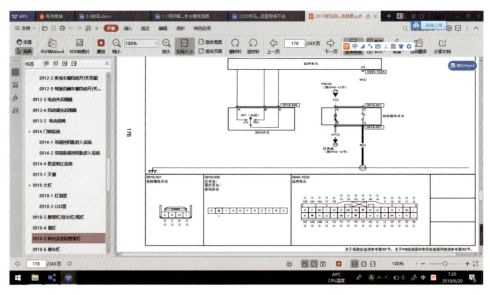

图 1–21

在资料编排上，马自达车系还有另外一个特点，就是前面一张是电路图，后面相邻的一张是线束走向图，这种方法让修理人员很容易在全车中找到需要检测的插头，非常方便易用。

别克车系：是网页式的资料，文字加超级链接，加电路图组成。可以方便地打开链接菜单和图纸，如图 1–22 所示。

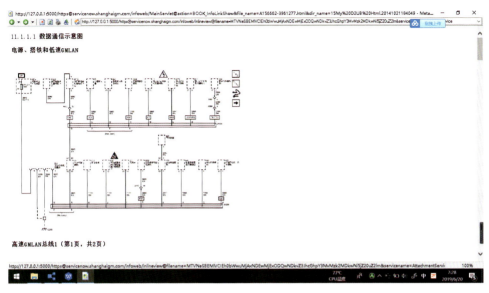

图 1-22

图 1-22 是 2018 年别克昂克威车系的电路图，该车电路图的特点是使用链接比较多，当我遇到一个别克新车型时，先看一下它的网络图，从第一层开始，如图 1-23 所示页面。

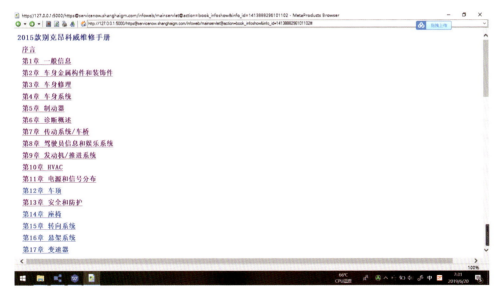

图 1-23

　　然后选择"电源和信号分布"，双击此菜单后，再进一步"数据通信"菜单，再双击"示意图和布线图"，然后选择"数据通信示意图"，就到达需要的画面位置了。在此位置文字符号比较小，难以辨认，需要在画面中间双击鼠标，画面就扩大到可以方便查看了。

　　此时往往画面过大，无法在电脑显示屏上整个显示，只能局部显示，如图1-24所示。

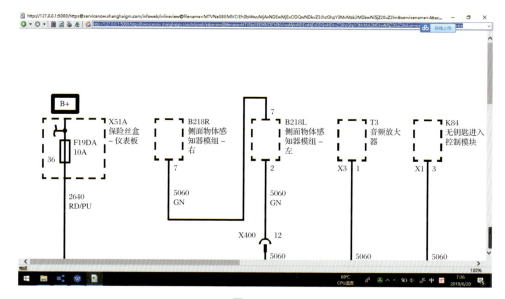

图 1-24

　　相对于马自达车系，别克车系的电路图使用起来不够方便，但可以有效表达维修中所需的各种信息。要想熟悉全车电路结构，需要多次重复操作才行。

　　雪铁龙车系：法系车比较有"个性"，在原版的法系车电路图中，把每一个元件都标注上了一个数字，作为元件名称，而这个数字有一个总表格来说明与之对应的元件。

　　还有一个特别的地方是，法系车的导线上印有字符编码，我们维修可以利用编码确认它的走向与连接关系，虽然也使用双色方法，但好多线的颜色一样，凭颜色分辨导线的方法在该车系中比较困难。但有一个规律就是绿黄线是搭铁线，其他线束颜色上的规律就比较少了。

　　大众车系：目前大众车系在中国的市场占有率最高，该车系的电路图利用地址法来排列，如图1-25所示。

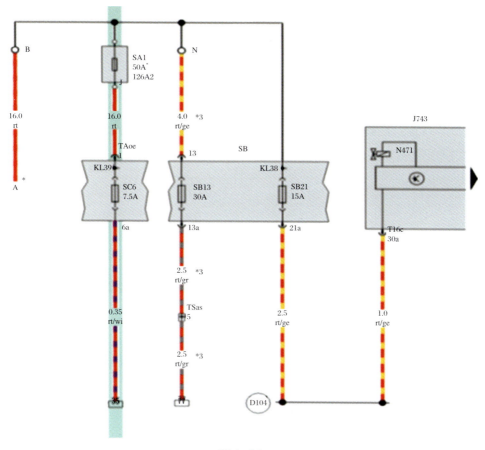

图1-25

　　新版的大众车电路图，使用了彩色电子版线路图，并且在地址号上带上了超级链接的功能，可以方便地在各个页面之间跳跃，对于搞清楚导线之间的连接关系更方便了，并且还增加了元件位置说明，使得我们可以更方便地进行资料的检索。不过，也有一个小缺点，就是往往我们想了解一个系统的整体电路图时，有时需要在各个页面之间来回跳跃，难以对整个系统进行全面分析。

当我们使用大众专检进行检测时，可以生成故障引导，多数情况下故障引导是一个科学高效的维修方案，其内部还有元件工作原理的描述，可以让我们更方便地进行维修诊断工作。

▶ 1.8 用好解码器的基础——会用万用表和示波器

解码器是维修人员与汽车进行交流的必备设备，要想用好解码器，不仅要熟练掌握解码器的使用，还要学会看电路图，这还不够，还要学会第二项基本能力——会用万用表。大多数情况下，解码器会通过故障码为我们提供方向，具体是哪一个"点"的问题，还要靠万用表或示波器等基本检测工具进行定位。所以说，万用表的使用是一个用好解码器的基本功。

这里我们从万用表使用中常见问题开始讲解：

（1）如何正确测量电压？

①把万用表的红表笔插到标有"V"字样的插孔，黑表笔插在标有"COM"的插孔，然后将挡位开关拨到20V直流电压挡。

②将万用表表笔分别接到被测量电路的正极和负极，就可以从万用表的显示屏上读取电压值。

（2）如何正确测量电阻？万用表的表盘上，利用旋转的挡位开关转换量程，测量电阻时要把旋钮转到标有"Ω"的挡位，根据被测量电阻阻值的大小再选择不同的挡位，即可完成测量。测量时红表笔在"VAΩ"孔，黑表笔在COM孔。数据万用表红表笔输出端为正极，黑表笔输出端为负极，万用表通过内部电池输出微电压，利用微电压在被测量电阻上产生的电压降来转换成电阻值，显示在表盘上。注意：千万不能用万用表测量安全气囊的点火电阻，会引爆气囊。

（3）如何正确测量电流？将旋转开关转动到"A"区，测量200mA以下的电流，不用移动表笔，超过200mA，需要把红表笔移动到20A插孔，将万用表"串联"被测量的电路，就能完成测量。注意：千万不能用万用表电流挡直接测量蓄电池的正负极，会损坏万用表。

解码器是一台必备的诊断设备，有了解码器，诊断故障时就能在故障码的指引下，缩小故障范围，提高工作效率。但有些稍微复杂的故障，尤其是涉及快速变化信号的故障时，使用万用表是无法解决问题的。解码器、万用表、电路图是比较容易实现的基本配置，而示波器并不是每个修理厂都具备的，但我的观点是这样的，你可以不配备，但一定要知道这样的一句话——工欲善其事，必先利其器。你之所以不配备，是因为什么原因我不考虑，我只考虑不配备会耽误我们多少诊断的时间，会因为故障无法顺利排除，流失多少客户，失去多少宝贵的学习机会。站在我的角度，使用示波器确实提高诊断效率与诊断准确性。

你可以没有示波器，但一定要知道，遇到高速变化的信号需要测量时，不要耽误太多时间，拿不专业的手段与设备进行测量。最近一次用示波器检测一辆2018年雪佛兰沃兰多发动机不着车时，点火线圈供电电压的波形记录如图1-26所示。

图1-26

该车在其他修理厂修了很长时间，都没有能排除故障，我用示波器花1小时就顺利找到了故障原因，其原因是启动瞬间点火线圈供电电压降低。本人用解码器结合万用表与示波器排除了很多与上述情况类似的疑难故障，确认示波器是一台与电子电路沟通交流的设备，是一台综合检测设备，独立于汽车品牌，什么样的汽车都用得上，可以在解码器检测出故障方向后，用它来锁定故障原因。

　　总结：解码器是我们维修人员与车辆进行通信的设备，诊断的目的不仅仅是读取和清除故障码，而且要在解码器给出故障方向后，我们利用各种诊断设备锁定故障部位，最终排除故障。从这个层面上讲，解码器在诊断过程中所起到的作用是收集故障数据，用它基本上不能断定故障点在哪里，一定要用其他设备进行辅助性的验证，才能确认故障点。起码要用我们的大脑来分析故障码背后的因素，再根据我们的判断，断定故障部位。

　　断定故障部位常用的资源包括电路图、万用表、示波器，还包括汽油压力表、喷油器试验台，以及其他一些专用设备。

▶ 1.9　离合器踏板太低事件——与人沟通和与车沟通

　　在国内，20世纪90年代末出现汽车解码器，到今天几乎每一家修理厂都配备至少一台，解码器成为修理厂的最低配置，没有解码器就无法与车辆进行交流。如何用好解码器是本书要解决的问题，所以说，解码器是汽车维修诊断工作中不可缺少的设备，是我们诊断技术人员与车辆进行交流的翻译器。解码器最大的用处就是帮我们完成与车辆的交流。说到交流，我们先从一个小故事说起。

　　最近有一位客户来修车，反映离合器踏板太低，我们的修理工经过调整后，让驾驶员试车，但驾驶员仍旧说离合器踏板太低。

　　我接手以后，坐到车上试车，没有感到离合器踏板低的问题，再次跟客户沟通，让客户坐到座位上实际体验一下，到底是怎么个低法。没有想到的是，客户把腿伸展后，仍然不能把离合器踏板踩到底。我看了后问道："为什么不把座椅往前调一下呢？"结果他回答道："座椅还能调整？"

　　这个回答出乎我的意料，竟然还有驾驶员不知道座椅可以前后调整，我帮他把座椅往前调整后，问题轻松解决。

这个事看似一个笑话，但其实我们作为修理人员，从我们的角度看似非常简单的一个问题，有可能对于客户来讲，却不能轻松解决。当然，这只是个例，但其中蕴含着一定的道理，我们诊断故障时，有很多时候需要实际操作一下，才能理解客户反映的问题。

除了以上操作性的问题之外，还有就是噪音的问题。最近遇到这样一个情况，一辆长城哈佛 H2 来维修，客户反映的问题是发动机噪音太大。经过检查，发现是正时链条引起的噪音。经过拆检，发现确实是链条张紧器松旷引起的，更换完链条套件后客户提车，但刚开走就又开回来了，说噪音是减小了，但发现了一个新的噪音。另外，在更换链条时，还给发动机做了换机油的保养。

跟客户一起试车，发现客户反映的是两个问题：一个是坐在驾驶室内可以感觉到明显的震动；另外一个确实有一个不正常的噪音，经过仔细辨认，确认是松开离合器踏板后才发出的噪音，而踩下离合器踏板后，噪音消失，这说明问题来自变速器内部，跟我们维修发动机无关。客户所说的震动，是正常着车后，发动机工作时产生的震动。

经过跟客户反复解释，客户才勉强接受。其实，这个事件的根本原因是维修前发动机的噪音太大，掩盖住了变速器内部的噪音，而在我们排除正时链条的噪音后，变速器内部的噪音就明显了。这就如我们在一个嘈杂的环境中，别人大声说话，会影响说话音量较小的人的沟通是一个道理。

在多年来维修实践中，我认识到，其实汽车故障诊断是要先从与人交流开始，再与车进行交流，利用各种手段，排除一些可能，最终确认故障点，完成故障的精确定位。这就是诊断。

说到诊断一词，汽车故障的诊断其实是借用了医学上的含义，医学上的诊断学讲究分析病症、病理和病因。作为汽车医生，我们的行业特点与医学方面有类似点，排除一个故障，要先从病症开始进行分析，出现这个故障现象是因为哪些原因。不临床则无诊断，就如本文开头提到的那样，不亲自参与维修工作，你不可能想象出来离合器踏板太低事件居然是因为客户腿太短引起的！

　　我们把话题拉回到本书的主题上来，汽车维修工作中使用的诊断设备——汽车解码器，其实是一个"翻译器"，我们可以借助这个"翻译器"与汽车进行交流。如何把这个"翻译器"用好？如同上面的故事一样，一定要理解交流的重要性与方法要点。

　　总结：诊断的重点是先与人沟通，再与车沟通，如果不与人沟通，可能成为南辕北辙的笑话！

2 常用解码器简介

▶ 2.1 大众专用检测仪 VAS6160 简介

大众汽车公司于 2002 年开始，不再印发各种技术资料，全部资料都安装在计算机的电脑里，是以纯软件形式为其各个 4S 店使用。笔者从 2018 年开始学习大众专用检测仪，有以下几点认识：

大众专用检测仪包含 3 个软件，装在笔记本电脑中，笔记本电脑通过一条 USB 口通信线与诊断插头连接，诊断插头与车上诊断插座连接，从诊断电脑中发送指令，就能完成与车辆的通信与诊断互动。

3 个软件分别是：

（1）ODIS：诊断软件，其实已经细化成各个车型的快捷图标的方式使用。

（2）EPC：配件查询软件，大众所有配件都带有一个零件号，可以通过该软件查询相关信息。

（3）ELSA：电子资料库，它带有原车的电路图及维修保养资料，在实际工作中可以很好地帮我们提高诊断工作的效率。

ODIS 诊断软件的使用：连接好电脑的诊断线与诊断插头，再把插头插到车上的诊断插座中，然后打开点火开关，点击笔记本电脑桌面上对应的快捷方式图标，通信系统线路正常的情况下，就能一步一步完成诊断电脑与车辆的通信，如图 2-1 所示。

最新版本的诊断系统可以检测的车型如图 2-2 所示。

大众车在中国市场占有率最高，大众专用型检测仪与综合型解码器相比，

图 2-1

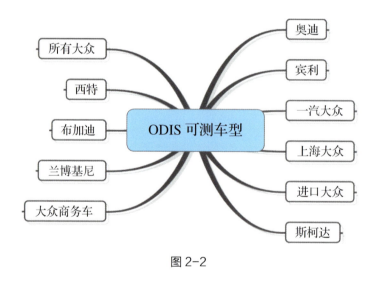

图 2-2

有以下几个方面的特点。

（1）专用检测仪只针对某一车系设计，无法对其他车型、车系进行诊断与解码。

（2）有些专用检测仪除了有诊断、解释故障的功能外，还具备一个资料库功能，在维修过程中，可以方便进行电路图、拆装方法以及注意事项查询，螺丝拧紧力矩查询。综合型解码器则不具备类似功能，但它们的优势是可以检测众多市面上不同公司品牌的车型。

（3）大众专用检测仪中，还带有故障引导功能，此功能可以针对某个故障码提供诊断流程，按此流程进行一步一步的检测，绝大多数情况下可以排除故障。

相对于综合型解码器，专用检测仪有故障诊断引导流程，所以对于一些常见的典型故障，我们都可以按专用检测仪提供的指导流程来完成诊断工作。但对于一些特殊情况，专用检测仪也无法有效完成技术支持，比如当车辆因为通信系统出现故障，导致无法通信，或是出现很多故障码时，这些情况下还都需要靠我们的经验结合资料进行分析，最终找到解决问题的思路与方法。

专用检测仪带有远程通信功能，可以与远在德国的汽车总部进行数据交换，完成一些专用功能，比如解除部件保护等，这些功能是综合型解码器无法实现的。

▶ 2.2 宝马专用检测仪 ISID 简介

当前最新款宝马专用检测仪 ISID 的电脑界面如图 2-3 所示。

图 2-3

　　与其他专用检测仪一样，操作它的第一步就是与车辆进行连接，连接时需要有一根电缆与笔记本电脑的网络口连接，此电缆另一端与协议盒连接，协议盒再通过电缆与车辆进行连接。

　　该专用检测仪操作时，可以通过3种方式完成车辆信息的输入：

　　方式1：输入车辆VIN码后7位；

　　方式2：直接用自动识别读取车型信息；

　　方式3：输入车辆特征，建立与车辆资料库的连接。这需要你对宝马车系的车辆特征有详细了解。

　　进入检测界面后，设备会读取该车的配置信息以及网络拓扑图，还包括所有系统的故障码，也可以提供故障引导，同时可以主动查询你想知道的任何数据与维修手册和电路图。

　　与大众奥迪专用检测仪不一样的是，它的资料和电路图都以各种格式的文件存储在电脑中，我们可以利用系统自带的查询工具进行检索，在系统中，这个菜单叫文本查询。文本查询类似于百度一样，是一个搜索程序，可以方便地对整个电脑中的相关文字进行检索。

　　为了提高检索效率，系统给出了文件格式帮我们进行分类，称之为过滤器，过滤器中包含的文件格式如图2-4所示的思维导图。

　　如果想要查询相关的资料，可以适当勾选以上过滤器的选项，提高资料检索速度。

　　相对于大众专用检测仪，它的诊断软件与资料库结构的更加完善，可以用多种方法进行故障诊断。

　　虽然专用检测仪很好用，但是不通过训练也很难把它用好，并且要想掌握它的使用，还需要一定的环境因素，你要有车可以检测，有实际问题可以处理，才能获得实战的能力。

　　我参加北京安莱汽车技术研究院组织的培训，感觉收获不小，整理出思维导图，如图2-5所示。

　　要想用好宝马专用检测仪，有了上面的铺垫还不够，还要想办法打破没车

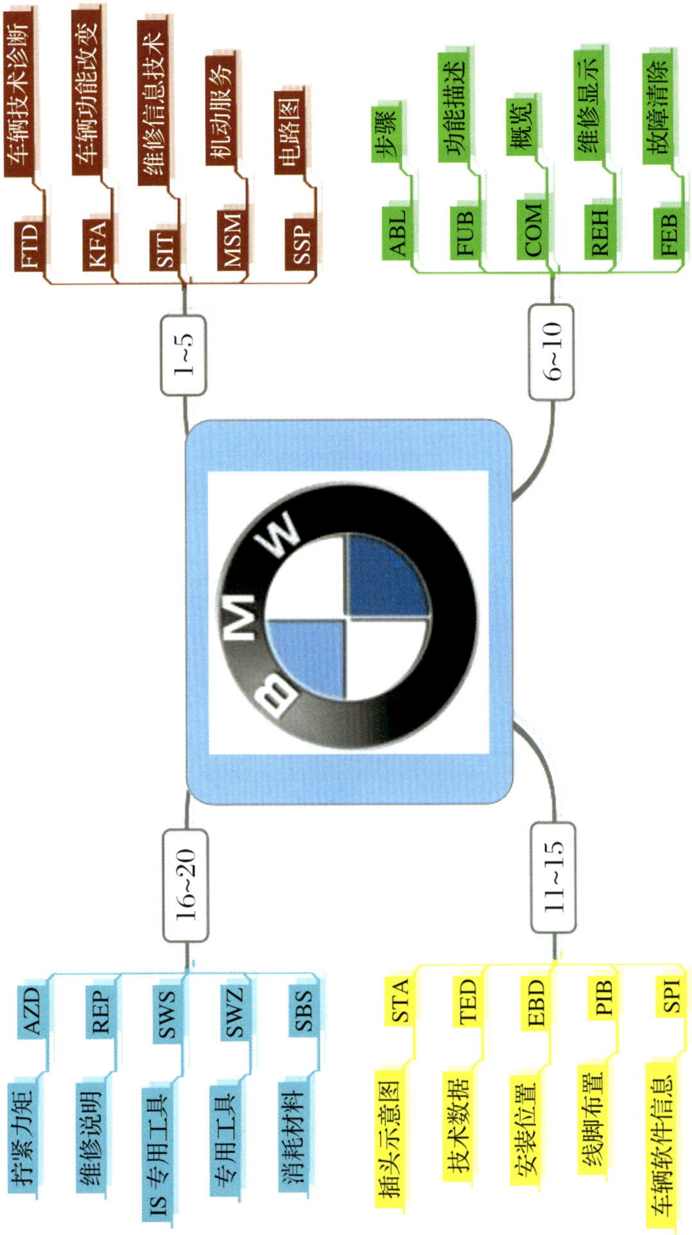

FTD　车辆技术诊断
KFA　车辆功能改变
SIT　维修信息技术
MSM　机动服务
SSP　电路图

ABL　步骤
FUB　功能描述
COM　概览
REH　维修显示
FEB　故障清除

1~5

6~10

16~20

11~15

AZD　拧紧力矩
REP　维修说明
SWS　IS专用工具
SWZ　专用工具
SBS　消耗材料

STA　插头示意图
TED　技术数据
EBD　安装位置
PIB　线脚布置
SPI　车辆软件信息

图2-4

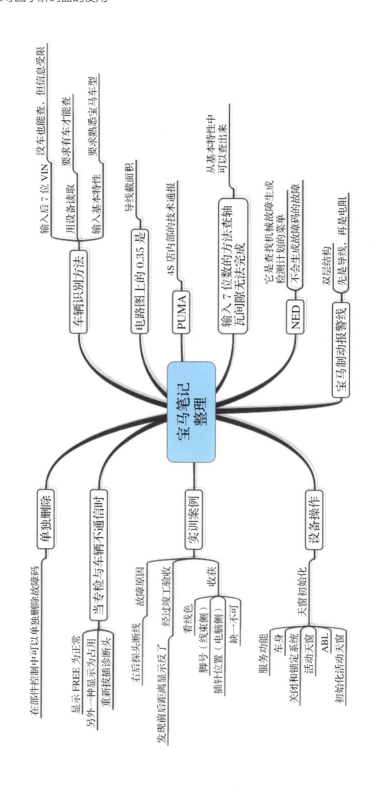

图2-5

可修的难题，这件事我也找到了解决方案，不妨在这里分享给大家。这种方法是从北京宝达之星的培训师学来的，收集宝马典型案例300例，每天背案例，以方便维修过程中遇到的实际问题可以参考这些实例进行经验方面的补充。

经他这么一说，联想起自己订阅杂志多年，以往看到宝马案例，都没有往心里去，因为平时维修宝马车比较少，我现在想学习宝马车的维修，这些案例整理一下，完全可以用得上，主要是这个方法非常实用，这是新的学习思路。

以往修车都是师傅带徒弟，现在修车尤其是新型车，已经不是这样了，而是先学会专用检测仪使用，利用案例建立经验，这样可以打破学习豪华车维修的瓶颈。所以，这个方法刚好也是我的强项，有资料，有学习方法，我相信这事一定能做成。

▶ 2.3　奔驰专用检测仪 XINTRY 简介

奔驰专用检测仪的系统名称叫 XINTRY，它是专门用于检测奔驰车的专用检测设备。打开电脑界面，如图2-6所示。

图2-6

进入检测界面后，显示该公司所开发的软件可用于哪些车型的检测，实际上这个设备不仅仅可用于奔驰车系的检测，还可用于三菱扶桑和奔驰迈巴赫等，居然北京汽车也在该设备里面可以看到，如图2-7所示。但实际上，要想使用这些功能，是需要正版软件并且有权限才可使用。

图 2-7

　　与车辆建立连接的方式有两种：第一种方法是手动选择车型，一步一步输入正确的信息进行连接与检测；第二种方法是选择奔驰车标，再选择小轿车，然后会出现利用 VIN 自动识别的按钮，通常利用这个功能进行检测更方便，也更准确，不用人工识别车型，就能实现与车辆的连接与检测，进入检测仪的第二个界面，如图 2-8 所示。

图 2-8

　　在图 2-8 的左下角，可以看到"自动检测车辆"，正常情况下即可进入通信界面。

　　奔驰与宝马和奥迪专用检测仪类似，也有不一样的地方，虽然都是博世公司开发的产品居多，但控制单元的名称却不一样。

奔驰专用检测仪早期叫作 DAS，后来升级成 XENTRY，但新版软件做成了兼容老版本的模式，用起来可以自如切换，不影响检测过程。与综合型检测仪一样，基本的操作也包括读取故障码、清除故障码等。不一样的地方是它还有读取网络拓扑图的功能，并且附带另外的资料软件，叫作 WIS 系统。可以通过这套系统查询包括维修手册，通过维修手册，可以查询安装位置、电路图等。

除此之外，该设备还可以进行引导匹配、在线编程、改装加装等。连接设备之后，设备会自动进行快速检测，对全车故障进行扫描，扫描完的结果以表格的形式列出来。在表格中，对号代表正常，f 代表存在历史故障码，F 代表控制单元存在当前故障。

学习新型豪华车的维修，靠的是对新技术的掌握，像以往依赖经验的方法很难实现，而是要靠原厂设备的支持来学习。你可以在没有见到这辆车的情况下，通过设备看到工作原理、配件的安装位置、组成结构、电路图等信息。在资料的指导下完成维修，是最高效率的工作。所以这是豪华车的专用检测维修不可缺少的设备之一。

▶ 2.4 朗仁 H6 Pro 解码器使用心得

该解码器拿到手里后，感觉沉甸甸的，可能是一台实实在在的设备。通过实际使用，我发现该设备有以下几个方面的优点。

（1）显示屏的亮度不错，在阳光下也可以比较清晰地看到显示内容。

（2）可以检测的车型众多，目前市面上常见的车型，2018 年的宝马 3 系检测起来很流畅，速度快。老点儿的车型，比如比亚迪 F3 也可以方便地检测。说明该设备的软件功能丰富，可测量车型广泛，适合综合修理厂使用。

（3）此设备还具备 EOBD 预检功能，可以方便地对车辆进行 EOBD 预检，从而让修理厂利用此功能，宣传扩大自己的优势。预检车辆，提前为车主做好检车前的准备，还为修理厂提供更多的"找活"能力，很实用。

"预检功能"操作也很方便，可以实现自动读取车辆 VIN 信息，自动识别车型。输入发动机故障灯状态后，系统会自动读出车辆当前与 EOBD 有关的信息，详细列出就绪项目是否通过，也可以显示出运行过程中的数据流，用来模拟上线检测的过程，可以实现对车辆的 EOBD 预检。

（4）对于 H6 Pro 这款解码器，我们使用中还发现一个很好玩的功能，它的数据流除了可以利用传统的数据表显示以外，还可以用指针表的形式来模拟数据的变化，实际效果如图 2-9 所示。

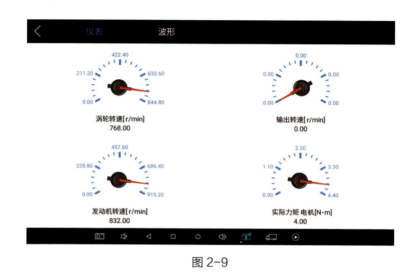

图 2-9

这个功能是一项创新，可以把断续变化的数据流变成连续的显示，方便直观，很实用，也很好玩。见到这个功能后，觉得眼前一亮。

（5）运行速度：实际操作该设备检测车辆时，运行速度快，工作稳定。

（6）无线蓝牙通信式设计，可以更方便地将解码器放在合适的地方，比如说我们在发动机室进行维修时，不用担心导线的束缚，看到发动机运行的数据，实现解码器与车辆方便互动。

（7）朗仁 H6 Pro 解码器还具备通用系统更换控制单元后的编程功能，此功能特别方便综合修理厂维修通用车，因为通用车系的控制单元在更换新控制单元时必须编程，因为此车系设计时，都没有装底层软件，类似我们的计算机没装 Windows 一样。所以，有了这个功能，相当于给修理厂添加了不少活源，因为通用车还是比较常见的车型。它的电气系统比较有"个性"，一般修理厂不一定能玩得转。

（8）编程是朗仁 H6 Pro 解码器的重要功能，除了上面讲的给通用车系模块编程，还可以给宝马、大众、奔驰、路虎、沃尔沃、福特等所有支持 J2534 协议的车系模块进行编程。

（9）H6 Pro 解码器还有一个让修理工认可的功能，就是朗仁云，打开之后，里面有将近 500 篇案例，可以让我们平时学习设备操作。这个功能是不是在其他品牌的解码器中也会有呢？我实际看了一下，其他品牌也有类似的菜单，但用起来要不是已经不能使用，或是要付费，相对来讲这个方面朗仁做得还是比较好的。

（10）H6 Pro 解码器内部，还有一个资料功能，可以查询电路图和机械安装方面的资料，几乎是一部机器，把汽车修理厂所需要的功能全部涵盖了，确实物有所值。

▶ 2.5 道通 MS906 解码器简介

道通 MS906 是市场上比较先进的一款综合型解码器，它的外观如图 2-10 所示。

图 2-10

我们使用道通 MS906 已经 3 年了，以我的使用经验来看，这台设备有如下优点。

触摸屏反应灵敏，软件升级及时并且非常方便，可测量车型相对来讲比较多。可以实现远程协助，是该设备的优点之一。检测时的速度也不错，检测时反应比较迅速。

公司的售后服务也比较好，就是星期天没有人上班，这是给我们带来不方便的地方。

缺点是有线连接，所以检测起来不太方便，电池寿命不太好，必须每天充电，否则就会影响第二天的使用。与元征 431 相比，读取数据流时，它没有转换成波形的功能。

在频繁的使用工作中，它的质量稳定。对于故障码的解释，准确率比元征 431 要高一点（个人感觉，没有进行科学统计）。

综合来讲，对它的感觉还是比较不错的。从功能上来讲，因为不带无线插头和没有数据流转换成波形的功能，稍微差一点儿；但从实用角度讲，它为我们平时的维修工作解决了很多的问题，是值得肯定的一款解码器。

该设备的升级版是道通 MS908。道通 MS908 具备以下功能：

支持无线蓝牙诊断，操作方法比原厂设备更简单，32G 内存，10000mA 锂电池，800 万高清摄像头；支持 WiFi 上网，一键快速升级，一键远程协助；支持示波器、内窥镜等维修辅助设备；支持外接高清投影、U 盘等教学设备。

编程功能：它通过一个外接的 J2534 的协议盒，可以实现对多种车型进行编程的功能，我们利用道通 MS908 匹配过日产的发动机室保险丝盒 PDIM，用它给别克昂科拉做过在线编程。

设备支持全球上万种车型全系统诊断及特殊功能，支持大众、奥迪刷隐藏、大众在线编码、引导功能。支持日产、本田、标致、丰田等众多车型电脑板更换匹配，支持奔驰、宝马钥匙禁用、悬挂匹配，支持通用节气门编程。

高端功能：ECU 更换匹配、仪表更换匹配、气囊复位、胎压复位、DPF 尾气后处理、解除车辆运输模式、智能巡航控制标准、防盗匹配、喷油器编码、空气悬架标定、方向盘角度传感器标定、大灯调节。

常用功能：保养灯归零、节气门匹配、制动片更换、天窗和门窗初始化学习、蓄电池更换、ABS 排气系统、遥控器匹配、齿讯学习、离合器踏板学习、变速器初始化、空调初始化学习。

以上这些功能，对于一般综合修理厂来说，已经够用了。

▶ 2.6 汽车保养归零设备——X300 Pro

轩宇车鼎 X300 Pro（图 2-11）是专家钥匙匹配仪 X200、X400 升级版。X300 Pro 软件配置如下：

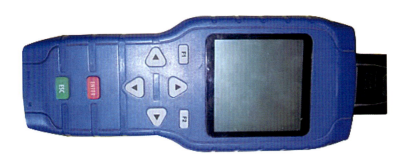

图 2-11

（1）别克节气门编程。

别克君越（2006—2007）、陆尊（2006—2008）等部分车型清洗节气门体后（发动机 ECM 主软件为 12609502），必须重新编程发动机 ECM 才可以解决怠速高的问题！在 4S 店可用 MDI 或 TECH2 编程，X300 Pro 可以一键离线编程，无须在线。

因为 GM 厂家原因，有部分 2007 款君越数据出厂时没有导入系统，无法为发动机 ECM 升级最新软件。这批车型每次清洗节气门体后，必须编程，目前 X300 Pro 和原厂仪器支持。

MDI 或 TECH2 编程，需要编程 2 次，需要很长时间！X300 Pro 一键引导智能编程，只需要 30min，为您节约大量时间。

支持编程后的曲轴位置偏差学习。

2009 年后车型的 ECM 软件，用 X300 Pro 可以直接匹配，速度更快。

融合国内知名 GM 专家创意，中国修理工语言打造的功能，接地气。

（2）具有保养归零 + 节气门匹配 +EPB 更换制动片 + 齿讯学习 + 转向角学习 + 电池匹配 +ABS 放气 + 胎压归零功能。

涵盖 X200 的所有功能，并增加更新 2016 新款车型功能。

覆盖奔驰、宝马、保时捷、沃尔沃、路虎、捷豹、玛莎拉蒂、法拉利等全球汽车品牌保养归零，EPB 更换制动片等。

（3）防盗遥控匹配（涵盖 X100+ 的功能）。

支持观致智能卡匹配，支持一汽威志 V5、夏利 N5/N7 钥匙全丢匹配，支持最新科帕奇智能卡匹配，支持凯迪拉克 CTS 旋钮智能卡匹配，支持一汽奔腾 B90 智能卡匹配。

支持上汽大通 A80 车身控制系统。

支持上汽大通 EV80 车身控制系统。

支持上汽大通 G10 车身控制系统。

支持上汽大通 G10 智能钥匙系统。

支持上汽大通 V80 车身控制系统。

支持奔腾 B90 智能钥匙匹配。

支持奔腾 B30 防盗匹配系统。

支持市面上 85% 以上车型。

全系支持宝马（支持启用和禁用）、本田、丰田、标致、长安、长城、东风风行、雷克萨斯、林肯、观致（目前唯一支持产品）、海马、华泰（按类型做）、力帆、陆风、马自达、纳智捷（途锐 3，neora）、欧宝、奇瑞、青年莲花、日产 / 英菲尼迪、三菱、双龙、现代等车型。

（4）仪表里程调校（涵盖 X100+ 的功能）。

目前支持奔驰（R 系列、GL 系列、ML 系列）OBD 仪表调校，支持奥迪

（TT、R8、A8L、S8）OBD仪表调校，支持奥迪（RB4、RB8）调校和密码读取，支持大众途锐、辉腾OBD仪表调校，支持宾利仪表调校，支持悍马、凯雷德、昂科雷免密码调校，更多调表车型正在研发中。

支持车型品牌：大众、奥迪、斯柯达、西特、保时捷、奔驰、宾利、福特、克莱斯勒、通用、奔腾、标致、雪铁龙、菲亚特、吉利、GMC、长城、现代、起亚、英菲尼迪、捷豹、路虎、马自达、三菱、日产、欧宝、沃尔沃、荣威、雷诺等。

（5）EEPROM适配器（EEPROM适配器目前支持车型列表）。

产品名称：EEPROM/PIC适配器。

产品用途：EEPROM用于部分EEPROM芯片读取密码以及恢复数据功能。PIC用于部分汽车电脑的CPU数据读写（需要配合X300 Pro主机使用）。

PIC首批支持车型：

威志V5的防盗线圈CPU数据初始化（PIC）；

一汽夏利N5的防盗线圈CPU数据初始化（FREESCALE飞思卡尔）；

一汽夏利N7的防盗线圈CPU数据初始化（FREESCALE飞思卡尔）。

▶2.7　道通TS508胎压检测匹配仪

道通TS508是一个专门做胎压匹配和维修的设备，如图2-12。利用道通公司自己的通用型传感器，经过该设备编程匹配后，可以适用于目前市上90%的车型。

独家优势：

·可同时无线编程16个传感器

·传感器激活、胎压故障诊断、胎压匹配学习

功能优势：

·覆盖亚欧美及国产98%以上带胎压系统车型

·可读取、复制、写入传感器ID值

·可激活所有315MHz及433MHz的胎压传感器

图 2-12

· 编程后的道通通用型传感器，适用于不同车型，功能与原厂相同

· 可对胎压系统进行诊断，包括读码、清码等

· 可读取胎压实时数据，包括胎压压力、温度、电池状态等

操作便捷：

· 橡胶防护套设计，耐磨更耐用

· 内置锂电池，充电后可直接使用

· 操作成功或失败，有声音直观提示

· 可通过 USB 线连接电脑，一键免费升级

· 导航直观，逐步指导，使用起来非常简单方便

· 具有自动关机功能，保护延长电池寿命

· 使用低频信号，有效防止其他射频信号的干扰

▶ 2.8　利用数据流波形功能分析水温故障

在综合修理厂，解码器的常用功能有如下几项：读取故障码、清除故障码、读取数据流、执行元件测试、元件匹配、保养归零等。最近在分析水温系统故障时发现，数据流中的波形显示功能非常好用，在此推荐给大家。

如果需要分析节温器在正常行车时是否可以正常调节水温，一般我们采用下面的方法来判断。用解码器进入发动机系统，选择读取数据流，然后再选择需要观察的项目，这里我们选择了发动机转速、水温和前后氧传感器共计4个信号，实际情况如图2-13所示。

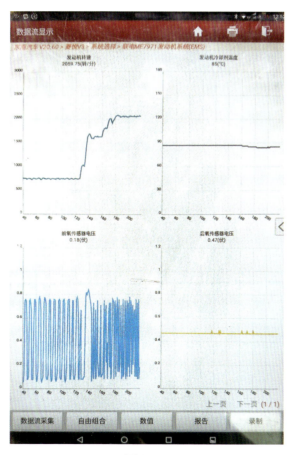

图2-13

这是一辆正常工作的东南菱悦轿车的信号波形，我们可以从波形图上看到，在水温信号的后半区，水温开始轻微下降，这时节温器打开，水温略有下降，属于正常的状态。

平时维修时，如果怀疑故障车的节温器有关闭不严的问题，可以将发动机原地预热到正常温度，然后试车，看试车过程中是否会出现温度明显下降，当行车时水温持续降低，低于70℃，意味着节温器关闭不严。如果在冬季，水温过低会造成油耗增加并且暖风出风温度低的故障现象。

从图2-13中我们还可以看到，此车的前氧传感器的信号电压在正常变化，随着发动机转速升高，变化频率也上升。而后氧传感器基本保持在一定的电压值上，不变化，说明发动机排出的废气经过三元催化器催化后，已经变成另一种形式排放出来。间接说明此车的三元催化器工作正常。

除了以上的发动机运行数据分析以外，还从同行的文章中学习到，我们还可以利用数据流的波形显示功能，记录大众车网关中各电脑休眠时的数据，用这种方法分析全车漏电故障也十分方便。

总结：

（1）很多故障发生是一个过程，我们分析数据流如果采用数据形式，只能全神贯注盯着数据变化，而有些变化是瞬间出现的，所以我们才会想到用示波器记录和分析故障，而现在综合型解码器已经具备了用波形记录数据的功能。虽然是通过车载电脑计算后的数据，在一般情况下，它具备连接方便的优势，我们在平时维修中应该多加以应用，可以有效提高诊断的工作效率。

（2）波形显示数据流，把以往在时间轴上的点连成一条线，可以使我们观察到数据的全局变化趋势，分析起来更加准确。但这种波形并不是实际传感器工作的波形，是经过电脑加工后的数据，所以与示波器的波形相比，有一定的误差，我们在分析问题时要提前加以注意。

▶ 2.9 利用数据流波形功能分析加不上油且怠速易熄火故障

车型：2008年华晨尊驰，装配三菱4G63发动机、自动挡变速器。

故障现象：发动机着车后，加不上油且怠速易熄火。

故障诊断：接车后，用解码器读取故障码，显示有节气门位置传感器信号电压低的故障码。进入数据流中，读取节气门信号电压为 0.2V，踩下加速踏板后，此信号电压会随着踩下去的幅度而上升，说明节气门位置传感器工作基本正常。检查节气门位置传感器，发现固定螺丝松动，重新调整其位置，使其信号电压上升到 350mV。拧紧固定螺丝，清除故障码后，再次读取故障码，显示系统正常。试车，刚开始 500m 左右正常，500m 后发现加不了油，并且继续加油后发动机熄火。多次启动发动机，发动机着车，勉强把车开回修理厂，再次用解码器检测，发现无故障码。

是什么原因导致发动机熄火？我们怀疑是供油不足或是点火系统有故障。再次进入数据流功能，读取相关的几项数据，如图 2-14 所示。

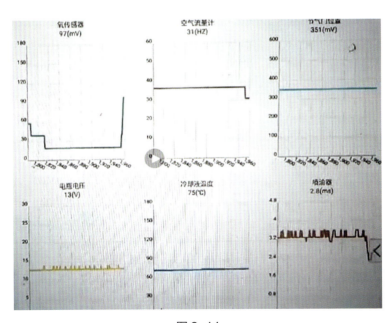

图 2-14

在怠速状态下，前氧传感器电压在刚着车时工作正常，可以达到 0.8V，但随着着车时间的延长，会逐渐降低，并且发动机怠速也开始慢慢变得抖动起来，直到发动机自己熄火。其他信号电压变化不大。

发动机熄火后，我们继续利用数据流的波形功能进行检测，如图 2-15 所示。

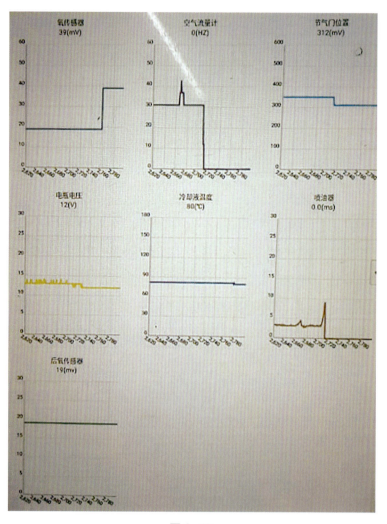

图 2-15

从时间轴上看，进气在急速时为 30Hz，时间运行到 2710s 时，进气量变为 0，说明此时发动机已经熄火。我们还能看到，前氧传感器在 2710s 以前，始终为 19mV 的信号电压，说明此时存在混合气过稀故障。后氧传感器信号电压也是 19mV 左右。两个氧传感器同时损坏的可能性很小，更进一步验证混合气过稀是事实。我们可以从喷油时间波形上看到，在 2710s 时有一个向上的尖峰，这说明在熄火瞬间，ECU调整加大喷油脉宽，但是没有改变混合气过稀的问题，发动机仍旧熄火了。

以上仅仅是理论分析，为了进一步验证问题所在，重新启动着车，当氧传感器信号电压下降到19mV时，用化油器清洗剂喷入进气管，此时前氧传感器信号电压上升到0.8V，说明氧传感器工作正常，此车确实存在混合气过稀的问题。进一步思考，是什么原因引起的混合气过稀呢？用燃油表检测燃油压力，结果燃油压力为300kPa，但在运转几分钟后，压力突然降到150kPa，发动机熄火。重新启动发动机，燃油压力再次上升到300kPa。为什么燃油压力会有如此大的波动？我们怀疑是燃油内杂质过多引起的。拆下燃油滤清器后，将燃油滤清器内燃油倒到瓶子里观察，如图2-16所示。

从图2-16中看到，燃油为棕色。再进一步想，这可能是燃油箱内部生锈引

图2-16

起的。拆下燃油箱检查，果然燃油箱底部明显生锈，更换一新燃油箱和燃油滤清器后，清洗喷油器和汽油压力调节阀后，重新加入干净的燃油，发动着车试车，加不上油和易熄火故障现象消失，故障排除。

总结：

（1）此车故障是因为燃油泵压力不稳定引起的，因为燃油泵压力低，所以导致喷油器在同样的时间内喷入进气管的燃油变少，引起混合气过稀故障。当混合气稀到一定程度后，发动机熄火。

（2）造成燃油压力不稳定的主要原因是燃油箱底部生锈，铁锈与燃油混合后引起燃油压力调节阀关闭不严，导致压力不稳定，引起发动机易熄火故障。对于使用铁质燃油箱的老车来讲，这种故障是比较常见的。

（3）此车的另外一个故障点就是节气门位置传感器调节不当，超出设计范围后，发动机电脑识别到，并且存储上故障码。因为调节不当，会引起怠速不稳故障，但不至于引起加不上油的问题。

（4）利用读取数据流的方法，可以方便分析运行状态的发动机各项参数的瞬间变化，利用数据流波形的方法，更为直观，使各项信号变化规律连续化，更有利于分析发动机故障现象，提高诊断的准确性，提高诊断效率。

（5）利用喷入清洗剂的方法来干扰混合气调节，是一种方便实用的好方法，因为清洗剂的主要成分是 HC 化合物，成分与燃油类似，在修理厂可以方便得到，所以这也是一个方便实用的小技巧。

▶2.10 为什么要用专用检测仪？

因为专用检测仪可以提供准确而翔实的维修资料，在没有资料时，对于一些新车型即使是简单故障，我们往往也会无法完成故障的诊断。下面就是一个很好的案例，通过此案例可以说明，为什么要用专用检测仪。

案例1：2017 年新宝来前挡风玻璃清洗泵不工作

故障现象：扳动前挡风玻璃清洗开关时，清洗泵不工作，但雨刷片动作 3 次。

故障诊断：根据以上现象，我们分析雨刷开关到车身电脑之间是正常的，因为只有收到雨刷开关的信号后，车身电脑才能输出信号，控制雨刷电机动作，所以可以排除开关损坏的可能。

先读取全车故障码，检测系统正常，无故障码。再进入 09 中央电子系统读取数据流，发现只有雨刷的数据，而没有车窗玻璃清洗数据流。再利用 F6 查询保险丝位置，也没有找到该保险丝。

用试灯检查各个保险丝，打开点火开关状态下，发现 36 号保险丝烧断。更换保险丝后，再次操作开关试验，结果仍旧不喷水。

检测没有电的保险丝，在扳动开关时测量，也没有发现有烧断的保险丝。想用驱动元件测试功能，驱动喷水泵工作，发现没有这个菜单。

拆开右前轮翼子板，检查喷水泵插头，发现没有供电。

打开专用检测仪，找到喷水泵电路，显示是由车身电脑直接控制的，没有找到相关保险丝。总目录的上面，关于保险丝的位置，也没有找到喷水泵保险丝。

在总目录的下方，有保险丝说明。资料表明，43 号是该喷水泵保险丝。实际检查发现该位置没有安装保险丝。根据资料，此处应该有一个 10A 保险丝，添加一个 10A 保险丝后，再操作开关，喷水功能恢复正常。

总结：

（1）此车故障是由保险丝缺失引起的，可能是此前维修人员去掉保险丝后没有恢复安装，因为车型没有准确的保险丝位置功能说明，导致检查故障时走了弯路。

（2）此车是一辆较为新型的车，检查喷水泵保险时要注意，需要扳动开关状态下，保险丝上才有供电。所以如果我们不扳动开关，利用测量电压的方法是发现不了哪一个保险丝烧断的。用思维导图整理维修过程，如图 2-17 所示。

如果你觉得使用专用检测仪还是必要的，再看下面一个案例，它可以很好地说明，为什么要使用专用检测仪。

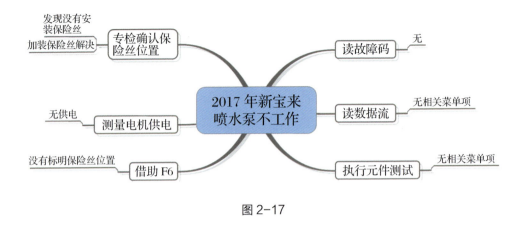

图 2-17

案例 2：2013 年奥迪 A6L 塑料装饰板找不到安装位置

奥迪 A6L 高级轿车，在我处维修，因为是泡水车，维修时间比较长，拆下来的元件比较多，最后组装时，发现有两片小塑料饰板找不到安装位置。我们利用大众专用检测仪的元件查询软件 ETKA，进行检索，输入零件号，显示为后尾灯盖板，拿该塑料件到后尾灯处比对后，轻松装好了。

大众专用检测仪提供 3 种软件：第 1 个是检测软件，就是带黄色发动机图标的软件，只是不同车型选不同的图标即可。第 2 个是资料查询软件 ELSA，可以利用该软件查询电路图与拆装图等。第 3 个是 ETKA 零件查询软件，我们可以利用此软件来查一个有零件号的元件、名称，然后可以根据名称到电路图中查找。

还可以在知道大概安装位置与功能的情况下，找到该元件的零件号。以上功能用起来就相当于接通了一个大数据库，通过零件号的方法查询起来非常方便，可省去很多时间，提高工作效率。

3 解码器的功能

▶ 3.1 故障码产生机理

　　车辆出现故障时会点亮故障灯，我们可以用解码器读取故障码，并且从解码器上得到故障产生的解释。那么，汽车电脑内部是如何发现并记录故障的，这一部分的工作原理是什么？

　　有 4 种方法（图 3-1）可以实现故障自诊断：

图 3-1

　　（1）值域判断法：一般汽车电控系统以电控发动机系统水温传感器为例，正常情况下，它是一个 NTC 元件，即是一个负温度系数的热敏电阻，当温度升高时，电阻变小，温度下降时电阻增加，再配合上拉电阻形成一个电阻分压电路，如图 3-2 所示。

　　ECU 从下拉电阻上得到随温度变化的水温信号，在设计之初，工程师就考虑到了自诊断的问题，一般情况下，发动机水温变化范围假设是在 –30~130℃之

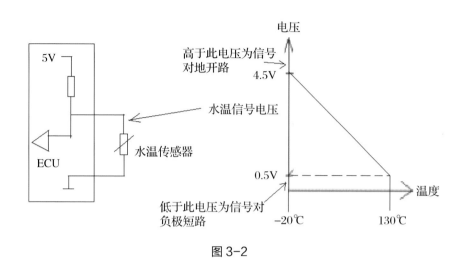

图 3-2

间，而对应的传感器输出的信号电压在 0.5~4.5V 之间，如果线路出现故障，导致信号电压超过了这个正常范围，ECU 即判定出现故障，存储故障码，点亮故障灯，连接解码器就能读到相关的故障解释。

这种把正常信号电压规定在一定范围内来判断是否产生故障的方法，即为值域法。一般电阻型传感器多采用此方法进行故障监测，如水温传感器、节气门位置传感器、空气温度传感器等。

（2）时域判断法：发动机混合气调节系统正常工作时，可以在氧传感器输出的信号电压上得到反馈，这时应该是每 10 秒钟 8 次以上的以 0.45V 为中心的，从 0.1V 到 0.9V 之间的变化。如果发动机电脑没有在规定的时间内收到这样的变化信号，即判断为混合气调节系统出现故障，存储上相应的故障码。这种判定故障的方法称之为时域判断法。

（3）功能判断法：当 EGR 阀打开后，会影响到 MAP 进气压力传感器的信号电压变化，如果 ECU 发出指令驱动 EGR 阀打开后，没有收到 MAP 的信号电压相应的变化，ECU 即判断出现故障，此方法叫功能判断法。

（4）逻辑判断法：此方法常用于全电子节气门的节气门位置传感器和加速踏板传感器的故障判断上。为了保证传感器输出的信息真实可靠，重要的信号采用冗余设计，即同样功能的传感器安装两个，这两个传感器发出的信号同时进入电脑，电脑判断这两个信息的一致性，如果一致性正常，即响应其信息，如果两个信息出现不同指向，说明系统出现故障。这种方法称之为逻辑判断法。

用思维导图总结，如图3-3所示。

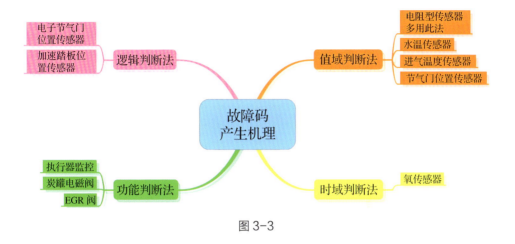

图3-3

▶ 3.2 故障码的组成与分类

故障码就是一个用数字代表的故障类型，不同公司生产的汽车有不同的定义，后来随着 OBD- Ⅰ 的出现，开始使用标准的故障码。一个标准的 OBD- Ⅱ 故障码由5个字符组成。第1位字符是字母，第2~5位字符是数字。第2位字符，如果是0、2、3，表示该故障码是标准通用型故障码；如果是1，表示是 OEM 规定的故障码，即某个汽车厂家独有的故障码。第3位字符表示故障码所属的子系统：①燃油或空气流量传感器故障；②燃油或空气流量传感器故障；③点火故障或发动机缺火；④辅助排放系统故障；⑤车速或怠速控制系统故障；⑥控制单元或输出电路故障；⑦变速器控制系统故障；⑧变速器控制系统故障。第4、5位字符表示在第3位字符指示的子系统内特定的故障分配号。不同的传感器、执行器和电路分配了不同区段的数字，区段小的数字表示通用故障，较大的数字表示扩展码，提供了具体信息，如电压高或低、响应慢或信号超出范围。

用思维导图整理，如图3-4所示。

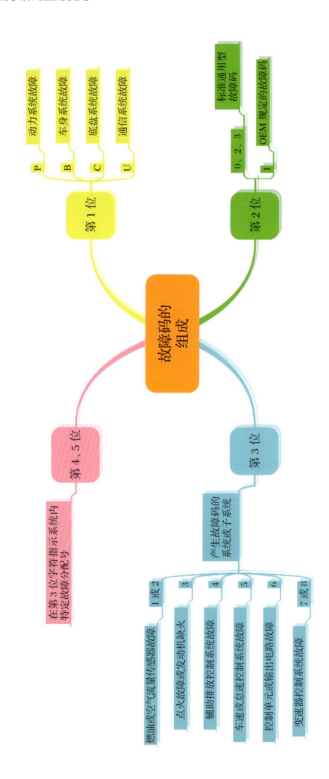

图 3-4

故障码的分类:

OBD-Ⅱ型标准故障码可以分为4类:A、B、C、D。

A类:与排放有关,而且很严重。

B类:与排放有关,但不很严重,基本故障。

C类和D类:故障码与排放无关,发生此类故障时故障灯不亮,PCM不会捕捉冻结数据。

用思维导图整理,如图3-5所示。

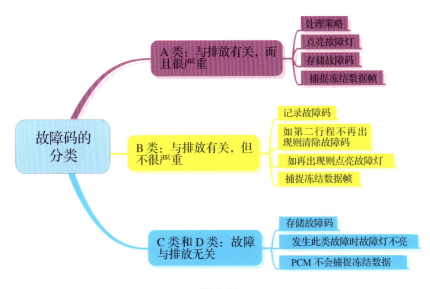

图3-5

▶ 3.3 连接通信

要想实现车辆与解码器的通信,首先要连接解码器,把诊断插头插到车上的诊断座上,然后打开点火开关或启动车辆,再进行相关操作。

打开点火开关对于有钥匙的车辆比较容易实现,对于别克车系带智能钥匙的,将智能钥匙放在车内,如果需要着车,只需踩下制动踏板,再按下启动按钮即可启动;如果只想打开点火开关,不需要启动车辆,则需要不踩制动踏板,长按启动按钮10s以上,仪表上发动机故障灯点亮后,即相当于点火开关处于点火挡了。

使用综合型解码器的第一步就是选择合适车型，这个选择车型的过程就是从解码器中找到合适的软件，然后建立车辆与解码器之间的通信连接。常用的方法有以下 3 种。

（1）如果车辆比较新，大多数一线品牌公司（大众、别克、奔驰、宝马、奥迪等）的车辆可以选择自动读取 VIN，进行自动识别车型，这种方法也是厂家推荐的首选。如果这种方法不能实现正常的通信，则要用下面的方法实现通信。利用自动识别的好处是比人为选择产生失误的可能性更小，也比较快捷。

（2）手动选择车型，该方法适用于一些国产二线、三线品牌，在选择过程中，解码器会主动询问，用适当的配置进行，比如变速器形式、音响形式等，有时还要选择发动机电控系统生产商，比如联合电子或德尔福等。如果选择错误，会出现无法通信或解码器的功能受限，比如，无法正确读取数据流的问题。

（3）有些小公司生产的汽车，或是纯进口的车型，可能解码器的菜单中就没有相关的车型可以选择，这时，以上两种方法都不能实现正常通信，要考虑第三种方法。如果我们测量电控发动机系统，可以不选车型，直接选择 EOBD 菜单进行检测，一般情况下，可以读取故障码和部分数据流。我们在维修一辆限量版福特美洲狮时，就用这种方法完成了检测。这个功能在解码器中都能看到。

如果无法建立通信，我们就要考虑是否通信线路出现故障，需要检查维修通信线路。

总结：

（1）大多数的车辆电脑需要在打开点火开关的情况下才能建立通信，所以要学会正确打开点火开关的方法，这里主要是指按钮式智能钥匙型点火开关。

（2）我们选择车型的过程，实际上就是选用解码器中合适的程序来建立与车辆的通信。利用 VIN 码进行自动选择车型，就是解码器从车辆电脑中读取 VIN 码信息，再根据此信息自动匹配合适程序的过程。

（3）当车型在解码器菜单中找不到且自动识别也无法进行时，可以利用EOBD菜单对发动机电控系统进行通信试验，在硬件正常情况下，车辆不是太老的话，是可以建立链接的。

▶ 3.4 读取和清除故障码

读取故障码，就是从汽车控制单元内部读取关于故障的一个数字代码，这个代码仅仅是一个数字。对于数字的具体解释，在解码器的软件中，这个问题就相当于从解码器中读出了一个坐标数据，再用这个坐标数据到解码器的表格中去查询，对应坐标内容就是对故障的解释，它在解码器中的表格内存放着。

读取故障码有两点要注意：

（1）要看清它的状态，是历史故障还是当前故障。有时在大众车系中用主动（当前故障）和被动（偶发或历史故障）来表示。根据解码器对故障码的解释，我们参考解释内容去分析诊断故障。

（2）有的故障码还有一个"副码"，表示故障出现的具体特点，这个副码在正时类故障码或是 LIN 线故障码中时有出现。

大多时候读到的故障码会有一个解释，而少数新车型上的故障码没有具体解释，解码器给你的解释是"请参阅最新手册"，这个解释的含义是目前的解码器软件还无法解释这个故障码，需要升级你的解码器软件版本或是换用专用解码器来解释。因为随着新车型的不断研发，一些新的故障码会不断增加，老版本的软件暂时解释不了。

读完故障码后，千万不要随意删除这个故障码，为什么呢？

清除故障码操作也是解码器最重要的操作之一。清除故障码操作的意义是什么呢？我的认识是——在排除故障后，通过清除故障码，来确认故障是否真正排除。清除故障码后，可以使一些故障报警灯熄灭，如果不排除故障点，只是用设备清除故障码，可能故障灯会暂时熄灭，但一定会再次点亮，只有在排除故障后，才能保证故障灯不会再次被点亮。

对于偶发性的软故障，行驶很长时间可能才会出现一次，而出现故障时已经存储上了相关的故障码和冻结数据流，当故障码被我们清除后，又不会再次出现，因为有些故障很难在试车过程中让它重现，这会大大延长诊断的时间，这是其一。其二，有些车型在我们执行清除故障码的操作后，会把"学习值"和"冻结帧"一起清除掉，这对于我们分析故障也会增加难度。因为学习值是电控系统运行过程中进行自我适应的数据，学习值这个数据可以让我们了解电子控制系统作了哪个方向的调整，调节的量是多大。我们可以利用学习值来对故障方向进行一个初步判断，进行逆向分析故障形成过程与机理，这在排除故障时很有用。一旦清除故障码，则会失去诊断方向。

对于清除故障码的操作，我们要注意以下几点：

（1）在诊断过程中，我们可以随意读取故障码，但不要轻易清除故障码，当我们在找到故障原因并排除后，才允许清除故障码，因为随手清除故障码，对诊断工作有害无益，更没有意义！

（2）如果必须清除故障码才能进行下一步的工作，而故障原因没有明确，可以记录下故障码和相关学习值，包括冻结帧数据流。

（3）大众车在清除发动机系统故障码时，会把混合气调节学习值同时清零，如果要重新建立学习值，则需要试车 5km 左右。

（4）大修发动机后，或是做了与混合气调节相关的维修后，必须试车，在试车前必须要求清除所有故障码，回厂后再进行读故障码操作，以确认整个系统不存在问题才能交车。

总结：

（1）在大众车发动机电控系统中，清除故障码的操作不仅仅是清除故障码记忆，该操作同时也会清除学习值，所以不要轻易清除故障码。

（2）只有真正排除了故障，故障码才能被清除。对于偶发性故障，执行清除故障码后，故障码暂时不会出现，这给故障排除没有任何帮助，只能让故障在不确定的时间重新出现，这时往往会让客户反复进厂维修，引起不满。换句话说，就是不能把清除故障码的操作当作排除故障的一个方法。这一点对于初学者来说，是容易出现的误区。

（3）我们将以上内容用思维导图总结，如图 3-6 所示。

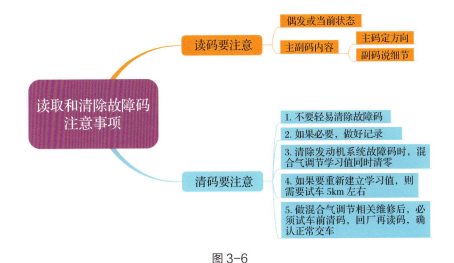

图 3-6

▶ 3.5　读取数据流

读取故障流，是解码器使用中最主要的功能之一。它是汽车电脑给出的判断结果。仅凭这个检测结果，大多数故障并不能直接根据故障来解决，还需要进一步验证故障。

正常情况下，各传感器将数据信号送给 ECU，ECU 收到这些信号后进行综合处理，输出控制命令，由执行器执行。如果我们能在诊断故障时看到这些数据，就可以更方便、准确地确定故障。使用示波器和万用表等检测工具，就是测量这些数据。因为汽车控制系统具备通信功能，电脑本身利用这些数据工作，还可以把这些数据以通信的方式传给解码器，解码器利用自己的显示屏把这些实时数据显示出来，这就是数据流。我们维修人员利用解码器可以直接分析数据的合理性，帮我们精确定位，是故障码之外的一个常用功能。

另外，还有一些故障不会存储故障码，但故障现象却真实存在，这时就要对电子控制系统进行更加深入的数据分析，这种情况也可以利用"读数据流"功能进行问题分析。读数据流，就是读取电子控制系统运行过程中数据上的变化，所以也叫作读动态数据流。根据运行数据进行分析，可以比故障码更加深入地发现问题。

随着汽车电子控制系统的技术进步，原先一些故障信息无法处理，比如，发动机偶发性缺火故障，而现在发动机电脑运行速度已经允许对此类故障进行分析。所以在一些新车型中，增加了一个失火率的数据流项目。我们可以直接看到发动机运行过程中，是哪一个气缸产生了断火，通过数据流功能，可以对所有气缸的断火进行查看并记录。下面，我们就以实际案例来学习这一功能如何在实战中应用。

案例：2014 年现代悦动行驶中发动机故障灯闪烁

车型：2014 年现代悦动，发动机为自然吸气，排量 1.6L，搭载自动变速器，已行驶约 60000km。

故障现象：客户反映车辆行驶中突然出现动力不足现象，并且仪表上发动机故障灯不断闪烁。

故障诊断：接车后，启动车辆进行检查，仪表中发动机故障灯不能熄灭，发动机与车身明显有规律地抖动。手摸排气管出口气流，可以感到规律性的"突突"。按我们以往维修经验，此车故障不在混合气调节方面，因为混合气配比错误引起的燃烧不良，会导致发动机不规则地抖动，如果是某缸不点火，就会造成发动机排气有规律地脉动。根据以上分析，此车故障应该是点火系统引起。

连接朗仁 X300 解码器，读取发动机故障码，显示有两个故障码 P0300（监测到失火）和 P0301（1 缸失火）；读取数据流，发现异常的是进气压力数据稍高，其他相关传感器数值正常。

将火花塞装到点火线圈上，同时把火花塞外壳放到缸盖上，启动发动机，观察 4 个火花塞跳火，没有不跳火现象。目视检查点火线圈，重点检查 1 缸点火线圈橡胶线内孔，没有明显看到被击穿后产生电弧的痕迹。

装复点火系统，整理思路后认为，缺缸问题应该是单缸故障，应该是火花塞、点火线圈和喷油器以及相关线路的可能性比较大。点火线圈和火花塞都没有看到异常，我们决定检查喷油器。

拆下油轨，把喷油器放置于一次性纸杯中，依次检查喷油器的密封、雾化和喷射量，均无异常。检查汽油品质，未发现含水及其他异常。该车是做完基础保养后第二天发生的故障。检查节气门处，未发现有异物进入，故障车早期曾有行驶数万千米都没有更换机油的使用历史，发动机内部油泥比较严重，难道会出现机械故障？

传统方式对发动机机械问题在检测与维修中工程量较大。我们之前在王晓波老师那里引入针对机械故障免拆诊断，可以通过检测进气压力脉动波形，找到机械压缩异常是在进气门还是在排气门，或是活塞缸筒之间。通过加入曲轴转角和点火信号，还可以快速判断正时机构故障，直接确认故障点，非常直观有效地提高诊断效率。

连接好设备后，通过免拆进气脉动传感器看出，1~4缸波形规律一致地产生，表示活塞环和进、排气门以及液压顶柱、滚针摇臂、弹簧并没有出现机械问题。此时故障原因查找陷入僵局。重新梳理故障诊断过程，诊断思路并没有问题，一定是哪个细节疏忽把故障忽略了，决定重新开始排查。

使用X431重读故障码，结果与朗仁X300显示一致，重新查找发动机异常数据流，虽然显示当前没有失火，但看到失火计数器中，1缸产生失火记录，其他缸为零。为了验证数据流显示正确，发动机熄火后，把1缸点火线圈与2缸对调，重读故障码，除了之前1缸失火和多缸失火历史故障外，又多出2缸失火。再次拆卸原1缸点火线圈仔细观察，发现有高压击穿痕迹，使用绝缘胶带简单处理，如图3-7所示。

装车重新启动车辆，抖动故障消失。

至此，故障彻底锁定为1缸点火线圈，更换4个点火线圈与4个火花塞后，故障排除。

图 3-7

总结：

诊断故障需要认真仔细观察，因为夜晚光线不好，一个微小的疏忽，造成错误的检测结果，走了一点弯路。

▶ 3.6　读取冻结数据流

诊断故障时并不能看到当时的数据流状态，汽车工程师为了方便我们诊断，将故障出现瞬间的电控系统动态运行数据流以"冻结数据流"的方式记录下来，就如同飞机上的黑匣子，通过故障码与冻结数据流相结合的方法分析故障，可以使诊断更准确。

一些偶发性的故障出现后，系统会存储上故障码，而当车辆来到修理厂后，因为故障现象不复存在，导致我们检测时的数据是正常的，这样我们就难以判断问题是否存在。如果按照故障码的提示去更换配件，又觉得有点儿唐突，这时，我们就可以利用读冻结数据流的方法来确认故障。

冻结数据流是故障出现瞬间，当时车辆运行环境数据。一般情况下，发动机电控系统数据流包括项目如图 3-8 所示。

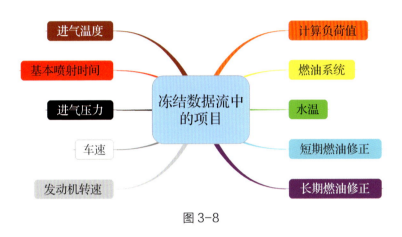

图 3-8

不同年限生产的车型，冻结数据流的内容也有所不同，不同电控系统，也有不同的冻结数据流项目。下面，我们就通过一个案例来认识一下冻结数据流在诊断中是如何应用的。

一辆斯柯达昊锐来我店维修，客户反映该车在一天前转向时出现发卡现象。直接试车，打转向时没有发现异常。此车配备全电子转向助力，进入转向助力系统后，读取故障码，显示系统正常。用解码器扫描全车故障码，发现 ABS 系统存储有 1 个故障码，显示为电源电压过低，并且读取冻结数据流，发现此车在 100351km 时出现的该故障。当时仪表显示为 100374km，核对这两个数据确认，在 23km 前出现的故障，与客户沟通后确认发现故障时大约也是这个里程。由此分析认为，可能当时发生了蓄电池电压过低的问题。经过再次与客户沟通后，确认当时是长时间怠速状态下开空调了。进一步分析认为可能当时是因为蓄电池电压过低，引起电动转向助力异常，虽然电动助力转向系统没有故障码，但通过分析 ABS 系统的故障码与冻结数据流，间接找到了分析故障的依据。客户同意我们的判断，通过改变行驶习惯来避免类似问题再次发生。

总结：

从某种意义上说，汽车维修的诊断过程就是与车辆进行交流的过程，数据流为我们提供的是当前工作数据，而冻结数据流为我们提供的是故障发生时的环境数据，比如当时的行驶里程、日期以及发动机转速、温度、车速等信息，这些信息有时可以给我们的诊断工作带来极大的帮助。

冻结数据流在诊断故障时非常有用，尤其是一些偶发性的故障，确实如飞机上的黑匣子一样，但我们要善于主动思考，才能利用此数据进行故障诊断。上述案例很好地为我们提供了这方面的参考，希望通过该案例可以帮助读者朋友们提高诊断技巧。

▶ 3.7 执行元件测试

执行元件测试这个功能在早期的电控系统中是没有的，随着技术的进步，现在的汽车电控系统大多数具备这个功能了。正常情况下，控制系统要接收到传感器信息，才能输出驱动执行元件的指令。而执行元件测试这个功能，是抛开传感器信息，直接利用解码器发出指令，来驱动执行元件工作，所以有时这个功能是打开点火开关，不启动着车的状态下才能执行。

执行元件测试功能，是解码器在工作人员的操作下，输出执行命令，以判断执行元件工作是否正常。这个功能非常有用，但不是所有系统都有这个功能，比如安全气囊系统就不具备这个功能。说到这里，我的脑海里出现这样一个画面：拿起解码器进入安全气囊系统，执行元件测试，气囊"砰"的一声，炸开了。

执行元件测试的工作原理：一般电控系统中的执行器并不是在点火开关打开后一直处于通电状态，假如某个执行器或是其相关电路发生故障而不工作，为了快速确定从控制单元到执行元件之间的线路是否正常，设计工程师给我们提供了一个方便的操作方法，让执行器通电工作，这个功能就叫执行元件测试。我用解码器时，经常把这个功能用于判断空调不工作的故障。另外，还可以用于燃油泵供电的检测，因为在不着车时，燃油泵仅在打开点火开关瞬间工作一下，甚至有些车辆只有在启动状态下，燃油泵才会得到供电。我们可以利用解码器执行元件驱动功能来给燃油泵输送供电电压，以方便我们检测。

下面，我们用一个案例来讲解一下此功能的应用。

案例：2013年长安悦翔空调不工作

车型： 2013年长安悦翔，该车装用的是自动空调系统。

故障现象： 打开空调后，压缩机不吸合，该车车主反映，在其他修理厂更换完空调离合器后就出现该故障了。

故障诊断： 接车后确认故障，打开鼓风机工作正常，打开空调开关时指示灯正常亮起，但空调离合器不吸合。

用解码器执行元件测试，选择"空调离合器"后，按执行，空调离合器吸合正常。由此判断空调执行部分工作正常，问题应该在空调信号到输入发动机ECU之前的部分上。

在发动机室右后方找到空调压力开关，经过检查，空调压力开关有4根导线。

此车装用的是联合电子的电喷系统，其电脑的外形如图3-9所示。

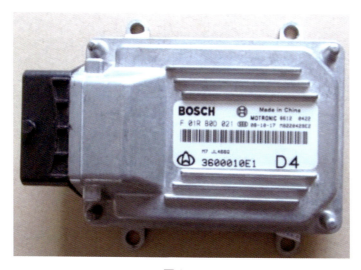

图3-9

该发动机电控系统在许多国产车型上有应用，我们可以参考相关的引脚功能，来找出空调信号输入端。联电 M7 小板电脑空调系统引脚：10 脚为空调压缩机开关，13 脚为空调温度传感器，44 脚为空调开关，61 脚为空调压缩机继电器。

最终发现是低压压力开关线路故障，维修线路后空调工作恢复正常，故障排除。

总结：

此车故障是因为空调请求信号无法传递到发动机电脑引发的。我们在诊断过程中利用解码器的执行元件测试功能快速缩小故障范围，提高了诊断工作的效率。

▶ 3.8　曲轴位置传感器齿讯学习

在德尔福发动机电控燃油喷射系统中，有这么一项特殊功能——曲轴位置传感器齿讯学习。

曲轴位置传感器是一个重要的传感器，它为发动机电控系统提供点火和喷油正时的基准信号。为了提高控制系统的精密性，德尔福电控燃油喷射系统增加了该功能，通过启用该功能，可以利用软件的学习功能，进一步提高基准信号的精度，使整个控制系统运行状态更佳。

哪些情况下需要做齿讯学习？

（1）拆装过或更换正时皮带组件，需要拆装曲轴位置传感器的触发轮，影响到了传感器的位置精度，需要做传感器齿讯学习。

（2）更换曲轴位置传感器后，需要做传感器齿讯学习。

（3）蓄电池断电后，由于齿讯信息丢失，需要做齿讯学习。

（4）更换发动机电脑后，需要做传感器齿讯学习。

没有做或做了没有成功会有哪些影响？

（1）发动机故障灯会点亮，并且都会有故障码：传感器齿讯学习不成功。

（2）没做传感器齿讯学习的发动机会加不上油，无力，加速不良，排气管会变红等。

具体操作方法如下：

（1）启动发动机后待水温达到80℃，车辆运行时间大于10s，车上其他负载处于关闭状态。

（2）把解码器与诊断接头相连，进入MT20U2"发动机系统"。

（3）选择"车辆下线检测"，按提示操作，发送"齿讯学习指令"。

（4）将加速踏板迅速踩到底，并保持2~3s，这时ECM进行齿讯学习，发动机转速1300~4500r/min往复2~5个循环，最后会在4500r/min附近振荡，学习结束。以上为进行齿讯学习时发动机转速的典型特征，可由此来判断齿讯学习是否进行及结束。

（5）将解码器退出系统。

（6）将发动机熄火15s后打开点火开关，用解码器清除故障码后，关闭点火开关。

（7）15s后启动发动机，通过解码器检测是否有P1336故障码存储，否则重新执行学习步骤。

将以上内容用思维导图整理，如图3-10所示。

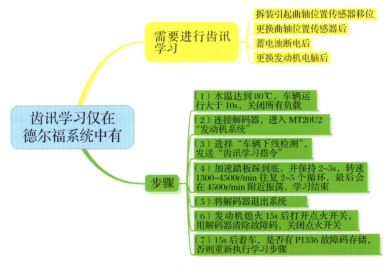

图3-10

▶ 3.9 解码器的功能操作

读取控制单元信息：利用此功能，可以读取控制单元软件零件号和硬件零件号，以及硬件和软件版本，还有一个控制单元编码。在更换控制单元时，要记住旧编码，更换上新控制单元后，再输入这个编码，就能实现原来的功能。

有时需要订购配件，而该控制单元的外壳已经丢失，则可以用解码器的这个读取控制单元信息的功能，读到控制单元零件号，当然前提条件是它还没有完全损坏，还可以进行通信。

基本设定：原本出厂设定的一些参数，随着车辆使用会发生偏移，基本设定就是通过解码器使改变的参数恢复到某一数值。在大众车上，进行基本设定时，要选择组号，节气门基本设定的组号是 001、060 和 098，这 3 个组号可以任意试用，不会出现异常问题。

自适应匹配：仪表上的"保养归零"操作就属于自适应匹配，这里要说明的是基本调整是由 ECU 自己找到学习值，自适应匹配是人工输入一个值，让控制单元以这个值为基础，开始运行。

控制单元编码：控制单元编码是装车后再进行写入的，相同的硬件不同的编码就表明功能有区别，大众车利用编码使同样的控制单元可用于不同的车型，在不同车型上运行不同的软件，类似问题在 ABS 电脑更为常见。

如果你在维修过程中读到一个故障码为"控制单元编码错误"，那就说明可能是在更换控制单元时没有输入正确的控制单元编码，或是因为不正常断电导致产生此故障。

登录：在大众车上，改变车辆某些重要功能时，需要输入一个密码，才能进行相应的操作，这个过程叫登录。最典型的是进行防盗匹配时，要先输入防盗密码。

通道号：在大众车上，通道号与基本设定和自适应功能相对应。在进行这两项操作时，需要输入通道号才能完成。通道号的作用就是告诉控制单元，要给控制单元的哪一个功能区进行调整。

随着车辆技术的进步，大众车上的通道号越来越多，有的甚至多达 300 个通道号，物极必反，最新的大众车又采用了列表式的数据流，不必记住通道号就能找到想要了解的数据了。但实际使用起来，有时还不如原来的通道号来得方便快捷。

以下是我们参阅资料后整理出来的几个常用的通道号，可以帮大家提高诊断效率，如图 3-11 所示。

案例：上海大众新帕萨特加速冲击

车型：上海大众新帕萨特，生产日期 2012 年，发动机排量 2.0L（TSI）。

故障现象：急加速行车时有冲击感，缓慢加速或匀速行驶时正常。

故障诊断：根据以往的经验，加速冲击问题一般是因为点火线圈漏电导致的。为了快速确定故障，我们利用解码器读取故障码，显示系统正常。试车的同时用解码器进入发动机系统，再选择"读取数据流"功能，并输入相应的组号，观察行车过程中是哪一个气缸出现了断火。

与断火记录有关的组号及功能如下：在第 14、15、16 组中数据流中，可以读取到偶发性缺火的记录。其中第 14 组中为 4 个缸总的缺火记录，第 15 组为 1 缸、2 缸、3 缸的缺火记录，第 16 组为第 4 缸的缺火记录。如果有发动机出现偶发性不做功，即所谓的缺火，数据流中的数据就会从正常的 0 开始上升。根据缺火次数的多少，此数据会不断增长，如果没有增长，说明该缸没有不做功。由此可以对偶发性缺火进行快速诊断。

综合车型读取数据流，有时会遇到读取到的数据流不合理，这主要是没有正确选择车辆型号造成的。我们在读取发动机数据流时，一般通过以下几个数据来判断是否正确选择了车型数据：

（1）蓄电池电压。

（2）发动机转速。

（3）水温。

以上 3 个数据还要分两次进行判断，在打开点火开关不着车的情况下，蓄

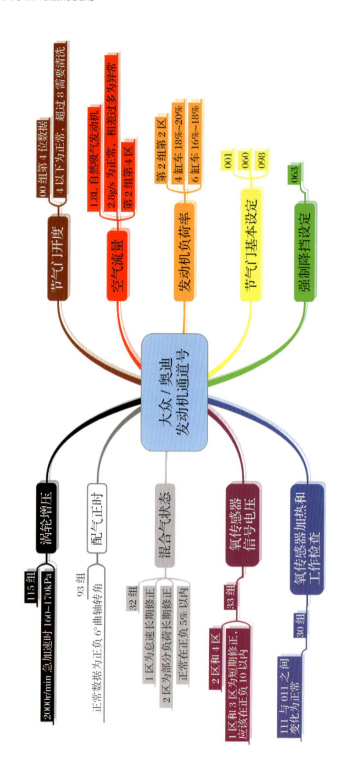

图 3-11

电池电压应该在 12~13V 之间正常，发动着车后变成 14V 左右；发动机转速不着车是 0r/min，发动机着车后 800r/min 左右；发动机水温应该与实际温度相当（可以用手摸一下水温传感器，粗略判断当前水温）。经过以上初步分析，数据正常时，我们才对其他数据作进一步分析，因为这些基本数据明显异常，说明我们当前的通信协议与实际车内控制单元通信协议有区别，是无法得到正常数据了，分析这样的数据只会引起误判。

经过试车，我们发现 4 缸的缺火记录上升与故障现象同步发生，同时 1 缸有较轻微的缺火。经过检查，1 缸、4 缸火花塞正常，确认故障是 1 缸、4 缸点火线圈造成的。更换点火线圈后，再次试车，故障排除。

总结：

（1）该车故障是由 1 缸、4 缸点火线圈漏电引起的。

（2）诊断该类故障，利用数据流的方法可以快速缩小故障范围。结合拆检，找到故障原因。这种方法适用于目前大多数的大众车，包括缸内喷射的发动机也有此功能，数据流组号也是 14、15、16 组。

（3）值得思考的问题有两个：

①当出现加速冲击时，如果没有数据流功能该怎样锁定故障范围？

②此类故障往往更易出现在急加速时，而怠速状态基本正常，缓加速或匀速行驶时没有明显表现。这是为什么？

在故障诊断中读取数据流，大众车系和别克车系中都能直接看到动态的缺火记录，而读数据流功能不仅仅可以用于发动机缺火方面的诊断，还可以发现更多的故障原因。在这里，我们利用思维导图的优势进行一个总结，如图 3-12 所示。

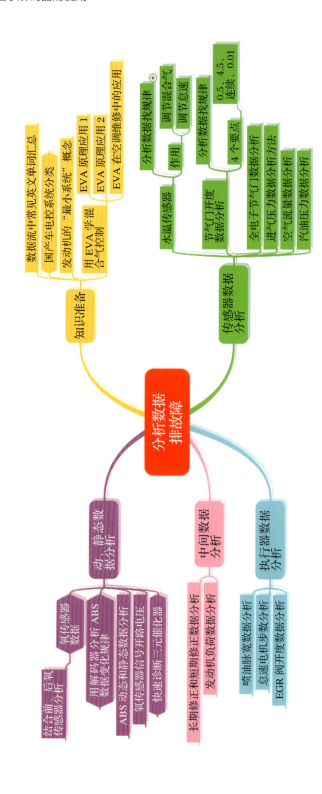

图 3-12

4　数据分析找规律

▶4.1　分析故障码的要点

读故障码这一操作很简单，所有的修理工都会操作，但在简单的操作中，我们真正做到位了吗？

首先，我们要区分故障码所指的是当前存在的故障还是以前偶发性出现的故障。这个在故障码的状态栏中可以看到。

通常，如果是当前存在的故障，状态栏会显示当前故障。在德系车中，当前故障还被称为主动故障、历史故障或偶发故障。如果是偶发故障，我们在故障没有出现的时间去检测，是发现不了错误数据的。除此之外，对于故障码的理解，还有更深一层的含义，我们看下面的讲解。

在我写本书前半年的时间内，我根本没有注意过有些故障码的后面还附带有其他数字，而这个数字的含义包含着重要的信息。直到听朱振奇老师的一堂课，才发现原来我修了 25 年的车，还没有完全掌握读故障码的操作。如果不相信的话，请看表 4-1。

为什么 P0016 故障码会有 3 种解释？这 3 个解释到底与实际故障现象有何关联？如何利用这些信息提高我们诊断的准确率，降低诊断工作量，提高诊断效率？故障码后面这个数字表示几个含义？

这个故障码到底是安装正时错位引起的，还是在运行过程中凸轮轴的相位调节出现故障，或是电路出现故障？这 3 个可能都会造成曲轴与凸轮轴位置信号出现偏差，如何分析呢？

表4-1

故障码		说明	检测方法
P001600	曲轴位置－凸轮轴位置相关性－气缸组1，传感器A－无子类型信息	·进气凸轮轴传感器安装不当 ·曲轴位置传感器安装不当 ·进气凸轮轴传感器对地短路、对电源短路／断路、电阻过高 ·进气凸轮轴传感器与目标转子之间的气隙大于规格 ·目标转子的径向跳动过大 ·可变气门正时执行器链条驱动装置或张紧器松弛	·请参阅《车间维修手册》的相关章节，检查进气凸轮轴传感器是否正确安装，检查曲轴位置传感器是否正确安装 ·参考电路图，检查进气凸轮轴传感器电路是否存在对地短路、对电源短路／断路或电阻过高现象 ·请参阅《车间维修手册》的相关章节，检查进气凸轮轴传感器与目标转子之间的气隙是否正确；检查目标的径向跳动是否符合规格；检查可变气门正时执行器链条驱动装置或张紧器的操作是否符合规格
P00164A	曲轴位置－凸轮轴位置相关性－气缸组1，传感器A－安装了不正确的元件	·发动机控制模块检测到连接的硬件与预期的硬件不符 ·进气凸轮轴传感器 ·进气凸轮轴传感器对地短路、对电源短路／断路、电阻过高 ·进气凸轮轴传感器与目标转子之间的气隙大于规格 ·目标转子的径向跳动过大 ·可变气门正时执行器链条驱动装置或张紧器松弛	·请参阅《车间维修手册》的相关章节，检查进气凸轮轴传感器是否正确安装 ·参考电路图，检查进气凸轮轴传感器电路是否存在对地短路、对电源短路／断路或电阻过高现象 ·请参阅《车间维修手册》的相关章节，检查进气凸轮轴传感器与目标转子之间的气隙是否正确；检查目标的径向跳动是否符合规格；检查可变气门正时执行器链条驱动装置或张紧器的操作是否符合规格
P001676	曲轴位置－凸轮轴位置相关性－气缸组1，传感器A－安装位置错误	·发动机控制模块检测到元件安装不当 ·可变气门正时执行器机油压力过低 ·进气凸轮轴传感器故障	·请参阅《车间维修手册》中的相关章节，检查机油油位是否正确 ·参考电路图，检查进气凸轮轴传感器电路是否存在对地短路、对电源短路／断路或电阻过高现象

以上3个故障码都是P0016，它的含义是曲轴和凸轮轴位置传感器之间产生了不正常的相对时间差。到底是什么原因？我们看后面的区别分别是00、4A和76。

第1个故障码"00"相对错位，曲轴和凸轮轴之间的错位是一直存在的，不是动态的时好时坏状态，因为在后面的检查方法中没有提到要检查机油压力；第2个故障码"4A"的解释更着重于凸轮轴传感器本身故障，可能ECU发现该传感器的波形不正常;第 3 个故障码 "76" 更着重于元件安装不当或机油压力不稳定造成的时好时坏故障。

在后来的维修工作中,也遇到过类似的问题,这是一辆雪佛兰克鲁兹,故障现象是左前门玻璃升降器工作异常,诊断此故障也向北京的两位专家级师傅请教了类似问题,作为一例疑难故障与大家分享。

▶4.2 如何判断读取的数据

综合型解码器读取数据流,有时会遇到读取到的数据流不合理,这主要是没有正确选择车辆型号造成的。我们在读取发动机数据流时,一般通过以下几个数据来判断是否正确选择了车型数据,如图 4-1 所示。

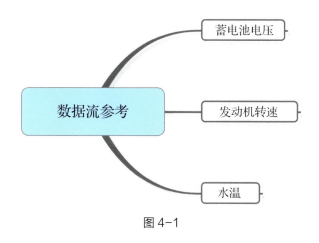

图 4-1

以上的 3 个数据还要分两次进行判断,在打开点火开关不着车的情况下,蓄电池电压正常应该在 12~13V 之间,发动着车后变成 14V 左右;发动机转速不着车时为 0r/min,发动机着车后 800r/min 左右;发动机水温应该与实际温度相当(可以用手摸一下水温传感器,粗略判断当前水温)。经过以上初步分析,数据正常时,我们才对其他数据作进一步分析,因为这些基本数据明显异常,说明我们当前的通信协议与实际车内控制单元通信协议有区别,是无法得到正常数据了,分析这样的数据只会引起误判。

案例：2014 年比亚迪 F3 怠速 1600r/min

车型：2014 年比亚迪 F3，已经行驶 20000km。

故障现象：发动机怠速过高，为 1600r/min。当时发动机已经达到正常工作温度，用解码器读取故障码，显示系统正常无故障码。

故障诊断：此车为其他修理厂维修过的车，据车主讲，该车刚开始时是因为怠速起步易熄火，上一家修理厂清洗节气门后，出现上述故障。为了排除此故障，更换新节气门也无效，检查发动机控制单元相关线束，也没有发现明显异常。在解码器检测时，数据流中的目标转速始终为 1600r/min，不知是什么原因。

接上解码器读取数据流时，发现此车配装有多个电控系统，实际情况如图 4–2 所示。

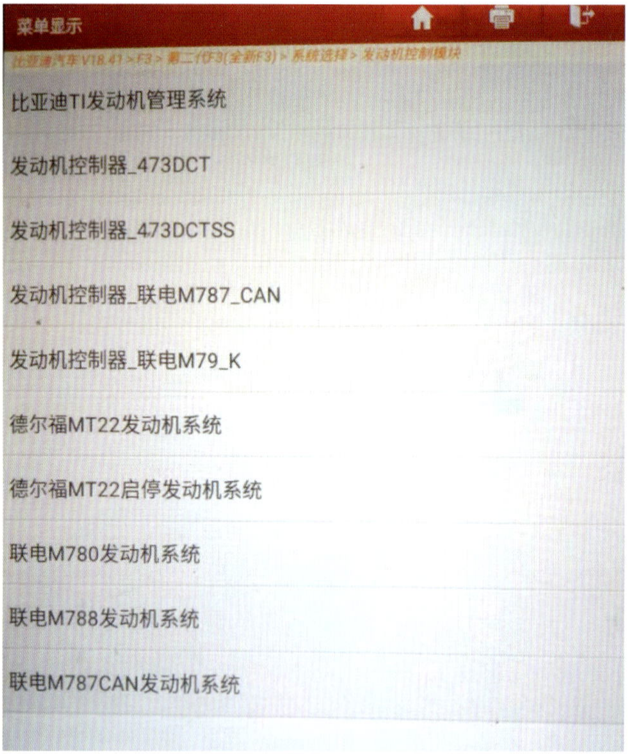

图 4–2

　　该使用哪一种电控系统的软件来进行检测呢？根据以往的经验，通过节气门位置传感器的外形，我们判断此车的电控系统为联电电控系统（联合电子控制系统），但选用菜单中几项联电电控系统进行数据流检测，发现都与实际情况有差别。怀疑我们的解码器软件与车上 ECU 内部软件协议不符，换用其他品牌的解码器进行试验，结果仍旧不能检测到正常的数据流。因为手中的两款解码器都是比较新的解码器，而此车的生产日期也不是太近，应该是能正确检测数据流，怀疑此车的 ECU 内部出现故障。

　　找来一辆 2016 年比亚迪，用解码器检测试验，发现我们的解码器可以正确读取到数据流。

　　结合以上的检测，确认我们的解码器是正常的，数据流不正确的问题应该是原车 ECU 引起，可能其内部软件数据出现错误。从驾驶室仪表台右侧下方 A 柱内侧找到发动机 ECU。拆下 ECU 后，打开外壳目视检查，没有发现电路板上有异常烧坏的痕迹。与客户沟通后我们订购了一个新 ECU，到货后装车试验，发动机无法着车，因为防盗系统需要匹配，我们把新发动机 ECU 外壳拆开后，将 8 脚数据芯片拆下来，换上旧 ECU 的芯片后，装车试验，发动机可以正常着车。再次用解码器读取数据流，这时选用联电 CAN 系统进行测试时，数据流显示正常，但怠速高的问题没有改变，并且"目标转速"项目中的数据仍旧是 1600r/min。

　　整理维修过程，我们分析认为，该故障是因为 ECU 内部数据出现故障，这个数据可能存储在 CPU 中，而目标转速这个数据可能存储在 8 脚芯片中，我们把 8 脚芯片倒过来的同时，把这个错误的目标值也倒过来了，发动机 ECU 根据这个错误的目标进行调整，所以怠速应该是 1600r/min，实际情况应该是这样，所以也没有故障码出现。

　　把旧的 ECU 装上新的 ECU 换下来的数据芯片后，装到车上，进行匹配发动机 ECU 后着车试验，此时发动机怠速在 800r/min 左右，用解码器观察数据流中的目标值变成了 796r/min，如图 4-3 所示。

　　经过试车，反复加减速试验，打开空调后，怠速稳定到 800r/min，确认怠

图 4-3

速调节系统恢复正常，故障排除。

总结：

（1）此车故障比较少见，是因为发动机 ECU 内部数据错误，导致发动机转速异常，没有故障码，并且"目标转速"数据流项目错误，为 1600r/min。重新对发动机 ECU 进行匹配后，故障排除。

（2）该车装用的发动机电控系统比较多，如何选用正常的通信软件是一个问题，实际试验确认应该使用"联电 M787-CAN"软件通信。

（3）当选错车型时可能会造成不通信或是数据流错误，综合修理厂维修此车型不是太多，对车型不熟悉，解决办法就是通过观察基本不变的数据流项目，确认自己的选择是否正确。比如，观察发动机转速、蓄电池电压、水温等数据流，这些数据流可以帮助我们确认是否正确选择了车型。只有在正确选择车型的前提下，才能正确分析数据流。

▶4.3　节气门位置传感器数据分析

节气门位置传感器是电控燃油喷射发动机中的一个重要传感器，它是ECU接收驾驶意图的传感器。当驾驶员不踩加速踏板时，表示是怠速状态；当驾驶员把加速踏板踩到底时，表示命令发动机全负荷工作；急速踩下加速踏板时，节气门位置传感器输出一个快速的电压上升信号，表示让发动机急加速；驾驶员猛松加速踏板时，节气门位置传感器的信号电压会急速下降，ECU作出急减速调整。

工作原理如图4-4所示。

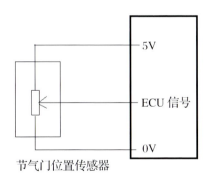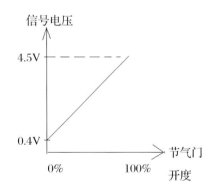

图4-4

三线式节气门位置传感器就相当于一个电位计，怠速状态下节气门位置传感器的信号电压为0.4V左右；加速踏板踩到底全负荷状态时，信号电压为4.5V左右，从怠速状态下开始，驾驶员逐渐踩下加速踏板，加速踏板带动节气门拉索，使节气门开度逐渐增加，节气门信号电压会逐渐上升。

根据节气门位置传感器的作用，结合平时工作中的经验，当节气门位置传感器损坏后，可能会有如下故障现象。

（1）怠速不稳或怠速过高、过低（注意：节气门位置传感器安装位置错误，也可能导致发生此故障现象）。

（2）动力不足，最高车速受限。

（3）在加速过程中，动力连续性受到影响。

验证节气门传感器是否损坏的方法：

要想检测节气门位置传感器工作是否正常，就要先确定发动机舱中它安装在哪。对于初学者来说，如何在车上找到节气门位置传感器呢？

节气门位置传感器安装在节气门上，与节气门拉索固定位置的另一侧的轴端。它是一个三线式传感器，上面三根导线的功能分别是传感器5V电源、信号和传感器负极。检测方法如下。

方法1：用万用表检测信号电压。

不用着车，打开点火开关，用万用表检测节气门位置传感器的信号电压，正表笔接信号正极，负表笔接信号负极。

方法2：解码器检测。

接上解码器，读取是否有节气门位置传感器的故障码，无故障码时，读取数据流。正常情况下数据流中会显示有节气门开度百分比，个别车辆还会显示节气门信号电压值。

我们慢慢踩下加速踏板，随着踩下的深度变化，应从解码器数据流中看到节气门开度由0%增加到100%，或信号电压逐渐上升，从0.4V到4.5V，并且连续变化，说明节气门位置传感器工作正常。

方法3：用示波器检测。

将示波器正极探针接到信号端，负极接到传感器负极端，匀速踩下加速踏板，信号电压的波形见图4-4，信号电压中间变化不应出现毛刺，符合以上特点，说明节气门位置传感器工作正常。

常见损坏的故障原因有：

（1）节气门位置传感器插头接触不良。

（2）节气门位置传感器内部的炭膜出现局部磨损，引起加速不畅。

（3）节气门位置传感器内部进水损坏。

安装或更换节气门位置传感器时要注意：不同电子控制系统，其怠速时的信号电压不一样，当我们更换新节气门位置传感器或调整旧节气门位置传感器时，一定要将其调整到系统所要求的正常值上。如果安装不当，引起节气门信号电压过高，会出现怠速过高的问题。如果信号电压过低，则系统会存储上故障码——节气门位置传感器信号对地短路。怎样才能找到标准数据？除了查阅资料外，我们还可以用以下方法找到其标准值——"让ECU自己说话"。

具体方法如下：比如说德尔福系统，其节气门位置传感器信号电压在怠速时应该为0.35V，如果我们不知道其精确的数据，可以松开节气门位置传感器的固定螺丝，逆着节气门打开的方向调整其位置，使信号电压小于0.35V，这样ECU发现信号电压小于正常值时，会存储上节气门位置传感器信号电压过低的故障码，然后我们逐渐旋转节气门，使其开度逐渐加大，同时不断清除故障码，反复操作，直到不出现上述故障码，同时信号电压最小时，就能确定此时的信号电压为怠速状态下的信号电压。

这种方法是利用故障码形成原理实现的，因为当信号电压超出系统设计电压时会存故障码，而当电压过高时虽然不会存故障码，但ECU会认为不是怠速状态，从而出现怠速过高的问题，所以我们利用这一原理，通过上述方法可以不用查资料，找出节气门位置传感器安装的标准位置。非常适合综合修理厂在维修不同车型电控系统时使用。

案例：长安之星加不上油

车型：长安之星微型面包车，配用联电M1.5.4电控燃油喷射系统。

故障现象：在一次涉水后，出现加不上油的故障现象，怠速正常，一加油就会熄火，车辆只能怠速行驶。

用解码器读取故障码，显示有进气压力传感器的故障码，但实际上更换进气压力传感器不起作用，进气压力本身工作正常。

经过观察发现当踩下加速踏板到底时，节气门位置传感器在数据流中显示的开度才 30%（应该是 95%~100% 才对）。进一步用万用表检测节气门位置传感器的信号电压，仅为 2.1V。确认机械拉索连接正常，信号电压不能正确反映节气门开度。又因为信号电压在正常范围，ECU 无法获得真正的节气门开度，也无法进行识别。信号电压又在正常范围内，所以无法正确控制喷射量，造成发动机无法正常加速。

更换一新的节气门位置传感器后，信号电压在节气门全开时可以达到 4.5V，着车后试验，加速恢复正常，发动机故障排除。

总结：

（1）上述案例中，是由节气门位置传感器损坏引起发动机不能加油的故障，该故障是由节气门位置传感器损坏引起的，因为节气门内部进水，使信号电压产生漂移，与实际的节气门开度不符，造成 ECU 不能正常工作，产生上述故障现象。

（2）损坏的原因是进水引起。故障现象上有一个特点，没有相关的故障码（因为虽然不能正常反映节气门的实际开度，但其信号电压仍在 0.4~4.5V 之间，ECU 对于这种信号漂移的现象无法判断是否正常），但我们可以通过检查数据流中节气门开度，准确锁定故障。

（3）0.4V 和 4.5V 是泛指，不同的车型其标准有所不同，但信号电压的精度都在 0.01V 以上。

（4）上述案例在平时维修中经常遇到，如果是涉水车辆，当水的高度达到节气门位置时，就非常容易产生这种故障。将以上内容用思维导图总结，如图 4-5 所示。

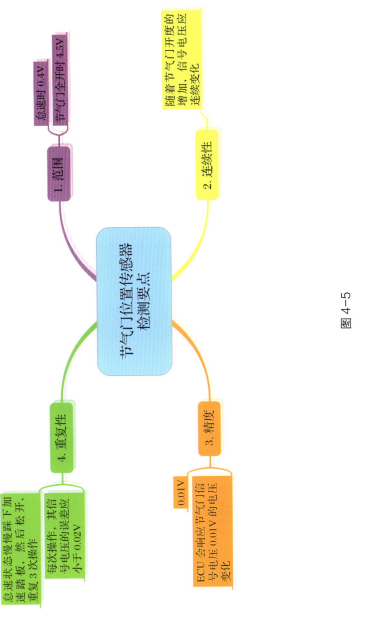

图4-5

▶ 4.4 混合气制备、调节与修正数据分析要点

汽车发动机电控系统可以分为 3 个子系统：混合气控制系统、点火控制系统和排放控制系统。这 3 个子系统之间有联系，并不是单独存在的。因为发动机之所以需要电控化，主要原因就是为了达到环保要求，实现排放最低。

近年来，环保对汽车的排放要求越来越高，所以各公司陆续对新型发动机排放控制进行了加强，增加了一些新的装置。为了分类清晰，我们把以下几个有关排放的控制装置归为排放控制子系统：活性炭罐系统（也叫燃油蒸发活性炭罐吸收系统，英文缩写为 EVAP）、曲轴箱通风系统（PCV 阀）、三元催化器（TWC）、废气再循环（EGR）和二次空气喷射系统（AI）。

用思维导图总结，如图 4-6 所示。

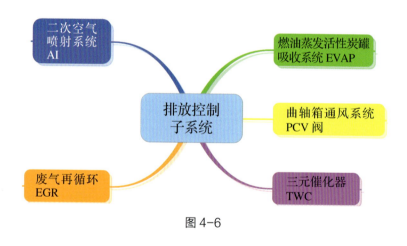

图 4-6

发动机电控系统的主要控制任务就是完成混合气的混合气控制，如图 4-7所示。为了完成这一任务，有一个框架性的计算公式，根据进气量计算出喷油量，根据不同工况作出不同的空燃比调节。总的来看，就是根据主要传感器（空气流量传感器或进气压力传感器）和辅助传感器（进气温度传感器、水温传感器、发动机转速、节气门开度等）输入的信息，由 ECU 计算，然后再靠执行器（以喷油器为主要执行器）完成混合气的制备，辅助传感器起调节作用，主

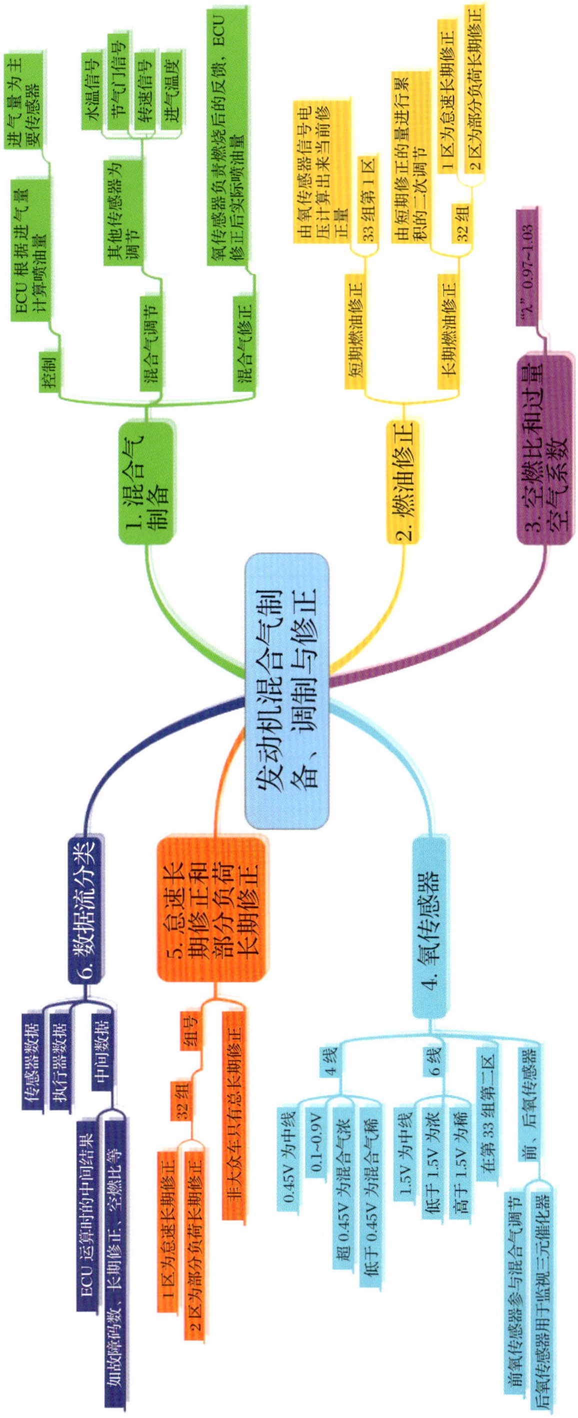

发动机混合气制备、调制与修正

1. 混合气制备
- 控制
  - ECU根据进气量计算喷油量
    - 进气量为主要传感器
    - 其他传感器为调节
      - 水温信号
      - 节气门信号
      - 转速信号
      - 进气温度
- 混合气调节
- 混合气修正
  - 氧传感器负责燃烧后的反馈，ECU修正后后实际喷油量

2. 燃油修正
- 短期燃油修正
  - 由氧传感器信号电压计算出来当前修正量
  - 33组第1区
- 长期燃油修正
  - 由短期修正的量进行累积的二次调节
  - 32组
  - 1区为怠速长期修正
  - 2区为部分负荷长期修正

3. 空燃比和过量空气系数
- λ值 0.97~1.03

4. 氧传感器
- 4线
  - 0.45V 为中线
  - 0.1~0.9V
  - 超 0.45V 为混合气浓
  - 低于 0.45V 为混合气稀
- 6线
  - 1.5V 为中线
  - 低于 1.5V 为浓
  - 高于 1.5V 为稀
  - 在第 33 组第二区
  - 前、后氧传感器
    - 前氧传感器参与混合气调节
    - 后氧传感器用于监视三元催化器

5. 怠速长期修正和部分负荷长期修正
- 组号
  - 33组
  - 32组
- 1区为怠速长期修正
- 2区为部分负荷长期修正
- 非大众车只有总长期修正

6. 数据流分类
- 传感器数据
- 执行器数据
- 中间数据
  - ECU运算时的中间结果
  - 如故障码数、长期修正、空燃比等

图 4-7

要进气量传感器为基本计算依据。

混合气的修正：反馈传感器用氧传感器来监视燃烧后的排气，根据排气中氧含量间接确定混合气的稀浓，通过氧传感器输出的信号电压，ECU 工作时不断修正喷油量，以使发动机动态运行过程中对混合气的调节更加精确。

最终计算出来的精确喷油量由 ECU 控制喷油器的开启时间来执行，排出的气体再经过三元催化器催化后排出发动机。整个过程，从硬件上看分为 3 类：传感器（E）、控制器（V）和执行器（A）。

因为有了反馈传感器的加入，所以对整个控制系统形成了闭环控制。关于闭环控制，我们在下一节中再作详细讲解。

我们知道汽油发动机的理论空燃比是 14.7∶1，在发动机电脑内部为了计算方便，用了另外一个混合气的调节量的参数，叫过量空气系统，用希腊字母"λ"来表示。这样的话，关于混合气的稀浓就有 3 个状态：

①当混合气的浓度刚好等于 14.7∶1 时，"λ"值等于 1；

②当混合气偏浓时，"λ"值小于 1；

③当混合气偏稀时，"λ"值大于 1。

4 线普通窄带型氧传感器适用于普通的自然吸气进气道喷射的汽油发动机，它的测量范围比较窄，对应的"λ"调节范围为 0.97~1.03。大家注意，这个"λ"是一个系数，所以它没有单位。它与氧传感器输出信号电压不一样，大家不要搞混了。

也就是说，当氧传感器输入电压为 0.45V 时，说明混合气的空燃比刚好不浓也不稀，此时对应的"λ"值为 1。混合气的稀浓问题，关于这方面的内容，在《70 图讲透分析尾气排故障》一书中有系统讲解。

用解码器读取氧传感器的数据，可以了解它的工作状态，大众车在第 33 组数据流中可以查到前氧传感器的信号电压，对于非大众车，发动机数据流中直接找到氧传感器信号项目即可看到它的实际运行数据。

正常情况下，前氧传感器信号始终在 0.1~0.9V 之间变化，0.1~0.45V 时表示混合气偏稀，0.45~0.9V 之间为混合气偏浓。后氧传感器数据在怠速或小负荷时都在 0.6~0.7V 之间轻微变化或是不变化，这是正常现象。

前氧传感器主要负责反馈混合气稀浓信号，后氧传感器主要负责三元催化器工作效率的监视。那么，后氧传感器是否会影响混合气的调节呢？最近我看到有资料显示，后氧传感器在新型装有 EOBD 系统的车辆上，也起一定的调节作用，它与前氧传感器共同修正混合气。而不装备 EOBD 的车辆，则后氧传感器只负责三元催化器的监控。

在大众车上，把长期修正进一步细分为怠速状态的长期修正和部分负荷长期修正，在数据流第 32 组内可以看到。运行状态良好的发动机，长期修正值在 ±5% 以内。

▶ 4.5　进气压力数据分析

（1）进气压力传感器数据分析。

进气压力是发动机数据分析中的重要数据，它可以反映出发动机燃烧质量的好坏，因而它是一个发动机工作整体是否健康的重要参考数据。换句话说，如果进气压力数据正常，可以初步确认该发动机没有严重故障，其点火系统、供油系统都处在一个较为健康的状态。

在分析进气压力传感器数据时，则可以采用以下的简便方法进行分析，有两个要点：

①在着车前读取数据流中进气压力传感器的数据，应该在 98~103kPa 之间，如果在此数据范围内，说明进气压力传感器工作基本正常。

②在怠速状态下，进气压力传感器数据流应该在 30~40kPa 之间，偏离此值表明发动机燃烧有问题或传感器或相关线路有故障。

（2）大气压力数据分析。

在解码器数据流上，与之近似的还有一个参数叫大气压力，通常采用进气压力传感器的控制系统，在打开点火开关不着车的情况下，进气管与外界空气压力相平衡，可以从解码器中看到当前的大气压力，一般在平原地区，该数值为 98~103kPa。

　　也有一些采用空气流量传感器的车辆，如果数据流中有大气压力项，大气压力数据的来源有两种可能：其一，是利用空气流量传感器中的进气温度信号，间接计算出当前的大气压力；其二，将大气压力传感器在制造时设计在 ECU 中，这样在启动瞬间，因为空气流量传感器的读数不太稳定，计算启动时喷油量时则采用大气压力传感器的数据与发动机转速以及发动机温度 3 个重要数据，对喷油量进行计算。

　　所以，在分析故障时，如果遇到启动困难故障，除了基本检查气缸压力、燃油压力、点火系统以外，进行解码器数据分析时，还要关注大气压力传感器的数据。在不着车的情况下，如果大气压力数据明显偏离正常值，说明线路、传感器本身或发动机电脑有问题，要随车型不同结合实际情况进行排查。

　　用思维导图总结，如图 4-8 所示。

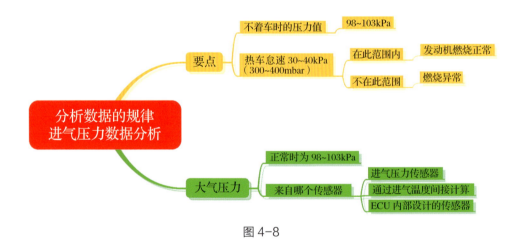

图 4-8

（3）应用实例。

　　①一辆 2014 年福特福克斯，配置 1.6L 发动机，出现发动机无法启动现象。检测无故障码。分析数据时发现，在不着车状态下，大气压力数据项为 50kPa，其他数据正常。找来同型号的车进行对比，正常车辆为 100kPa。确认该车的此项数据异常，属于故障，对调发动机电脑（因不用着车就能观察到静态数据，所以也不用作防盗系统的匹配），故障车的电脑到正常车上也出现 50kPa 的数据，

正常车的电脑换到故障车上数据为 100kPa，由此确认该车发动机电脑损坏，更换发动机电脑后，再进行相关防盗系统匹配，故障排除。

②一辆 2009 年大众高尔夫 6 轿车，发动机排量为 1.6L，出现怠速游动故障。用解码器检测，无故障码。该车在其他修理厂维修，为排除此故障，清洗节气门、喷油器，更换火花塞后不能排除故障，于是到我们厂来维修。因为没有故障码，我们怀疑是机械问题引起，将喷油器装到试验台上进行试验，结果各缸喷油器喷油量均匀，没有异常。分析数据流发现进气压力传感器数据为 44kPa，喷油脉宽为 4.0ms，这两项数据明显高于正常车。根据以往的经验，判断此车配气正时有问题。因为该车的配气正时需要专用工具，在一些小修理厂维修时，可能没有专用工具，无法正确装配正时。于是，用专用工具核对配气正时，发现原来的配气正时确实错误，凸轮轴正时轮比正常位置偏早 10° 左右。重新校正正时后发动机故障排除，进气压力恢复为 33kPa，怠速稳定，喷油脉宽下降到 3.0ms 正常范围，故障排除。

总结：

以上两个故障案例都是没有故障码提示的案例，遇到此类故障，进行数据分析，按以上规律可以明显找到异常数据，再根据异常数据进行分析，可以大大提高工作效率。

▶ 4.6 前、后氧传感器数据分析

用解码器分析前、后氧传感器，可以快速缩小故障范围，提高诊断效率。因为只要插上解码器，选择合适的菜单，就能进入数据流功能。用解码器对氧传感器数据进行分析，比使用其他任何检测设备都要快速，当然，解码器中的数据是经过发动机电脑解析后通过通信线传递给解码器，再通过解码器的显示屏显示给操作者看。这是一种间接测量方式，如果要确诊故障，还需要用万用表或示波器进一步进行检测。随着发动机技术的发展，发动机的结构越来越复杂，有些车型的氧传感器安装位置非常难以接近，用解码器作初步诊断，有很高的实用性。

对于前氧传感器，不论是4线还是6线氧传感器，我们都可以采用给进气口喷入化油器清洗剂的方法，对车的混合气进行浓度干扰，然后观察解码器数据流中氧传感器信号的变化来判断氧传感器是否工作正常。如果能正常响应混合气稀浓的变化，则说明氧传感器工作正常；如果不能响应，说明氧传感器工作异常。

前氧传感器直接接触发动机排出的废气，可以快速响应混合气稀浓的变化，后氧传感器安装在三元催化器后面，由于三元催化器的催化还原作用，排出的废气中氧气变化幅度变小，其信号电压的变化幅度比前氧传感器要小，常见的用解码器实测结果为电压基本稳定在0.5V的车型比较多。

前氧传感器可以通过急加速的方法实现快速检测，后氧传感器则没有明显的响应。

从功能上看，前氧传感器是用来检测混合气稀浓的，后氧传感器是用来监测三元催化器工作效率的，所以前氧传感器会影响到混合气的调节，而后氧传感器则不会影响。仅仅是用来时刻监测三元催化器的工作效率。也正因为如此，前氧传感器在一些较新的车型上采用6线氧传感器，以加宽混合气的检测范围，而后氧传感器通常仍用4线氧传感器，只对三元催化器的效率进行一个评估。

在大众车中，氧传感器相关的数据流在30~36组中可以看到。31组1区为前氧传感器信号电压，2区为后氧传感器电压。正常情况下，前氧传感器信号电压在0.1~0.9V之间变化，后氧传感器在0.6~0.8V之间轻微变化。

凯越1.6L自动挡轿车在试车的过程中，反复观察前、后氧传感器的变化规律：匀速前进时，前氧传感器在0.166~0.663V之间变化，后氧传感器电压为0.663V不变化；均匀加速时也是这种变化规律；减速时前氧传感器先变为0V，然后后氧传感器也跟着变为0V；车辆停稳后，怠速运转，这时前氧传感器在0.016~0.660V之间变化，后氧传感器始终为0.721V上下轻微变化。此车长期修正始终为1%，短期修正在0%~1%之间变化，说明空燃比的控制处于健康状态下。怠速状态下，喷油脉宽为3.1~3.2ms，此时炭罐开度为17.6%。

对于前氧传感器和后氧传感器之间的数据变化规律，可以用来分析故障，以下是相关的案例。

车型：配置 4Y 发动机，排量 1.997L，电控型号为 XC4G19，生产日期为 2007 年，已经行驶 18000km。

故障现象：冷车怠速基本正常，车热后，怠速出现抖动且排气味重。中低速起步无力，高速行车正常。

故障诊断：用解码器检测，进入德尔福 EOBD，读取故障码，显示故障指示灯电路，无其他故障码。

此车先交给我们的郭技师，他排查了以下几项：测量燃油压力，正常；测量进气压力传感器，用真空枪对比测量，没有问题；将喷油器拆下来，到试验台上进行试验，结果各个喷油器的喷油量均衡且不漏油。结合尾气数据，一直想找到有效的数据，锁定故障，但始终没有找到。

进气压力用真空表测量 10psi，解码器数据流中 66kPa；前氧传感器信号电压 0.52V，后氧传感器信号电压 0.03V；相对负荷 14.9%，前氧传感器短期燃油修正 –18.44%、长期燃油修正 –11.8%。以上为故障严重时的数据。在刚着车时，喷油脉宽 4.10ms。

检测燃油压力为 250kPa，急加速时可以达到 300kPa，说明燃油压力正常。用尾气分析仪检测，数据如表 4–2 所示。

其他数据流如表 4–3 所示。

在所有的数据流中，看到异常的数据流有前氧传感器，在打开点火开关时为 1.1V，着车几分钟后信号电压仍然为 1.1V，但后氧传感器有正常的变化。

用万用表检测信号电压，发现为 1.9V，着车后也是 1.9V，始终不变化。按

表 4–2

HC	2894	CO	0.13
NO_X	75	CO_2	6.03
λ	1.840	O_2	12.0

表 4-3

项目	数据	项目	数据
发动机负荷	14.5%~13.7%	前氧传感器短期燃油修正	73.34
水温	53℃	后氧传感器短期燃油修正	0.04V
短期燃油修正 1 组	−0.1%	故障灯点亮后行驶里程	0km
长期燃油修正 2 组	−8.7%	点火电压	13.9V
进气歧管压力	47~49kPa	目标怠速	812r/min
发动机转速	905~922r/min	大气压力	102.09kPa
车速	0km/h	空燃比	14.22∶1
节位传采样值	7°~9°	运转时间	134s
前氧传感器电压	1.1V	计算空气流量	5.67g/s

以往的经验，信号插头上的电压应该是 0.45V 左右，但此车 1.9V。是不是电脑内部损坏，产生了异常电压？

再用万用表测量后氧传感器信号线电压（拔下插头测量线束方向），结果也是 1.9V，两个信号电压都损坏的可能性不大。着车后，可以从数据流中看到，后氧传感器信号在变化，于是，试将后氧传感器与前氧传感器对调，在打开点火开关的情况下，仍旧为 1.1V，但关车 1min 后，数据流中前氧传感器的信号电压开始变化，在 0.1~0.8V 变化，而后氧传感器信号始终为 1.1V，说明装在后氧传感器位置的前氧传感器损坏了。

更换一新氧传感器后，发动机恢复正常，各项数据流以及尾气数据都恢复正常。经过试车，行车正常，回厂后再用解码器检测故障码，显示系统正常，怠速转速平稳且几乎闻不到尾气刺鼻的气味了。用尾气分析仪检测尾气，如表 4-4 所示。

从尾气数据上看，此车混合气调整已经恢复正常，经过试车，发动机低速无力的故障现象也没有了。

总结：

此车故障是由于前氧传感器损坏引起的，混合气失调，使混合气越来越浓，

表 4-4

HC	106	CO	0.45
NO_X	108	CO_2	16.36
λ	0.990	O_2	0.0

造成怠速抖动，排气味重现象。

此车的故障比较特殊，没有氧传感器的故障码，所以维修起来费了一定的周折。

用解码器观察数据流时，不仅是在着车状态下观察氧传感器输出信号电压，还可以在打开点火开关的状态下，观察静态电压，此时氧传感器没有输出信号，但会有一个产自发动机电脑的静态电，此电压正常，说明发动机电脑与氧传感器连接正常。此电压异常就该首先进行维修。德尔福系统的氧传感器信号开路电压为 2.0V 左右，这是用万用表测量到的，而实际数据流中显示是 1.1V，这是正常的，开路时信号线上的电压值取决于 ECU 内部的电路结构。

抓住关键问题，分析数据找规律，前、后氧传感器之间的数据可以在一定程度上相互参考，结合加减速的办法，可以快速锁定故障。

正常情况下信号电压的范围是 0.1~0.9V，1.1V 是有问题的，虽然只超过标准 0.2V，正常情况下不会出现 1.1V 电压。将以上内容用思维导图总结，如图 4-9 所示。

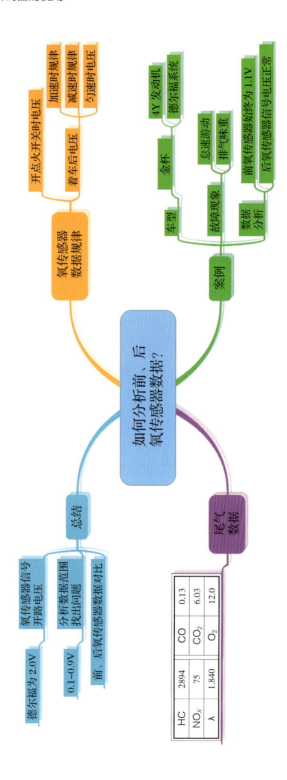

图 4-9

▶4.7   氧传感器加热电路故障分析

最早的氧传感器是不用加热的，所以当时的氧传感器仅有 1 个信号线，外壳是负极。后来为了使氧传感器尽快达到工作温度，产生信号电压，以减少因氧传感器不工作带来的混合气无法准确调节问题，增加了氧传感器的加热，所以从这个角度讲，氧传感器其实也是一个执行器和传感器合二为一的传感器。

刚出现氧传感器加热时，采用的是高阻型的加热，那时的氧传感器加热电阻与燃油泵控制是一样的方式，着车状态下就一直加热，后来为了使氧传感器加热的速度更快，开始采用低阻型的加热电阻。这时的加热电阻是 PTC 型的，随温度上升电阻增加，并且受发动机电脑的控制，采用脉冲加热。

不知道你有没有考虑过，不同公司生产的氧传感器，其加热电阻的热阻曲线可能会不一样。当我们更换了一个新的氧传感器后，总是报氧传感器加热电路的故障码，并且我们确认加热电路是正常的，这说明问题有可能就是你换上去的氧传感器加热电阻与原车要求的不一样，它随温度变化的曲线可能有误，发动机电脑根据检测到的加热电流来判断加热电路出现故障。

氧传感器有 4 条线，其内部原理如图 4-10 所示。

下面是一个关于氧传感器加热的案例，我们通过此案例来学习一下。

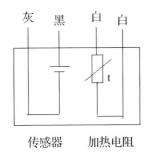
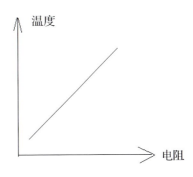

图 4-10

案例：别克君越发动机故障灯亮

车型：2012 年别克君越，配置 3.0L 发动机、自动变速器，已经行驶 120000km。

故障现象：发动机故障灯亮，用解码器检测故障码，显示为第 1 列氧传感器 1 加热电路故障。此车在其他修理厂维修，更换了氧传感器后，没有修好。怀疑是发动机电脑内部有故障，找我们厂来进行维修。

故障诊断：接车后，我们再次用解码器读取故障码，显示为第 1 列氧传感器加热电路故障，清除故障码后，启动车，再次读取故障码，上述故障码会重新出现，说明这是一个当前存在的故障码。

此车为 V 形 6 缸发动机，发动机横置，从车辆前面看，前面 3 个气缸为第 1 列，共用一个前氧传感器和一个后氧传感器；后面 3 个气缸为第 2 列，共用一个前氧传感器和一个后氧传感器，此车共有 4 个氧传感器。我们先对 4 个氧传感器的位置进行了确认，方法是拔下发动机前面的前氧传感器，读取故障码为气缸列 1 传感器加热电路故障；拔下后 3 个气缸的前氧传感器后，读取故障码显示为第 2 列传感器 1 加热电路故障。由此，确认装在发动机前面的前氧传感器就是第 1 列氧传感器 1。

用万用表检测此传感器加热电阻阻值为 17Ω 左右，在正常范围内。着车后检测两根白线的电压，显示为蓄电池电压。并且用示波器观察，没有负控的脉冲信号。再将传感器插头断开，找到供电端，再从加热负极线查找，直到装在蓄电池旁边的发动机电脑，到电脑插头的端子之间导通正常，确认故障为发动机电脑内部损坏引起。

拆开发动机电脑，找到对应的端子，再沿端子进行检测，发现与电路板中间偏下部位的一个功率管导通。实际位置如图 4-11 中红色圆圈所示。

怀疑此功率管损坏，用两块万用表由两人同时操作，对此元件进行在电路板上的检测。经过检测，此功率管确实损坏了，更换一个新功率管后，装到车上试验，结果故障现象仍旧存在。于是我们进一步检测驱动此功率管的信号是

图 4-11

否正常，经过检测，没有驱动信号送到控制端。

根据电路板上的元件排列，我们绘制出一个简单的原理图，如图 4-12 所示。

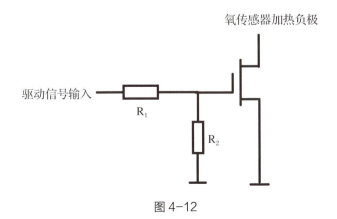

图 4-12

根据线路图的指导，用万用表检测 R_1 的阻值，为 $1M\Omega$。虽然元件上没有标注阻值，但按以往的经验来讲，此电阻阻值偏大。是不是因为此电阻阻值偏大，阻碍了信号的传递？将电路板再次装到车上，用示波器检测电压波形，发现在此电阻的另一端确实检测到了波形，而信号经过此电阻后，波形消失。由此证明我们的推断是正确的，于是，用一个 $2k\Omega$ 的电阻并联到这个电阻两端，进行试验，结果功率管输出了正常的脉冲波形，如图 4–13 所示。

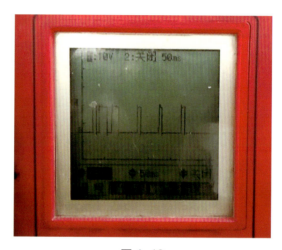

图 4–13

将并联试验的电阻重新整理后，把发动机电脑盖装复，再将其装到车上，着车试验，清除故障码后，再次读取故障码，故障码没有再次出现。然后试车 10km 左右，回厂后重新用解码器检测，显示系统正常，无故障码，故障排除。

总结：

（1）此车故障是由发动机电脑内部损坏引起的，按一般经验，功率元件损坏的可能性比较大，而此车不仅是功率元件损坏，同时与它相连接的信号驱动电阻也损坏了。因为此电阻阻值过大，驱动信号无法传递给功率元件，导致其不能正常工作，形成上述故障。

（2）我们在没有电路图的情况下，利用反绘的方法，把相关的线路图画出后，找出损坏的电阻，完成了发动机电脑的维修。

▶ 4.8　缸内喷射发动机燃油压力数据分析

常见的大众缸内直喷发动机，怠速状态下，高压油轨内燃油压力应该在4000kPa左右，急加速可达到10000kPa以上。怠速时观察140组数据，该数据因为压力太大，一般都是利用解码器读取燃油压力传感器数据来分析，而很少采用直接测量压力的方法来诊断故障。

燃油压力传感器监测油轨压力，该压力值取决于两个方面：一个是高压油泵的泵油能力；另外一个是汽油压力调节阀调节状态。并且汽油压力调节阀在执行时受到正时信号的影响，这一点也好理解，因为高压油泵是与凸轮轴相连接的，驱动油泵的凸轮与高压油泵产生动力接触时，才能产生高压，燃油压力调节阀在时间上与凸轮轴转角紧密相关，才能启动调节压力的作用。

从另外一个角度讲，如果正时出现故障，是会影响到燃油压力调节的。与缸外喷射的自然吸气发动机不一样的是，缸外喷射发动机普遍没有燃油压力传感器，它在设计时默认的是系统油压始终处于正常范围内，而缸内喷射发动机则不一样，油轨压力随着运行状态的变化也不断产生变化，并且变化范围还很大。所以在计算喷油量时，它就是除了进气量和水温这两个信号外的另外一个重要信号，起着重要的喷油量调节作用，权重比较大。所以，当燃油压力传感器出现故障时，会造成发动机无法正常行驶，甚至不能着车。下面，我们就通过一个案例来学习这方面的知识。

案例：斯柯达明锐最高车速只能达到 80km/h

车型：斯柯达明锐，该车装用缸内喷射 2.0T 发动机。

故障现象：车主反映该车加速无力，最高车速仅为 80km/h。客户怀疑是涡轮增压系统存在故障，请我们进行诊断。

故障诊断：接车后，确认故障现象。经过试车，发现确实是这样。用解码器读取故障码，显示"燃油压力传感器电路"故障和"涡轮增压压力泄漏"等几个故障码。用解码器读取数据流，发现140组数据中，油轨压力为 800kPa。

综合以上检查结果，我们与客户协商后，决定先处理燃油压力传感器线路故障这个故障码，涡轮压力故障稍后处理。我们手中刚好有同型号的传感器，更换新传感器后，故障码仍旧无法清除，怀疑此车线路有问题。

打开大众专用检测仪，输入车型信息后，从中找到电路图，再从总目录中找到此车的燃油传感器相关线路。

从电路图上可以看到，1 号脚为棕色线，根据以往的经验判断此线为传感器负极，2 号线直接进入 ECU，3 号线与 G40 共用一条线且与 ECU 直接相连，估计应该是传感器的 5V 电源线。

实际测量该传感器上各脚电压，结果如表 4-5 所示。

表 4-5

引脚号	维修前	维修后	引脚功能
1 脚	4.99V	0V	负极
2 脚	4.96V	4.99V	5V 电源
3 脚	0.00V	0.8V	信号

从检测各脚电压结果与实际电路图进行分析，认为是该传感器的相关线路出现故障。沿传感器插头检查，发现在稍往前的位置有维修过的痕迹，拆开绝缘胶带后，找到原车导线的颜色，并且按电路图连接关系进行连接，然后插上传感器插头，打开点火开关，清除故障码，显示系统正常。启动着车后，再进入数据流功能读取 140 组数据流，显示为 4000kPa，与实际情况相符。试车，车辆可以轻松加速到 140km/h 以上，故障现象排除。

总结：

（1）此车加速无力和高速动力不足现象是由燃油压力传感器线路故障引起的。而涡轮增压相关故障为次要故障，也可能在维修前故障已经排除。

（2）因为燃油压力是缸内喷射发动机计算喷油量的主要依据，当发动机电脑识别到该传感器数据不可信时，只能执行跛行策略，以保证发动机安全运行，进而限制供油量，车辆行驶速度受限，形成上述故障。

（3）从数据流第 140 组可以看到燃油压力数据，正常情况下，急速时压力为 4000kPa 左右，急加速应该在 10000kPa 以上。如果不是这个数据，说明系统存在故障。

▶ 4.9　利用静态和动态故障码概念分析 ABS 系统故障

ABS 系统是一套复杂的机电液一体化的主动安全装置，可以缩短制动距离，并且在急制动时让驾驶员对方向有操控的能力，没有安装 ABS 系统的车辆，一旦出现紧急情况，驾驶员会在本能的驱使下踩死制动踏板，造成车轮抱死，失去转向能力，让车辆处于一个非常危险的状态。

根据多年的维修经验，我们把 ABS 的故障码分为两类：一类是静态故障码；一类是动态故障码。

"静态故障码"是指打开点火开关，ABS 故障即存在，并且无法清除，或是清除后会再次读到故障码。

"动态故障码"是指打开点火开关可能有故障码，但可以用解码器清除，如果不走车，故障码就不再出现，只有走车后故障码才会重新出现，这类故障码称为动态故障码。

动态故障码和静态故障码的形成机理有明显的区别，静态故障码是因为传感器的线路出现短路或断路故障，再或者是传感器的电阻值超过正常范围，造成传感器上的"静态偏置电压"异常，引起自检系统发现故障，并且存储上故障码。

如果我们在维修工作中遇到 ABS 故障，可以先从理论上建立上述的认识，再根据一个关键数据"0.017V"这个偏置电压来判断是哪一部分出现了故障。所谓静态偏置电压，是我们按电子电路中三极管的偏置电路取的一个名称，不一定合理，但可帮我们理解这类故障。打开点火开关，测量传感器两端的电压（不拔下传感器插头，从插头背面测量电压），正常的车辆电压为 0.017~0.018V，只有电路出现故障，才会偏离这个电压，同时也会存上故障码。大于这个数据，说明电路存在开路故障；小于这个数据，说明存在短路故障。对于静态故障码，我们只需要检测完偏置电压后，再检测传感器电阻，以及找到是否存在短路或断路的问题，从原理上来讲就比较简单了。但有些车辆线路走向比较隐蔽，可能要费点时间。

对于动态故障码，一般是传感器机械间隙过大引起的，或触发轮丢失磁性，或安装位置错误引起的，最好的方法就是用示波器观察信号波形，可以很快很准地判定故障原因。对于动态故障码，还有一个小技巧，我们发现某一个轮的动态故障码时，可以接上解码器进行试车，正常情况下会看到随着车辆起步，4个轮的车速应该遵循0、1、2、3、4、5km/h……的变化规律，减速时是5、4、3、2、1、0km/h的变化规律，一旦某一个轮出现跳跃性的变化，比如从0km/h起步，其他3个轮都是1、2、3km/h地增加车速，唯独1个轮从没有增加车速（这时车辆已经开始移动，其他3个车轮已经有3km/h的车速），直接显示3km/h，那么这个车轮的传感器灵敏度就会出现问题。

这种情况会引起一个特别的故障现象，ABS误动作。原因是当车速低到接近0km/h时，传感器灵敏度下降，但正常传感器依然会提供车速，这时踩制动踏板，制动灯开关把制动信号送到ABS电脑，ABS电脑会误以为该轮抱死，而进行ABS调节，这样本来不是急制动，也会出现这种故障，产生上述误动作的问题。诊断的方法就是，用上述数据流来查看是否存在上述规律。一般原因可能是轮胎轴承间隙过大，或者传感器与靶轮间隙太大造成的，更换轴承或想办法修正间隙即可。

我们通过本文学习到几个新的概念，分别是动态故障码和静态故障码，以及静态偏置电压。上述概念可以帮我们加深对ABS系统的理解，准确快速诊断ABS系统故障。静态故障码属于线路电阻问题，动态故障码属于机械间隙问题。用思维导图总结以上内容，如图4-14所示。

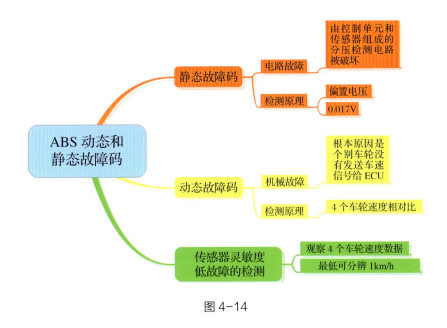

图 4-14

▶4.10 怠速故障分析

怠速控制系统产生故障涉及原因较多，有时又十分隐蔽，这就要求我们要思路清晰，才能高效诊断、维修。维修怠速故障要基于这样思路——从易到难，先找方向，再动手检查。所以，首先利用电控系统"EVA"原理，确认是传感器、控制器和执行器中哪一个环节出现了问题。

首先要抱着怀疑一切的想法开始检查，又要从易到难，按顺序从传感器数据开始检查，在数据流中显示的传感器数据是发动机电脑通过传感器得到的。怠速信号是一个重要信号，ECU 收到怠速信号，发动机电控系统才会作出怠速调整。无负荷热车状态下，4 缸车怠速转速在 800r/min 左右，6 缸车在 700r/min 左右。

是不是热车，是不是怠速，都得站在维修者角度看待问题，而分析故障，则要站在发动机电脑的角度来看待问题。换句话说，就是要用解码器读取数据流，根据发动机电脑收到的信号来确定与怠速相关的信号。比如当发动机电脑收到 0℃的水温信号，那肯定是要提高发动机转速的，而有可能实际水温是

80℃，那这时故障就表现为怠速过高，而对发动机电脑来说，它不认为自己是处于故障状态，可能不会报故障码。

发动机电脑是靠各个传感器来判断当前的工作状态，节气门信号是重要的信号，它反映的是驾驶员的意图，在发动机着车状态下，驾驶员没有踩下加速踏板时，发动机的工作状态即为怠速状态。有一部分信号会影响到怠速转速，比如空调开启信号，比如发动机冷却液信号、各种负荷信号等，都会使发动机怠速有所升高。

怠速控制系统的 EVA 元件分类分别是指：E 传感器——节气门位置传感器；V 控制器——发动机电脑；A 执行器——怠速电机或怠速电磁阀或全电子节气门中的直接驱动电机。

首先确立这样的一个思想，并不是怠速转速总是 700~800r/min，而是只有热车状态才是这样，并且是无外在负荷的状态，而冷车时，尤其是在温度降到 0℃以下时，怠速转速要明显升高才对。对于故障车辆的分析，也要从发动机电控系统的输入信号开始检查。把以上的内容加以总结，如图 4-15 所示。

怠速高的故障分析，要先从流程上做起。首先，要先进行解码器的检测，找到故障方向，看是因为传感器输入了异常信号引起的怠速过高，还是因为执行器工作不良引起的怠速过高。

读取故障码，如果有节气门相关的故障码，应该先进行排除。

接着，再读取数据流，检查是否存在引起怠速升高的传感器输入数据，重点是节气门开度信号、水温信号以及空调信号。因为这些信号异常时会引起怠速升高。有些车辆会因为发电机不发电使怠速升高。可以通过观察数据流中的蓄电池电压来判断是否是这方面的原因。

水温正常应该在 90℃左右，节气门开度在不踩加速踏板的情况下为 0%，空调开关在数据流中应处于关闭状态。如果节气门开度不是上面的情况，发动机电脑会因为节气门信号处于非怠速状态而提高发动机转速。空调信号显示打开的状态下，发动机怠速也会升高。水温信号显示过低时，怠速同样会升高。我们看待这些问题，要站在发动机电脑的角度去考虑，而不是考虑目前发动机真

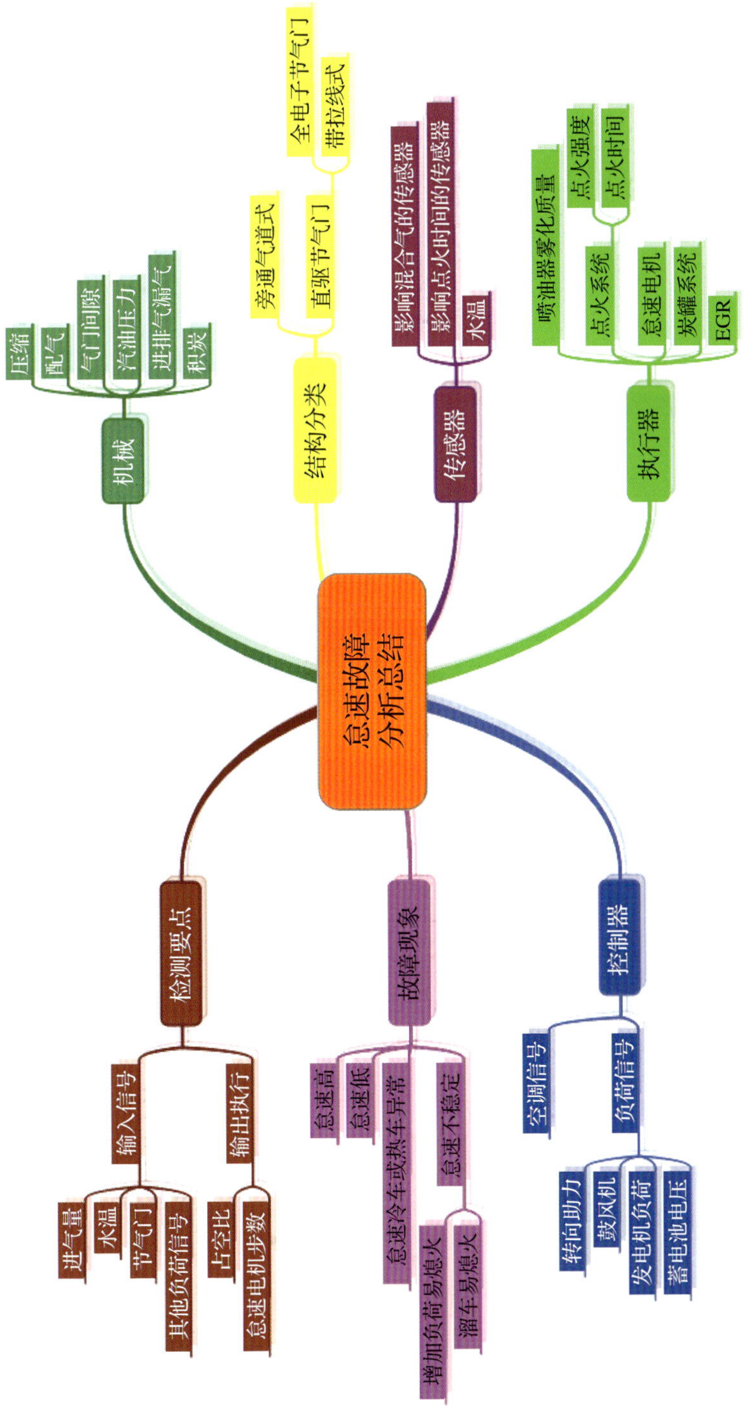
怠速故障分析总结
机械
压缩
配气
气门间隙
汽油压力
进排气漏气
积炭
结构分类
旁通气道式
直驱节气门
全电子节气门
带拉线式
传感器
影响混合气的传感器
影响点火时间的传感器
水温
执行器
喷油器雾化质量
点火系统
点火强度
点火时间
怠速电机
炭罐系统
EGR
检测要点
输入信号
进气量
水温
节气门
其他负荷信号
输出执行
占空比
怠速电机步数
故障现象
怠速高
怠速低
怠速冷车或热车异常
怠速不稳定
增加负荷易熄火
溜车易熄火
控制器
空调信号
负荷信号
转向助力
鼓风机
发电机负荷
蓄电池电压

图 4-15

正的水温或是没有踩加速踏板，再或是没有打开空调。因为有时当水温传感器出现故障时，有可能会在热车状态下错误报告当前的水温，而发动机电脑只能通过水温传感器来确定目前的水温。所以如上所述，要看数据流，确认故障的大致方向，这样才不致产生误判。

如果上述情况都正常，可以考虑是不是因为怠速电磁阀或是怠速电机发卡，或是节气门拉线调整过紧等这些常见故障原因。应该避免先入为主，完全通过经验去认定故障点，防止出现误诊或出现一次性维修不成功的问题出现；更重要的是养成一个正确的思路，从而全面地分析故障，准确诊断。

有的同行会提出反面意见：如果采取上述做法，是不是会降低我们的工作效率？接上解码器，读取数据流，花 3~5min 的时间是值得的，远比盲目乱拆更有效率。虽然我们都有一定的工作经验，但站在更高的位置去思考，养成正确的工作流程是提高工作效率最重要的事，并且坚持这样做不会降低工作效率，而是提高工作效率。

我们以后可能会遇到更多的因为输入信号引起的怠速过高的故障，没有正确的思维习惯，就不利于技术的逐步提高。关键是头脑当中有一个清晰的思路，才能不走错方向，可以让我们在技术的道路上不断地前进，以解决不断出现的新的技术难题。

案例1：羚羊1300发动机怠速高

故障现象： 发动机怠速高，高达 1500r/min。

故障诊断： 用解码器检测，没有故障码，读取数据流，节气门开度为 0%，水温传感器为 94℃，空调信号关闭。与驾驶员沟通故障形成的原因，驾驶员反映，刚在其他修理厂清洗了节气门，没有效果。于是，我们基本上明白是怎么回事了，因为此车的怠速电磁阀的固定螺丝是内五花的，没有工具，一般是难以拆卸的，所以有些修理厂经常只清洗节气门，不拆此电磁阀，造成怠速电机发卡，形成上述故障。所以我们看到上述的数据后，拆开进气管，然后，再用手半堵怠速电机的进气口，发现怠速可以回到正常值。于是拆下节气门，再把怠速电机拆下进行清洗后，保证电磁阀上的小轴承转动灵活，装复后，发动机转速恢复正常。

总结：

（1）此车故障是因为怠速电机这一执行器脏污发卡，阀芯卡在了开度较大的位置，不受发动机电脑的控制，引起怠速过高。我们排除这一故障的诊断过程中，首先用解码器读取故障码，以缩小故障范围，再用堵住怠速电机进气口的办法，调节进气量，验证了怠速电机造成进气量过多，而引起怠速过高。在平常的情况下，我们还可以利用把节气门全部堵死的方法，来看是不是能让发动机熄火，或是仅维持极低的转速，来验证除了节气门以外，是否有其他进气的地方。这一方法在进气压力型的电控系统中非常有效，可以帮助我们快速确定故障原因。

（2）在我们遇到的常见车型中，装用这种怠速电磁阀的车型还有丰田8A发动机和本田飞度发动机等，都是采用这种类型的怠速电磁阀，所以这种故障现象有一定的代表性。

（3）除了上述故障现象为怠速高以外，如果电磁阀卡在了较小的进气位置，则会出现怠速过低，甚至没有怠速熄火的故障现象，其原理是一样的。

案例 2：2007 年中华尊驰怠速高

车型：2007 年中华尊驰，配置 4G63 发动机，发动机电控系统是德尔福系统。

故障现象：此车报修的故障是发动机缺缸抖动和怠速偶尔偏高两个方面的问题。

故障诊断：缺缸问题很快查明，是因为有一个点火线圈漏电和一根高压线断路所致，更换一个新点火线圈和一套高压线后，缺缸问题排除。

剩下的就是发动机怠速偶尔偏高，有时会高达 2000r/min 左右。用解码器读取故障码，显示有一个故障码，解释是"怠速时进气量错误"。

分析认为，此车怠速过高涉及三个方面：一个是输入信号有误；另一个是执行器方面故障；可能性最小的是发动机电脑本身故障引起的。为了尽快缩小故障范围，接上解码器，读取数据流，如表 4-6 所示。

表 4-6

项目	维修前	维修后	项目	维修前	维修后
进气压力	36.54kPa	31.38kPa	空燃比	14.6∶1	14.6∶1
进气电压	1386.63mV	1113.21mV	运转时间	337s	1325s
节气门开度	0%	0%	容积效率	66.4%	63.3%
节气门信号电压	488.3mV	468.7mV	冷却液温度	95.8℃	96.5℃
蓄电池电压	13.2V	13.7V	点火提前角	4.2°	12.7°
进气温度	59.8℃	62.8℃	空调压力	0kPa	0kPa
理想怠速转速	1150r/min	800r/min	车速	0km/h	0km/h
氧传感器 1	777.9mV	813.3mV	发动机转速	1888r/min	802r/min
自学习单元	19	18	喷油脉宽	3.1ms	2.4ms
自学习值	138	131	怠速空气控制	3steps	57steps

从数据上看，节气门信号和冷却液信号都在正常范围内，也没有其他因素能让发动机转速升高，输入信号没有问题的情况下，怠速电机控制的进气量明显偏大，这是异常之一。另外一个异常的地方是怠速电机的步数，正常情况下不应该是 3 步，应该进气量很小才对，并且是在 3 步的基础上发动机转速达到了 1888r/min，凭以往其他车型的经验，在 50 步左右才正常，这个数据明显与实际情况存在矛盾。

接着采取以下措施——在出现怠速过高故障时，用手堵住怠速气道的进气孔，这时怠速转速会降到很低，甚至熄火。说明除了怠速气道外，没有其他额外的进气通道，问题可能在怠速电机本身，也可能在怠速电机与电脑间的导线上，还有可能是电脑本身损坏。

用万用表测量电机两线圈电阻，都是 59Ω，但插上电机插头后，启动着车，看不到怠速电机动作，并且也没有怠速电机线路方面的故障码，可以排除怠速电机与发动机电脑之间线路故障的可能性。

怠速步进电机 3 步的步数，比正常值明显过低，说明发动机电脑在努力地往低的方向上调节进气量，希望怠速下降，但发动机转速仍旧偏高，所以存储上故障码——怠速时的进气量错误。综合以上判断，确认为怠速步进电机损坏。

更换一台新电机后，出现新的问题，怠速熄火。通过这样的方法，反复学习后，怠速恢复正常——装上新的电机，螺丝不用拧紧（让少量空气进入，以利于维持怠速运转，不至于马上熄火），踩加速踏板着车，然后缓缓松加速踏板，怠速转速越来越低，最后熄火。重新着车后反复如此操作（怠速电机的阀芯逐步退回，使少量空气进入），最后怠速可以着车，但转速偏低，不用管，这时怠速会慢慢升高，直到升到正常转速800r/min左右。

试车，一切正常，同时记下数据流，得到表4-6中维修后数据列，故障到此排除。

总结：

（1）此车因为怠速电机损坏，造成发动机电脑进行怠速时进气量失控，形成的进气量过大，因为进气量增加，引起装在进气歧管上的进气压力传感器信号电压上升，电脑增加喷油量，同时加上进气量增加，转速必然偏高。在本例故障诊断中，在怠速时步进电机的步数偏低是主要参考数据。同时，水温正常，节气门开度正常，蓄电池电压正常，在输入信号方面没有引起怠速提升的信号，确认是输出执行部分的问题，再进一步通过堵塞怠速气道确认，进入的空气是由怠速电机控制的气孔进入的，确认怠速电机损坏。

（2）在更换新怠速电机后，怠速转速过低甚至熄火的原因是发动机电脑中记忆有原来的电机开度，所以我们装上新电机后，要通过发动机电脑自学习找到基准位置，才能让怠速恢复正常。

（3）正常情况下，热车怠速状态下，怠速电机的步数为59步，偏离此值过多，意味着系统存在问题。当步数过小时，意味着可能是电机本身问题，如果开度过大，可能是节气门脏和怠速气道脏引起的，也可能是其他原因引起的负荷过大所致。

（4）表中的其他数据也可以当作标准数据参考，比如节气门信号电压、进气压力值以及喷油脉宽等，这些数据都在正常范围内，如果发生燃烧不良方面的故障，都会有相应的变化。

▶ 4.11 用解码器诊断空调不制冷故障

汽车空调按其控制方式可以分为带电磁离合器和变排量不带电磁离合器两种结构。相对较老的车辆，其空调压缩采用电磁离合器控制；一般新型车辆多采用变排量控制。

两种控制式的诊断方法有所区别，老式带空调电磁离合器式结构大众车，可以用解码器读取发动机电控系统的第50组数据流，第1区为请求信号，第2区为允许信号，这是切入故障的关键。

通过维修空调不工作故障，先要查看数据流中有没有空调请求信号，如果没有空调请求信号，则检修发动机电脑以前的空调输入信号。如果有空调请求信号，没有输出信号，则问题在于发动机电控系统本身，需要检修发动机电控系统；如果有请求也有允许信号，应该检查输出电路。

变排量式的空调结构，因为取消了电磁离合器，改用变排量电磁阀来控制压缩机的制冷功率，我们结合下面的案例来进行检测。

案例：新帕萨特空调不制冷

故障现象：空调不制冷，该车采用变排量压缩机的形式。

故障诊断：接车后，用压力表检测静态压力正常，在800kPa左右，然后检查空调面板，工作正常，空调皮带正常。检查压缩机外观，发现此车配装的是无电磁离合器的变排量压缩机，不存在离合器不吸合故障的可能。

遇到这样的车型，如何判断空调压缩机是否工作正常呢？

用解码器检测，进入发动机系统，读取故障码，显示无故障码。

进入数据流功能，从50组数据流中观察空调压缩机请求和允许信号，发现请求和允许信号正常。在第50组数据中，第1区显示为请求信号，第2区显示为允许信号，打开和关闭空调应该能看到明显的响应，说明有允许信号送入发动机电脑，并且其输出了允许信号。

用解码器进入自动空调系统，读取故障码，显示无故障码。

读取数据流，数据流显示第1区压缩机变排量电磁阀工作电流为0.8A，说明控制单元输出了全负荷制冷信号，也就是说此时压缩机应该是全负荷制冷状态。

着车后，观察压力表，显示高低压均为800kPa，没有压力差，说明压缩机没有工作。在着车状态下，仔细观察压缩机中心盘螺丝，发现中心盘螺丝不转动，确认压缩机损坏。

该车的压缩机使用的是变排量压缩机，并且取消了以往的电磁离合器，空调系统制冷功率靠变排量电磁阀来调节压缩机内部斜盘的倾斜角度，以控制活塞的行程，最终实现排量变化。该车采用一条外部皮带，在压缩机带轮上，有一个过载保护装置，当压缩机压力过高时，或者压缩机抱死时，为了保证车辆发动机正常运行，该过载保护器会损坏，失去给压缩机提供动力的作用，以此卸载式保护整个发动机的运行，此车就是因为过载保护器损坏，导致空调不制冷。更换压缩机后，还要找到过载的原因，才能保证空调系统可靠运行。如果不能排除故障隐患，故障现象还会重新出现。

总结：

装用新型变排量压缩机的空调系统，不制冷的故障与以往传统式压缩机不一样了，要想快速准确判断此类车型空调不制冷故障，在控制电路上，上述方法比较快捷准确。

空调电磁阀电流0.8A时为全负荷，小于0.1A时为空载状态，如果如何调整空调制冷都没有电流，问题就是电磁阀断路或是相关线路断路了。

发动机控制单元控制着空调系统的工作，空调系统产生请求信号，由发动机控制单元允许后，空调压缩机才能制冷。我们遇到问题时，先要学会切割故障范围，将故障范围缩小后，才能快速判断。用思维导图将以上内容进行整理，如图4-16所示。

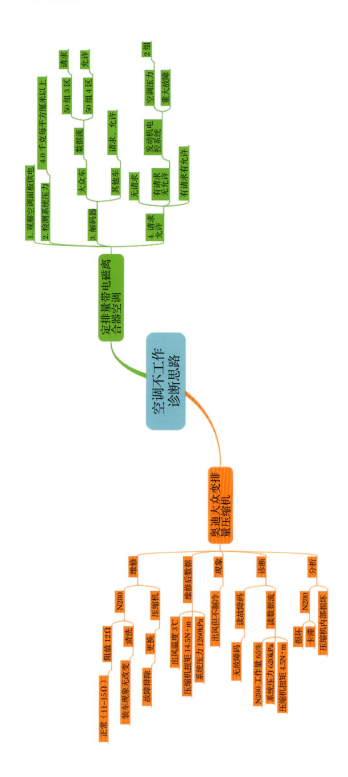

图 4-16

▶ 4.12　用解码器诊断与行车有关的故障

对于配置手动挡变速器的车辆，其实发动机电脑是兼职管理行车的，现在车辆大多是这样设计的，比如，离合器开关用来判断离合器位置，以调节行车过程中的运行策略。另外，与行车相关的就是制动灯开关。

当我们遇到行车故障时，如果发动机混合气调节正常，行车故障偶发，就应该考虑是不是这两个传感器出现故障了。我们先从制动灯相关问题说起。

案例：制动灯信号检测

制动灯不亮涉及的原因较为简单，但简单的事是否能尽快解决，也是对我们的考验。现在的制动灯开关不仅起着点亮制动灯的作用，还起着为发动机电控系统提供驾驶员操作信号的作用。

一辆羚羊车来维修，故障现象制动灯全部不亮，我们的修理工拿起万用表钻到车内，检测制动灯开关上的电压，结果是不踩制动踏板时制动灯开关上两个线的电压为 12V 和 5V，踩下制动踏板时同时为 12V。经过检查，原来是两个制动灯泡同时烧坏，更换两个新制动灯泡后，踩下制动踏板，制动灯亮了。这时，再测量制动灯开关上的电压，变成了一端 12V，另一端 0V。踩下制动踏板时，变成两端都是 12V。

修理工最终排除了故障，但是否有更快的方法可以解决上面问题？先拆检灯泡更为合理，还是先检查制动灯开关合理，或是有其他的更快的方法？决定把这个简单问题复杂化，先从大脑中把它复杂起来，然后在实践中找到最简单的方案，这样才能提高工作效率，先诊断，后维修，才是合理的方案。将上述思路进行整理，得到下面的思维导图，如图 4–17 所示。

对于两个制动灯都不点亮，我们可以猜想两个灯泡都烧掉了，但这只是猜想，不能叫作诊断。诊断的定义是用最简单的方法确定故障原因，两个制动灯都烧坏和制动灯开关损坏两个故障原因是对等的，都有可能。你选择哪一个操作，都是成功率 50%，要冒 50% 的险，能否有不冒险而准确缩小范围的方法呢？

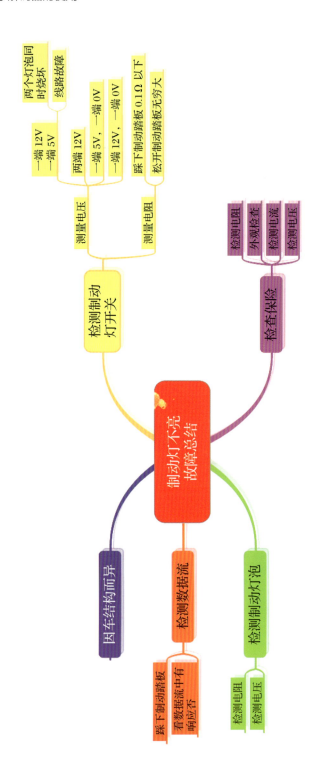

图 4-17

　　既然现在的制动灯开关有两个作用，一个是点亮制动灯，一个是给发动机ECU送去制动信号，那我们相比拆后灯更为快捷的方法是用解码器测量数据流，确认制动灯开关是否能够接通为ECU送去制动信号。如果可以，说明问题在灯泡上的可能性更大一些，如果不能送来制动信号，说明灯泡的可能性大一些。所以，读数据流应该是比较快的方法。

　　再退一步讲，如果拆下制动灯检查灯泡没有烧断，要耽误一点时间，如果钻到车内检测制动灯开关也因为空间狭窄不好操作，耽误时间，我们确定准了再动手，是最高效率的操作，有诊断过程，有诊断数据。依诊断数据做出下一步的操作，是最合理的、最高效的。

　　虽然上面的问题看似一件小事，无论拆哪一个最终都能找到故障，实际上是一个人的习惯决定他的行为。在我们工作现场，时间是宝贵的，能省一秒则能多产生一秒的价值，多个一秒加起来，就能产生更大的价值。下面用两个涉及制动灯开关的案例，来说明诊断思路的重要性。

　　某年捷达车出现偶发性加不上油的故障，此车在其他修理厂多次维修，更换了多个配件都没有排除。接车后，先进行简单的发动机工作状态的检查，发现怠速工作平稳，空加速时发动机响应性良好。接上解码器读取故障码，有一个偶发性的故障码，为制动灯开关信号错误。清除故障码后，显示"系统正常"，读数据流也没有发现异常现象。

　　跟驾驶员沟通后得知，该故障出现得比较频繁，试车时可能会出现。于是，我们一起去试车，在试车过程中技术人员负责观察数据流，驾驶员负责让故障出现，故障现象出现时，读取数据流第66组第2区，从左往右数最后两位数，是制动灯开关数据。正常情况下，踩下制动灯开关时，该区应该显示"11"，松开后显示"00"。此区的数字由00变成了11，但这时驾驶员并没有踩制动踏板，发动机明显加不上油。

　　看到这个现象，我们对故障就有了把握，很简单，是制动灯开关损坏，导致收到一个错误的信号，发动机ECU收到制动信号后，限制驾驶员的加速操作形成上述故障现象。

回到厂里后，反复试验制动，观察数据流中的变化，发现又正常了。模拟当时的驾驶情景，发现踩下制动踏板时，如果慢松制动踏板，则制动灯开关易出现不回位现象，如果稍快踩下制动踏板并松开时，则不易出现故障，确认为制动灯开关损坏。更换一个制动灯开关后，此车偶发性加速不良的故障现象排除。

总结：

诊断和猜想是有区别的。以前你可能认为一个简单的制动灯不亮故障用不着诊断，但汽车技术发展到今天，已经不能这样认为了。制动灯不亮故障虽然简单，如果你有诊断的思想与习惯，就会开动脑筋找到最快的方法，这里所说的最快的方法适用于同样结构的车。大多数的情况，与以往的猜想不同的是具有普遍性，处理问题有严密的逻辑。

有了诊断的思想，还要主动思考，把一些知识、经验与处理问题的技巧以及规律全部总结到一起，才有最高的效率，处理起疑难故障来才能有灵感。我们仅仅利用这个简单的案例来给大家讲解，你不妨在其他方面进一步进行一些触类旁通的联想。

▶ 4.13 用解码器诊断三元催化器

（1）直接读故障码。

如果我们读到"三元催化效率低"这个故障码，相对于其他燃烧排放方面的故障码，它的准确度比较高，仅一种可能会出现，就是在涉水的车辆中有时会因为三元催化器被降温不能正常工作而出现这个故障码，所以如果不是上述情况，出现上述故障码时，三元催化器出现故障的概率非常高。

（2）高速行车加速无力时看前、后氧传感器数据。

看数据流中前、后氧传感器的变化幅度，如果后氧传感器与前氧传感器信号电压变化的幅度一样大，也说明三元催化器损坏。根据我们的经验，正常情况下，用解码器读取后氧传感器输出电压，在热车怠速或小负荷状态下，应该为 0.6~0.8V 之间，并且变化的幅度非常小，这说明三元催化器正常工作了。

（3）高速动力不足看前氧传感器数据。

大众车数据流第 33 组 2 区为前氧传感器信号电压，若高速出现动力不足且氧传感器信号电压反馈一直为浓，则为三元催化器堵塞。

（4）当高速动力不足时看节气门与进气量数据。

节气门开度超 90%，空气流量小于 70g/s，再看氧传感器为浓，说明三元催化器故障的可能性非常大。

（5）高速动力不足时看涡轮增压数据。

如果三元催化器堵塞，会因为排气管堵塞造成流速不够，进而影响到涡轮增压的作用。如果在发动机转速为 2000r/min 时，涡轮增压后的压力不足 160kPa，说明可能是三元催化器堵塞造成的，大众车组号为 115 组。

（6）就绪代码。

就绪代码是大众车的特殊功能之一，简单讲，就是利用解码器的特殊功能，启动对三元催化器的测试程序，可以快速专门针对三元催化器的效率进行测量。这种测量方法非常方便，并且准确性也较高，按照解码器的提示一步一步操作就能完成诊断（图 4-18）。这种方法一般在高档车中才有，它依赖于发动机电脑中是否装有该程序，还要看你手中的解码器是否有这个功能菜单，才能启动该功能。

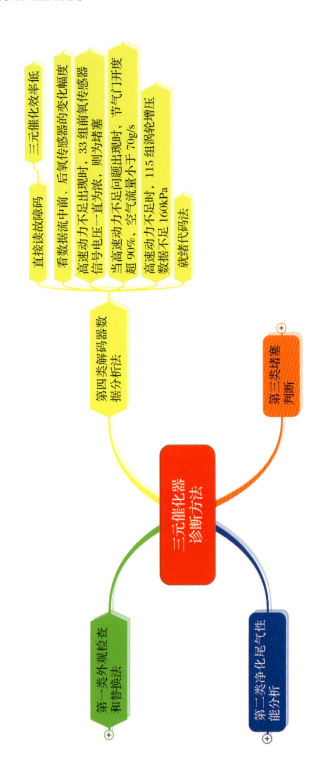

三元催化效率低

看数据流中前、后氧传感器的变化幅度

三元催化器效率低

直接读故障码

高速动力不足出现时，后氧传感器信号电压一直为浓，则为堵塞

当高速动力不足问题出现时，33 组前氧传感器节气门开度超 90%，空气流量小于 70g/s

高速动力不足时，115 组涡轮增压数据不足 160kPa

就绪代码法

第四类解码器数据分析法

三元催化器诊断方法

第三类堵塞判断

第一类外观检查和替换法

第二类净化尾气性能分析

图 4-18

5　网络故障整体看

▶5.1　总线知识学习

有了汽车解码器，就有了维修人员与车辆进行通信的工具。说到通信，作为汽车维修人员的我，首先想到的是 ECU 与水温传感器，这其实也是一种通信，水温传感器负责把水温信息变成电压信号，这个电压信号传递给 ECU 之后，ECU 负责把此电压信号解释成水温信息。这就是点对点通信。如果汽车技术发展中没有现在新的通信手段，采用这种点对点的通信方式，情况是这样的——传统式的高级轿车，其内部导线总长为 2000m，并且每 10 年增加一倍，从汽车成为大批量工业产品到现在，很难想象，如果现在不采用新的通信手段，汽车上的导线将是多么长呢！是不是会拉着几吨重的电线行走？

总线一词来源于 BUS，公共汽车的意思，可以理解为汽车上的数据传输的高速公路，或是载有信息的公用通信规则。汽车电子化的程度越来越高，导致每辆汽车上会装有更多的电脑，电脑之间的数据需要共享才能提高车辆的智能化程度。以电子制造能力为基础，就出现了现今的各种通信方式。汽车主流通信方式可以分为 4 种，如图 5-1 所示。

如同家用计算机的发展，有了计算机，下一步就是网络化，其实汽车的现代通信技术主要还是解决汽车网络化问题。总线就是解决各个计算机之间通信问题的方案，也叫通信协议，就如同人一样，约定好用哪一个国家的语言进行交流。

除此之外，4 种通信总线的其他相关信息如图 5-2 所示。

CAN 总线又称作汽车总线，全称为控制器局域网（Controller Area Network），

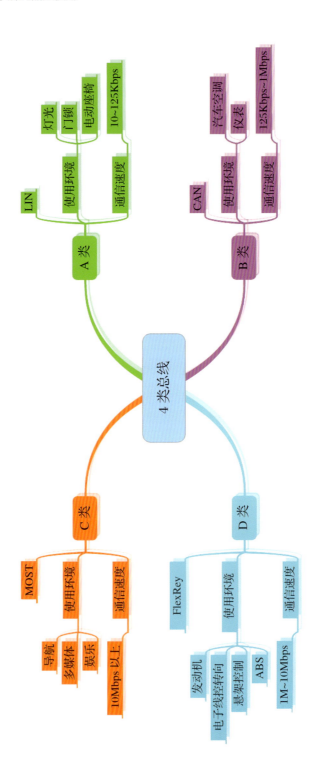

图 5-1

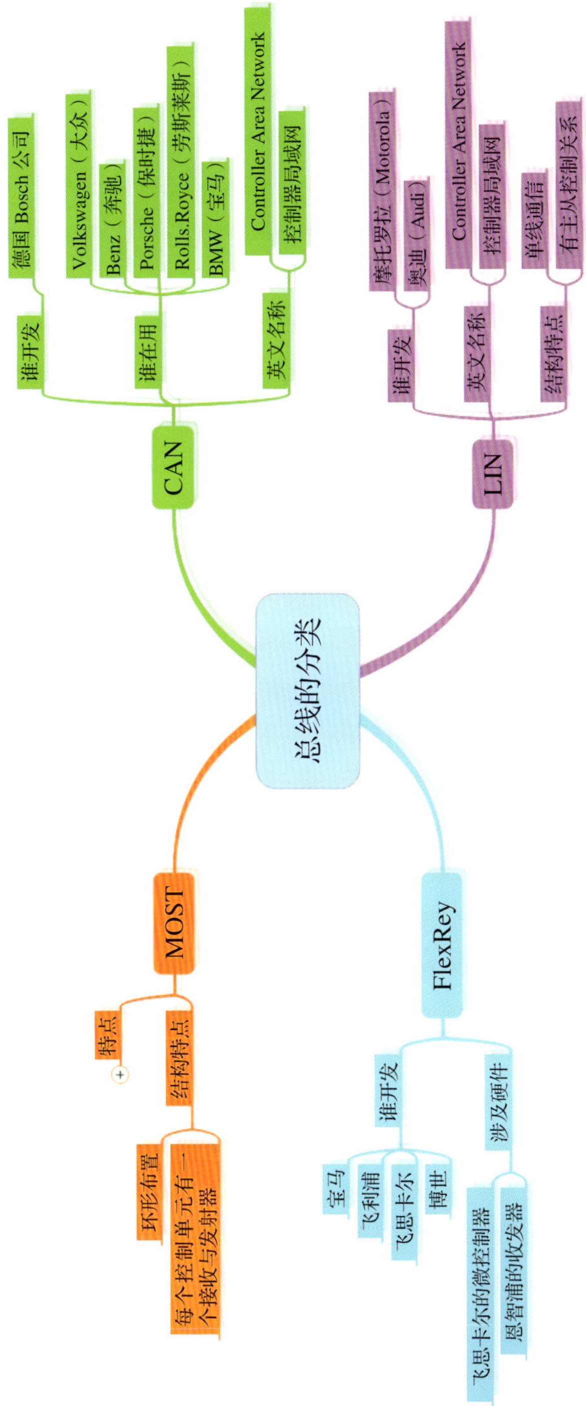

总线的分类

CAN
- 谁开发
  - 德国 Bosch 公司
- 谁在用
  - Volkswagen（大众）
  - Benz（奔驰）
  - Porsche（保时捷）
  - Rolls.Royce（劳斯莱斯）
  - BMW（宝马）
- 英文名称
  - Controller Area Network
  - 控制器局域网

LIN
- 谁开发
  - 摩托罗拉（Motorola）
  - 奥迪（Audi）
- 英文名称
  - Controller Area Network
  - 控制器局域网
- 结构特点
  - 单线通信
  - 有主从控制关系

MOST
- 特点
- 结构特点
  - 环形布置
  - 每个控制单元有一个接收与发射器

FlexRey
- 谁开发
  - 宝马
  - 飞利浦
  - 飞思卡尔
  - 博世
- 涉及硬件
  - 飞思卡尔的微控制器
  - 恩智浦的收发器

图 5-2

是一种能有效支持分布式控制和实时控制的串行通信网络。它将各个单一的控制单元以某种形式（多为星形）连接起来，形成一个完整的系统。

CAN 总线最早是德国博世公司为解决现代汽车中众多的电控单元（ECU）之间的数据交换而开发的一种串行通信协议，现今在汽车电子系统中已得到广泛应用，成为欧洲汽车制造业的主体行业标准，代表着汽车电子控制网络的主流发展趋势。

世界上很多著名的汽车制造厂商，如 Volkswagen（大众）、Benz（奔驰）、BMW（宝马）、Porsche（保时捷）、Rolls.Royce（劳斯莱斯）等公司都已经采用 CAN 总线来实现汽车内部控制系统的数据通信。

LIN 是由摩托罗拉（Motorola）和奥迪（Audi）等知名企业联手推出的一种新型低成本的开放式串行通信协议，主要用于车内分布式电控系统，尤其是面向智能传感器或执行器的数字化通信场合。主要应用于电动门窗、座椅调节、灯光照明等控制。

以门窗控制为例，在车门上有门锁、车窗玻璃开关、车窗升降电机、操作按钮等，只需要 1 个 LIN 网络就可以把它们连为一体。通过 CAN 网关，LIN 网络还可以和汽车其他系统进行信息交换，实现更丰富的功能。目前 LIN 已经成为国际标准，被大多数汽车制造商和零部件生产商所接受。

LIN 相对于 CAN 的成本节省主要是由于采用单线传输、硅片中硬件或软件的低成本和无须在从属节点中使用石英或陶瓷谐振器。这些优点是以较低的带宽和受局限的单宿主总线访问方法为代价的。

FlexRay 总线是由宝马、飞利浦、飞思卡尔和博世等公司共同制定的一种新型通信标准，专为车内联网而设计，采用基于时间触发机制，具有高带宽、容错性能好等特点，在实时性、可靠性和灵活性方面具有一定的优势。

FlexRay 是一种用于汽车的高速的、可确定性的、具备故障容错能力的总线技术，它将事件触发和时间触发两种方式相结合，具有高效的网络利用率和系统灵活性特点，可以作为新一代汽车内部网络的主干网络。它的传输速率达到 10Mbps。目前 FlexRay 主要应用于事关安全的线控系统和动力系统，在宝马的高端车上有应用。

宝马公司在 2007 年 X5 系列车型的电子控制减震器系统中首次应用了 FlexRay 技术。此款车采用基于飞思卡尔的微控制器和恩智浦的收发器，可以监视有关车辆速度、纵向和横向加速度、方向盘角度、车身和轮胎加速度及行驶高度的数据，实现了更好的乘坐舒适性以及驾驶时的安全性和高速响应性，此外，还将施加给轮胎的负荷变动以及底盘的震动均减至最小。

MOST 总线有如下优点：

（1）成本低且传输速度快。

（2）主要用于声音和图像处理。

（3）MOST 技术降低了线束重量，并且传输信号噪音低，质量高。

（4）光纤网络在汽车上应用最大优势是不受电磁辐射干扰与搭铁环的影响。

随着技术的推广，其成本逐渐下降，光纤通信已经从工业推广到了民用，家用计算机的网络和数字电视都在使用这方面的技术进行通信。

总结：

LIN 是通信速度最慢的一种方式，它的优点在于成本低。

CAN 是目前应用最为广泛的技术，现在的家用轿车上几乎都采用了这种通信方式来完成动力网络和车身网络的信息传递。

FlexRey 是在宝马车系上应用比较多的技术。

MOST 常见于宝马、奔驰、奥迪等豪华车的导航娱乐系统，它的特点是传输速度快，不受电磁干扰，进行大量的娱乐信息数据传输。

▶5.2 终端电阻的概念与应用

终端电阻作用：为了消除在通信电缆中的信号反射。在通信过程中，有两种原因导致信号反射：阻抗不连续和阻抗不匹配。阻抗不连续的情况下，信号在传输线末端突然遇到电缆的阻抗很小甚至没有，信号在这个地方就会引起反射，这种信号反射的原理与光从一种媒介进入另一种媒介引起反射是相似的。至于消除这种反射的方法，由于信号在电缆上的传输是双向的，则需在电缆的末端跨接一个与电缆的特性阻抗同样大小的终端电阻（图 5-3），使电缆的阻抗连续。

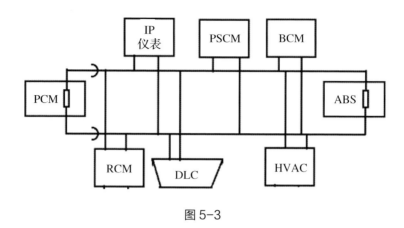

图 5-3

　　为了提高网络节点的拓扑能力，CAN 总线两端需要接有 120Ω 抑制反射的终端电阻，它对匹配总线阻抗起着非常重要的作用。如果忽略此电阻，会使数字通信的抗干扰性和可靠性大大降低，甚至无法通信。

　　以上是网上的解释，我们汽车 CAN 通信中，可以采用三步法分析通信故障。

　　（1）拆下蓄电池线从诊断座 6 号脚和 14 号脚检测电阻，应该是 60Ω，如果不是 60Ω，是 120Ω，则说明有一块带终端电阻的模块断路。如果是 60Ω，说明两块带终端电阻模块连接良好。

　　（2）如果检测到发动机控制模块不能通信，从诊断座处测量终端电阻为 121Ω，说明如上述问题存在，但是哪一块控制模块没有连接好，应该是发动机控制模块，理由是因为发动机控制模块不能通信。这是推理。

　　（3）下一步，拆下发动机控制模块，再次检测诊断座处电阻，仍旧为 121Ω，说明我们的推理是正确的，也就是说发动机控制模块通信脚与线束之间断路。

　　（4）将发动机控制模块拆下后，再从发动机控制模块插头处检测电阻，发现也是 121Ω，说明 CAN 线已经连接到了控制模块插头处。

　　（5）将发动机控制模块拆下，用万用表检测控制模块本身两个 CAN 引脚，电阻 121Ω，说明发动机控制模块内部终端电阻正常，故障锁定在发动机控制模块线束插头与发动机控制模块插针之间接触不良。诊断完成后，维修就比较容易了。将以上内容用思维导图总结，如图 5-4 所示。

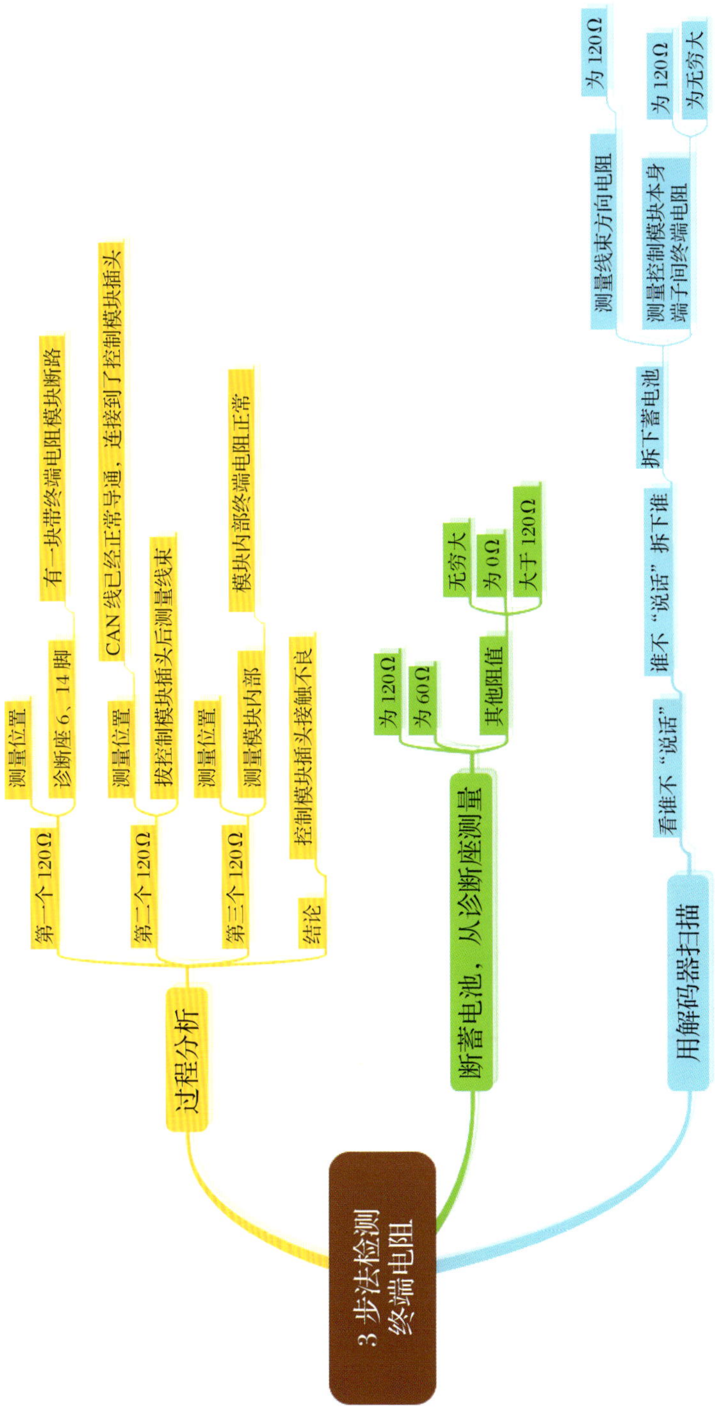

3 步法检测终端电阻

过程分析

第一个 120Ω
- 测量位置
- 诊断座 6、14 脚
- 有一块带终端电阻模块断路

第二个 120Ω
- 测量位置
- 拔控制模块插头后测量线束
- CAN 线已经正常导通，连接到了控制模块插头

第三个 120Ω
- 测量位置
- 测量模块内部
- 模块内部终端电阻正常

结论
- 控制模块插头接触不良

断蓄电池，从诊断座测量
- 为 120Ω
- 为 60Ω
- 其他阻值
  - 无穷大
  - 为 0Ω
  - 大于 120Ω

用解码器扫描
- 看谁不"说话"
  - 谁不"说话"拆下谁
- 拆下蓄电池
  - 测量线束方向电阻
    - 为 120Ω
  - 测量控制模块本身端子间终端电阻
    - 为 120Ω
    - 为无穷大

图 5-4

▶ 5.3 天籁网络系统故障

车型：2005 年日产天籁，已经行驶 250000km。

故障现象：据客户描述，该车正常熄火停车后，第二天再次启动，出现故障。具体现象为着车或开点火开关后风扇常转，没有打开灯光开关的情况下大灯近光长亮，扳动变光开关时不能变光，空调出热风。

故障诊断：连接解码器，进行全车故障扫描，显示有故障码：ECM 故障码 U1001 CAN 通信电路故障，BCM 故障码 U1000 CAN 通信电路故障。用解码器清除故障码，再次读取故障码，故障仍旧存在。除以上两个控制系统内存在故障码以外，其他系统无故障。分析该车故障应是 CAN 通信网络故障造成各控制单元之间的数据传送错误，激活车辆的保护模式。该车的网络拓扑图如图 5-5 所示。

通过对这个拓扑图分析，大致了解到该车的控制单元的通信连接方式，并且通过资料得知该车的终端电阻在 ECM 和 IPDM 中。正常情况下，两个终端电阻是并联关系，该车的故障属于网络通信故障，应该注意控制单元的供电情况和控制单元的通信线路。

根据故障码是 CAN 通信方面故障，先检测车辆网络的终端电阻，将蓄电池线拆下后，从诊断座上测量 CANH 和 CANL 之间的阻值，测量值 142Ω，正常值应该是 60~70Ω。CAN 网络终端电阻是两个 120Ω 的电阻并联组成，所以根据测量结果推断，极有可能是网络通信线路出现断路，或者某个控制单元中的终端电阻断路。查阅该车维修手册得知，两个终端电阻分别在 ECM 和 IPDM 中，拆下 IPDM（位于发动机室右前，右侧大灯后方）测量，IPDM 内部终端电阻正常为 140Ω；测量线束插头 CAN 方向的终端电阻为 142Ω，线路正常。由此推理，应该是 IPDM 的 CAN 线插头接触不良且断路了。经过仔细观察，发现确实是 IPDM 插头线束侧插孔端子变形、松旷。处理插头后装复，再次从诊断座上测量 CANH 与 CANL 之间的电阻，阻值为 70Ω。装复蓄电池线打开点火开关，上述故障现象消失。此时用解码器清除故障码，以上关于 CAN 通信的故障码可以

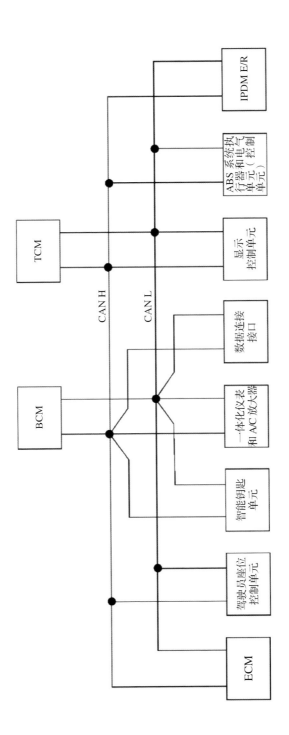

图 5-5

清除掉了。经过试车，一切正常，此车故障排除。

总结：

（1）该车故障是因为 IPDM 线束侧插头中，CAN 终端电阻对应的插孔端子与 IPDM 之间存在接触不良。

（2）对于 CAN 数据总线问题，我们应该先了解车辆 CAN 网络结构及组成，该车的 CAN 终端电阻分别在 IPDM 和 ECM 中。检测终端电阻是排除网络故障的有效方法之一。

（3）该车的网络通信出现故障时，进入应急状态的方式表现为开钥匙或着车后风扇长转，大灯近光灯长亮不能变光，空调不制冷。

▶ 5.4 蒙迪欧致胜电动玻璃不工作

故障现象： 右前、右后门电动玻璃不工作，左前门开关面板无法控制右前和右后门电动玻璃，右前门和右后门本身的电动玻璃开关也无法控制该门上的电动玻璃。

故障诊断： 接车后，观察右前门和右后门的电动玻璃开关上的电源指示灯不亮。左前门和左后门电动玻璃工作正常。

用解码器进入左前门控制系统，读取故障码，显示有以下 3 个故障码：U0140 失去通信 BCM/ICM/GEM/PJB；U2101 控制模块配置不兼容；B11D1 LIN 总线故障。

实际拆检知道包括左前门在内，都是三线的开关。尤其是左前门，各种功能都是通过 LIN 线进行通信连接。与以往的传统车型的诊断比更为复杂，并且需要有示波器与原车线路图才能进行较为准确、高效的诊断。

3 个电源控制盒分别位于发动机室左侧 BJB、驾驶室右前仪表台下 CJB 和后备箱左后灯里侧 RJB。

4 个车门的电源分别由 4 个保险丝控制，左前门和左后门之间采用的是 LIN 线通信，用来传递信息。左前门与车身控制模块之间采用的是 CAN 通信。

右前门和右后门采用的是 LIN 通信，右前门与车身之间采用的是 CAN 通信。

该车右前门不工作的原因是 FA2 保险丝烧断，造成右前门无法工作。而右后门也通过 LIN 线与右前门控制模块连接，所以当右前门控制模块失去电源时，不能传递信号，造成右前与右后门电动玻璃不工作。

右前门保险丝烧断的原因，经过拆检右前门内衬后，没有发现线路问题。拆检右后门内衬后检查，也没有发现线路有磨损的问题。因为装复保险丝后故障现象不再出现，说明是一个偶发性故障。

再次扩大检查范围，发现右前门的铰接连接处的橡胶护套没有装复，拔开此插头后，发现内部有进水痕迹。估计是因为橡胶护套损坏后，在洗车时进水，引起短路，烧断保险丝。将护套装复后，用密封胶加以密封。

装复上述地方后，试车，发现新的问题，左前门电动玻璃开关不起作用了。其他 3 个车门的电动玻璃工作正常，并且左前门电动玻璃开关上的指示灯没有点亮。

用万用表检测左前门电动玻璃开关，没有 12V 电源，再次检查保险丝，保险丝没有烧断。用示波器测量 LIN 线上的波形，如图 5-6 所示。

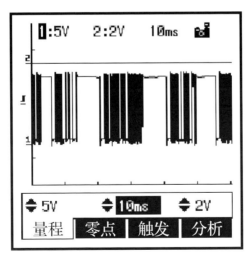

图 5-6

从图中看，波形正常。通过上述检测，确认是左前门电动玻璃开关的电源缺失，造成左前门电动玻璃开关不起作用。

左前门电动玻璃开关的电源是通过车身控制模块 C1BP02-B 插头的 56 脚送来的。我们再次拆下车身控制模块，用万用表检测该插针上的电压，电压为 0V。再用万用表测量保险丝 F2.17 上的电压，电压也为 0V。

最终在扳动蓝色插头后，无意当中发现脚踏板灯亮起，再检测左前门的电动玻璃开关，工作恢复正常。

该车经过一段时间的使用，上述故障现象再次出现，后来检查在后备箱有一个保险丝盒，上面的保险丝烧断了。换上新的保险丝后，恢复正常。进一步查找烧保险丝的原因，发现右前门的线束有维修过的痕迹，橡胶线束护套没有装好，重新安装后，故障排除。

▶ 5.5　波罗劲取电动玻璃不工作

行驶里程：76000km。

故障现象：除左前门电动玻璃工作正常外，其他 3 个车门的电动玻璃均不工作。无论是通过左前门开关控制还是通过各个门上的开关控制，均不起作用。据客户介绍，前一天发现右前门电动玻璃曾出现过失效，但后来又自己恢复正常，第二天，则出现上述故障现象。

首先确认不是因为操作引起的故障，检查左前门电动玻璃开关上的玻璃锁开关，反复操作，其他 3 个车门仍旧不能工作。

故障诊断：接上解码器，进入"舒适系统"，读取故障码，显示"系统正常，无故障码"。看来是无法通过故障码的提示为故障诊断起到作用。根据常见的故障，怀疑是左前门门轴处的线束因弯折次数过多而出现折断，拆开门轴处的橡胶护套，检查未发现断线。

记得以前遇到过因为蓄电池断电造成各门电动玻璃开关工作不正常的情况，重新给舒适控制单元编码后，故障排除。经过查阅资料得知，此车的舒适控制单元编码应该是 00289，而实测此车的控制单元型号为 6Q0 959 433 F，控制单元编码为 00019。

是不是控制单元编码错误引起，试着给控制单元编码，将控制单元编码更改成 00289 后试验，故障现象仍旧存在，看来不是控制单元编码的问题。

用万用表测量左前门电动玻璃控制器各脚电压如表 5-1 所示。

表 5-1

T8a				
脚号	线色	不插插头线束侧电压	在插上插头后电压	功能
1	棕		0V	负极搭铁
2	红黄		12.1V	电源
3	紫白	0V	10.6V	LIN 通信线
4	空位			
5	蓝白		11.36V	
6	细棕		0V	负极
7	细红黄		11.22V	
8	蓝黄		11.40V	
T6cj				
1	红白		11.22V	
2	黑		11.22V	
3	绿		11.22V	
4	红蓝		11.22V	
5	紫灰		11.28V	玻璃锁，锁上开关时为 0V，不锁时为 11.28V
6	空位			

通过表中测量各脚电压基本正常，分析认为可能是 LIN 通信线出现故障。接着我们又用示波器检测 LIN 信号线上的波形，如图 5-7 所示。

可以看到，LIN 线上有正常的信号波形，因为 LIN 通信线是双向的，有可能是左前门电动玻璃控制单元发出的，也有可能是其他 3 个车门发出的。为了进一步确定故障，我们将左前门控制单元的插头拔下后，测量线束侧插头上紫白线上的波形，结果是一条为 0V 的直线。说明我们刚才测量到的 LIN 信号是由

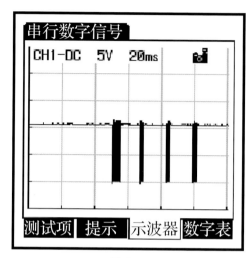

图 5-7

左前门控制单元发出的，而不是其他 3 个车门控制单元发出的。根据以往的经验知道，此 LIN 线正常情况下应该是插不插插头都能看到波形，也就是说，此测量结果说明来自其他 3 个车门的 LIN 信号，没有送到左前门控制单元上，可能是线路存在故障。因为插上左前门控制单元后，可以从该控制单元内部送出 11.6V 左右的电压，说明该控制单元基本正常。

此车的电动玻璃是 LIN 通信线控制方式，正常情况下左前门控制单元控制其他 3 个车门信号是通过控制 LIN 线送给各个门的控制单元，由各门控制单元对指令解码后执行。其他 3 个车门的动作信号，由各车门上的电动玻璃开关产生后，选送给各个车门的控制单元，然后再由各车门的控制单元通过 LIN 线向左前门控制单元发出申请，条件允许时，由左前门发出允许指令，再由 LIN 线送给各车门控制单元执行。

LIN 通信线的工作特点是只有根信号线，它上面传递的信号是双向的。

依据上面的原理分析，确认是 3 个车门控制单元的 LIN 线与左前门控制单元之间产生了断路。再结合电路图进行分析，最有可能的就是左前门铰接处的插头。于是，对其进行了拆查，拆下左侧 A 柱内的护板，将门轴线束插头拔下后，发现插头有进水痕迹，如图 5-8 所示。

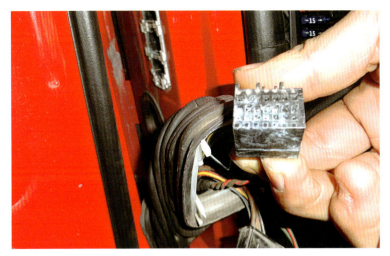

图 5-8

　　用专用清洗剂清理后，再涂上导电液，插上插头，送电试验，各门电动玻璃仍旧不工作。进一步拆检，发现车体侧的线束插头对应紫白线上的插针已经被锈蚀得断掉了，如图 5-9 所示。

图 5-9

通过观察发现，在插头的多个插针中只有此插针（紫白线连接的 LIN 信号）断掉，其他各插针正常，于是决定接一临时的跨线。经过试验，接线后，各个车门电动玻璃开关均可以正常工作。

将插头以及维修过的线束重新按拆下时相反顺序装复后试车，故障排除。

总结：

（1）此车电动玻璃不工作故障是由于左前门轴处的插头进水后生锈，最终将插针腐蚀断引起，造成 LIN 线断路，从左前门无法送出 LIN 信号给各个车门，所以各车门电动窗不受左前门开关控制。而各个车门控制单元产生的请求信号也无法经过 LIN 送给左前门，所以各个车门上的开关也不能执行电动玻璃工作指令。当我们修复断线后，LIN 通信线恢复正常，各车门不动作的故障现象相应排除。

（2）控制单元编码不是故障原因，维修完毕后，经过试验，发现按遥控开关门时，只有左前门门锁打开，按两次开门键，其他 3 个车门才能打开，将控制单元编码恢复成 00019。原来的控制单元编码后，按一次遥控开门键，4 个车门全开，到此维修全部完毕。

▶ **5.6　2013 年新君威网络通信故障**

车型：2013 年新君威，该车装用 LTD（2.0L）发动机。

因为事故，在其他修理厂维修，丢失 3 块控制模块（车身控制模块、无线终端控制模块和空调控制模块），钣金维修后，更换 3 块新控制模块。

我们接手后，用解码器进行检测，发现有 4 个系统无法通信，分别是发动机系统、电子制动系统、大灯控制系统和自动变速器系统。

对新装上去的 3 块新控制模块进行在线编程后，这 4 个系统仍旧不能通信。

经过几天的摸索，找出如下问题：先做了在线匹配，把车身系统匹配做成了，还有自动空调的，以及无线通信模块（安吉星），这三个可以通信的模块做成了。

剩下的问题是用 MDI 进行通信时显示发动机、自动变速器、电子制动系统和大灯控制系统不能通信。

用示波器检测，先是在发动机电脑插头处检测，发现 CAN 线上的波形有异常。两个线上的波形一个模样，说明这两个线存在短路。从拓扑图上看，该车分为几个网络，其中发动机系统属于高速通信网络，与其相连接的还有自动变速器、电子制动、网关（车身电脑）。

解码器通过诊断座与电动转向助力进行连接，再通过电动转向助力控制模块后，与发动机、变速器、电子制动连接。

现在不能与动力网的控制模块通信，而与电动转向助力控制系统通信，所以应该从转向助力控制模块开始检查。也可以先从诊断座开始检查，用示波器测量到波形后，再进一步看通过电动转向助力控制模块后，波形有什么变化。

终端电阻分别在发动机控制模块和车身控制模块内部，电阻为 120Ω。实际导线连接关系与资料上略有区别，如图 5-10 所示。

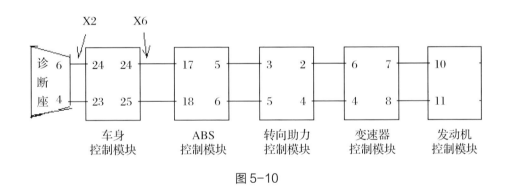

图 5-10

该车就是因为发动机控制模块的电源丢失，造成整个动力高速总线不能通信，涉及 4 个控制模块。

最后紧固了一下发动机室保险丝盒的电源螺丝，问题解决。由车身控制模块为网关，全车控制模块的通信分成 3 个系统：一是 LIN 系统；二是动力高速系统；三是底盘高速系统。

把该车整个发动机室的控制模块都找到并定位，测量清楚它们之间的连接关系，熟悉该车的网络关系。把发动机控制模块断路后，再用解码器进行通信，发现只有发动机控制模块无法通信。当我们把 ABS 控制模块拔下后，这几个控制系统全部不能通信。拔下变速器控制模块插头后，发动机与变速器控制模块无法通信。

▶5.7　2010年科鲁兹左前门电动玻璃不工作

车型：2010年科鲁兹，配置手动挡变速器，行驶60000km。

故障现象：左前门电动玻璃不工作，但拔插电动玻璃插头后，电机会工作一段时间，但时间稍长，故障现象会重新出现。

故障诊断：客户提供信息说，该车的左前门电动玻璃开关和电机都已经更换过，但故障现象没有排除。只要拔下电动玻璃开关插头，再插上后，左前门可以短暂工作几分钟。经过试验，发现确实如客户所述，拔下电机插头后，再插上，左前门电动玻璃恢复正常，但工作了5min后，就又不工作了。

经过检查确认，我们发现只有左前门电动玻璃不工作，其他3个车门电动玻璃工作正常。用解码器读取故障码，显示有故障码U1534 00，解释是LIN通信线故障，没有更加详细的解释。

此车电动玻璃控制线路原理如图5-11所示。

此车的电动玻璃工作原理如下：

当按下左前门电动玻璃开关时，由开关产生一个信号，由左前门开关的LIN线送出到车身电脑，车身电脑允许后，再通过LIN线送给左前门电机。电机模块经过处理后驱动玻璃升降。按下左前门上的右前门玻璃开关时，信号通过左前门开关LIN线发出，送到车身电脑，再通过车身电脑。

分析这个故障码的含义，就是车身电脑发现LIN线上有通信故障。该怎样进一步诊断此故障呢？一时无从下手。我们用解码器执行元件测试，发现除左前门外，其他3个车门可以正常升降。并且观察数据流，从数据流中也可以看到其他3个车门的开关动作数据，左前门开关操作时，数据没有变化。用示波器观察左前门LIN通信线的波形如图5-12所示。

从波形上看，没有明显异常，在操作左前门开关控制左前门电机时，左前门开关是否输出了正常的信号，无法从波形上看到。波形分析仅能让我们判断

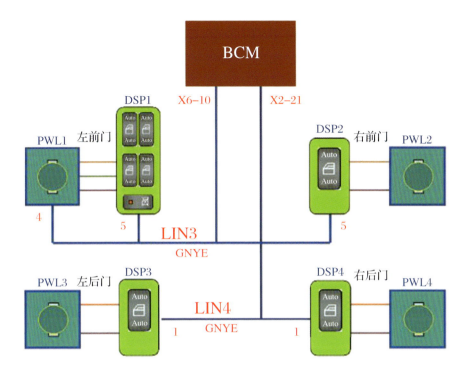

图 5-11

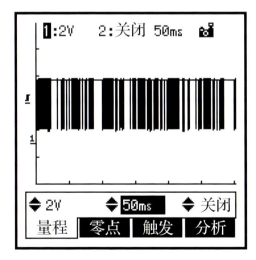

图 5-12

此处的 LIN 线是否对正极或对负极短路，以及它是否在传递过程中断路。我们只能结合线路图进行逻辑排除。

拆开左前门电机观察，发现里面是一块电路板，通过插头控制电机，从电路板上集成块的型号看，这是一个 PIC 单片机控制的电路。我们还观察到有两个电容，那么是不是这两个电容就是复位电容，每次插上插头，相当于给电路板做了一次复位，刚复位时工作正常，因为电容漏电，造成电路工作不正常。于是再次更换一个新的左前门电机，并用解码器读取清除故障码。再读取故障码，仍旧显示有 U1534 故障码。经过几次试验，左前门电动玻璃又不工作了。我们试着更换左前门电动玻璃开关，故障现象仍旧不能排除。

根据故障码分析，这个故障码可能涉及 3 个元件，左前门电机、左前门玻璃开关以及右前门玻璃开关，如果往复杂方向分析，还有可能是车身电脑本身故障或是线路有故障，但如何确认故障点成了问题。请教 4S 店的朋友，告诉我们更为详细的故障码含义解释：LIN 总线 3（K9 车身模块）与装置 4（M74D 驾驶员侧车窗电机）失去通信。

根据以上提示，我们还是怀疑左前门电机有故障，但没有充分理由确认。于是再次请教专业师傅，指导我们进行试验：分别拔下左前门开关和右前门开关，读取故障码，多了两个故障码，分别是 U1538（左前门电动玻璃开关）和 U153A（右前门电动玻璃开关）。经过以上试验，根据故障的变化，判断车身电脑是正常的，因为它可以准确识别故障元件。为了进一步确认故障，我们在专家的建议下，将原车上连接这 3 个元件的 LIN 线剪断，重新牵一根临时试验线，然后再次读取故障码，仍旧显示 U1534 这个故障码。由此证实，该车故障就是由左前门电机引起，牵线的目的是排除线路故障和干扰问题。

经过以上的试验，最终确认，故障点仍旧在左前门电机上。再次更换一个左前门电机后，装车试验，U1534 故障码不再出现。经过几天试用，电动玻璃工作一直正常，故障排除。

总结：

（1）该车故障是由左前门电机引起，刚开始时，解码器只提供 LIN 线故障，无法精准确定故障部位。该车的 LIN 线的结构特点是左前门玻璃开关、右前门玻璃开关和左前门电机共用一根 LIN 线。

（2）通过这次维修，我们学会了如何诊断此类故障。首先要有精确的故障码解释，然后可以通过断开插头的方法制造故障码来验证 LIN 线路以及车身电脑本身是否有问题。如果通过试验车身电脑本身和线路没有问题，那么故障范围就会大大缩小，故障排除起来就比较方便了。除了采取断开以上 3 个元件插头的方法，我们还可以断开原车的 LIN 线，直接牵一根临时线，来代替原车的 LIN 线，目的是排除线路方面的干扰，或者线路连接错误的问题，在此车上应用这个方法也非常方便。

▶ 5.8 北京现代索纳塔自动变速器换挡异常

车型：2009 年索纳塔，配置自动挡变速器。

故障现象：变速器无法正常换挡，在行车时有时 4 挡突然降下，刚开始时，是热车出现故障现象，冷车基本正常。

故障诊断：用解码器进入变速器系统，读取故障码，显示为 P1631 CAN BUS 关闭，P1631 CAN TIME 输出 ECU。发动机系统故障码：P0700 变速器控制系统故障，P0600 串行通信链路故障。清除故障码后，再次读取故障码，变速器内的 P1631 会再次出现。进入数据流功能，观察发现节气门的开度始终为 0 不变化，而且发动机转速始终为 3000r/min。

怀疑是发动机电脑和变速器电脑 CAN 数据传递出现故障，变速器电脑无法利用来自发动机的数据进行换挡控制，形成上述故障。为了验证这一想法，拔下变速器电脑后，在变速器电脑插头线束侧 CAN 引脚位置用示波器观察波形，如图 5-13 所示。

既然有正常的数据波形，说明发动机电脑是正常的，可能问题发生在变速器电脑内部。但为了谨慎起见，将两块电脑拔下后，用万用表测量了发动机电脑插头处的 CAN 端子（线束侧）与变速器电脑 CAN 端子（线束侧）的导通性，结果导通正常且不对地或对正极短路。根据以上的检测结果，分析认为，既然

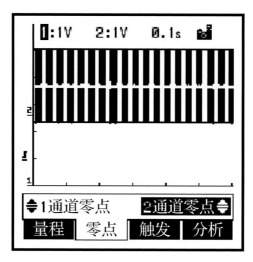

图 5-13

可以从 CAN 线上看到波形，说明两块电脑都是好的。

再从客户脚踏板右上方找到电脑，拆下后检查，发现发动机电脑的电路板上有一块凹下去的坑。结合此车为二手车，可能以前出过事故，估计问题是发动机电脑引起。因为外观上明显的问题，于是订购一块发动机电脑，装到车上后，试车，故障仍旧不能排除。用解码器检测，仍旧是如上的故障码。

难道是变速器电脑坏了？不是发动机电脑就是变速器电脑，于是再订购一块变速器电脑，没想到的是装上去后，仍旧是故障依旧。

查阅资料，从图纸上看，还有 ABS 电脑也在 CAN 线上接着，是不是我们看到的波形是由 ABS 电脑产生的？这次，我们把 ABS 电脑插头拔下后，再分别拔下发动机电脑和变速器电脑插头用示波器检测波形，看到了问题。从发动机电脑的 CAN 低位上没输出波形，检测位置是变速器电脑，难道是发动机电脑还有问题？因为是一块旧电脑，所以也极有可能。但不能排除线路方面的故障。因为这两块电脑的安装位置较为难以接近，所以可能检测不方便，造成错误的测量结果。

重新在发动机电脑插头的线束侧（背面）用示波器检测，结果仍旧没有波形出现。把发动机电脑盒盖打开，从电路上对应插针的位置焊出两条导线，在导线处测量到了正常的 CAN 波形，而从电脑插头的线束侧测量不到，很明显问题是发动机电脑插头接触不良，对其进行处理后，装复电脑进行试车，一切恢复正常。用解码器读取故障码，也显示系统正常，观察数据流，显示怠速状态下节气门开度为 12.55%，但踩下加速踏板，此数据响应增加，并且发动机转速也不再是始终 3000r/min，而与实际转速一致了。

为了验证故障到底是不是由电脑插头接触不良引起，把两块旧电脑重新装复，再试车，也恢复正常。确认，此车故障就是因为电脑插头接触不良引起。

总结：

（1）刚开始误判的原因可能与没有拔下 ABS 电脑插头有关。因为 ABS 电脑插头也时时往 CAN 线上传递着 CAN 波形，造成我们误认为是 ECU 传送到 CAN 线上的波形。以后遇到此类问题，也可以采取切断电脑插头处的 CAN 导线的方法，断定是不是插头接触不良。

（2）CAN 的波形是从每一块参与 CAN 的电脑内部发出的，当有通信存在时，波形的宽度会变化，但幅度不会变化。但为确诊故障，必要时可以切断该电脑与 CAN 的连接，以区分是不是从电脑往外输出的信号。

（3）将 ABS 电脑插头拔下后，再分别拔下发动机电脑插头，仅插上变速器电脑插头，然后从发动机电脑插头的线束侧用示波器检测 CAN 的信号波形，如图 5-14、图 5-15 所示。然后拔下变速器电脑插头，插上发动机电脑插头，从变速器电脑插头线束侧测量 CAN 线上的波形，如图 5-16、图 5-17 所示。从图中可以看出，没有测量到正常的由发动机 6 号脚输出的 CAN 波形，这时再检测此信号线对地不短路，并且从两块电脑插头处测量电阻，导通正常。到此，确认了故障原因是发动机电脑未输出 CAN 信号。

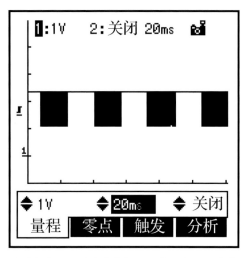

发动机电脑 6 号脚线束侧，变速器电脑 4 号脚

图 5-14

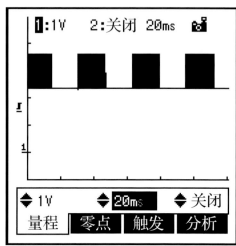

发动机电脑 7 号脚线束侧，变速器电脑 3 号脚

图 5-15

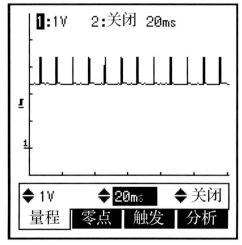

变速器电脑 3 号脚线束侧，发动机电脑 7 号脚

图 5-16

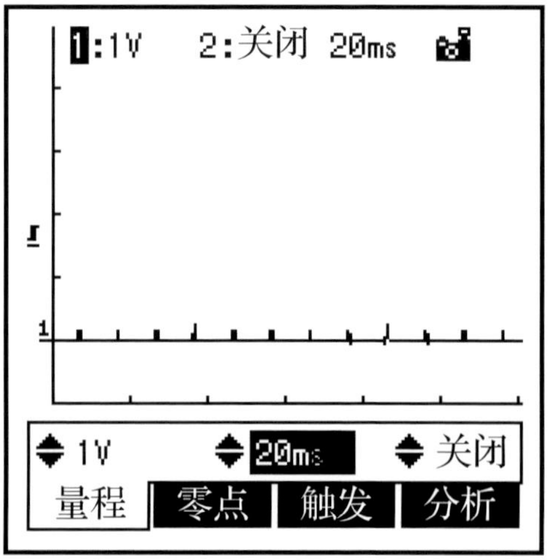

变速器电脑 4 号脚线束侧，发动机电脑 6 号脚

图 5-17

▶ 5.9 长安 CX20 转向助力偶发性失效

车型：2014 年长安 CX20，配备全电子转向助力，已经行驶 17000km。

故障现象：转向助力偶发性失效。

据客户讲，该车曾出现偶发性转向助力失效故障，在出现故障的同时，还有以下故障现象：仪表盘上的发动机水温灯点亮，水温表不走，发动机转速表不起，转向助力故障灯点亮。但以上故障现象在接车后没有出现。

故障诊断：因为是偶发性故障，为了获取更多的故障特点，进一步跟客户交流，得知，该故障曾出现多次，有时是在断掉蓄电池线后故障恢复，有时是等一段时间后故障恢复，还有时会出现不着车的问题，但也是在一段时间后自动恢复的。

当故障出现时，客户曾将车开到 4S 店进行维修，但没有找到故障原因。根据 4S 店建议，将发动机室的搭铁线进行清理后，重新装复。试用几天后故障现象还是偶发性出现。因为此故障涉及安全问题，客户盼望尽快将车修好，来找我们进行维修。

用解码器进入转向助力系统，读取故障码，有 1 个故障码：U0001，CAN通信故障。

查阅该车的线路图，发现手中没有与该车一致的线路图，仅仅可以找到不带转向助力车型的网络拓扑线路图，如图 5-18 所示。

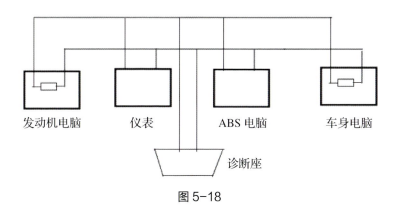

图 5-18

经过实际检查发现，该车的 CAN 网络有如下电脑：发动机、仪表、车身、ABS 和转向助力。其中，终端电阻应该在发动机电脑和车身电脑内部。在大致了解该车的网络系统构成后，作出如下推测：应该是由发动机电脑将水温信息和发动机转速信息送到 CAN 上，仪表获取后进行解码，驱动显示部分工作，显示给客户看，同时该信息还可被转向助力系统使用。当此信息由于某种原因丢失后，引起仪表无法获取水温信息和发动机转速信息，自然无法正确显示，同时转向助力系统在没有发动机转速信号的情况下也无法正常工作，产生上述故障现象。当然，这只是推理，如果我们能想办法验证就能逐步缩小故障范围。

断开蓄电池线，将发动机电脑拆下，再用万用表检测诊断座上 14 脚和 6 脚相导通的两根导线（蓝色和棕色），然后将两根导线剪断，此时试着启动车辆，发现发动机无法着车。将此导线接好后，再将仪表拆下，找到 CAN 通信线，将其断开后试验，结果仍旧不能着车，说明此车的防盗信息也是经过 CAN 传送的，并且防盗数据就在仪表和发动机两个电脑内部，如果两个电脑无法通信，发动机将会进入防盗锁死状态而无法着车。

根据以往的经验，知道防盗信息只是在打开点火开关瞬间进行的，着车后如果防盗系统出现故障，发动机不会马上熄火，要等下一次打开点火开关时再进行防盗系统的验证。所以我们改变试验方法，先将仪表和发动机的 CAN 线恢复正常。着车后再断开 CAN 导线，此时仪表上出现上述故障现象——水温表不走，水温故障灯亮，发动机转速表不走，但转向助力工作正常。

分析以上的试验结果认为，虽然没有能完全模拟出现故障现象，但仪表工作异常，说明我们的推理是成立的，也就是说故障现象是 CAN 通信异常引起的。最简单的故障原因就是发动机电脑插头接触不良。经过检查，确认发动机电脑插头接触良好，可以排除此故障原因。

我们再用解码器进入系统进行检测，偶然一次检测故障码时发现，只要解码器与发动机系统一通信，就会出现水温表不走，发动机转速表也不走的故障现象，反复试验确认，是当选错发动机系统时（选择德尔福系统，而此车实际上使用的是博世电控发动机系统），就会出现上述故障。

　　将以上的现象进行综合分析认为，可能是由于某种原因，引起该车 CAN 通信网络被干扰，出现上述故障。因为此车行驶时间不长，线路出现接触不良的问题可能性不是太大，并且也进行了搭线的处理，所以可能是外来干扰引起的。经过沟通得知，该车在出现故障时也没有充电电压过高的现象。在检测过程中注意到，该车的 OBD 诊断座上插有一个卫星定位器，在正常行车时，此改装配件始终在诊断座上插着，客户可以通过手机了解车辆位置，并且当车辆电控系统出现故障时，也可以通过手机进行故障码的查询。由此我们猜想：是不是在这个卫星定位仪工作时，通过读取车辆上的信息时，造成该车 CAN 通信异常引起上述故障？进一步与客户沟通后，确认该车出现故障是在装此卫星定位仪后出现的问题。根据时间关系，此卫星定位仪引起故障的可能性明显增加，因为它是后加装的，很有可能就是它引发故障。与客户沟通后将此装置拆除，经过几天的试用，故障现象没有再次出现，确认故障排除。

　　总结：

　　（1）该车故障是加装的卫星定位仪引起的。对于网络故障，相对来讲涉及的问题比较复杂，尤其是偶发性故障，就更难以诊断。但好在此车的网络相对来讲不太复杂，仅有四五块电脑。我们通过综合分析，利用故障码结合故障现象进行推理，最终通过试验的方法，锁定了故障。

　　（2）一般来讲，如果有网络拓扑图，排除 CAN 通信故障就比较容易。但因为条件所限，没有拓扑图时，对于一些较为简单的车型，也可以进行相关的分析。网络故障有其自身的特点，迎难而上才有机会积累经验，更重要的是多总结经验就能产生更有效的诊断方法，在遇到更难的故障时，才能找到正确的思路，进行有效诊断。

　　（3）该车故障的排除过程中，利用到的知识点就是防盗通信仅仅在打开点火开关的瞬间进行，在此基础上我们调整切断 CAN 的时间，最终才试验模拟出了故障现象。如果发动机着车，切断 CAN 线，只能看到水温表不走，而无法试验出发动机转速表不走的现象。

　　（4）外接通信设备正极连接正常，负极接触不良时，会造成其内部元件将

CAN H 和 CAN L 通信线上的电压"拉"高，这必定会造成其他控制单元无法在数据线上正常传递信号电压，形成 CAN"瘫痪"故障现象，其原理如图 5-19 所示。

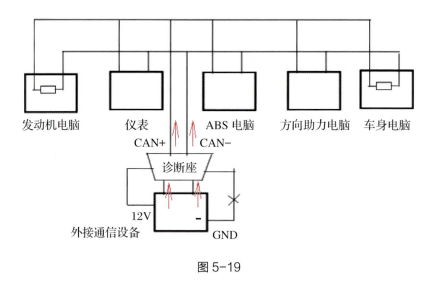

图 5-19

（5）无论多么复杂的故障现象，只要我们掌握了诊断思路，都能找到合适的诊断方法，之所以有些疑难故障我们无从下手，很多情况下是因为以下两种原因造成的：一是信心不足，看到问题后不动脑子，被复杂的故障现象吓住了，这是心理问题；另外一种情况就是对整个系统不熟悉，遇到问题不能做到全面思考，往往会进入"只见树木，不见森林"的状态。通过排除此车故障，我们最大的收获就是对于网络故障有了更深的了解和积累。

▶ 5.10 2018 年哈佛 H6 无法着车

车型：2018 年 1 月份生产的运动版哈佛 H6，配置自动变速器，发动机型号为 GW4G15B。

故障现象：此车前保险杠发生碰撞事故，拆下仪表台进行维修，装复之后出现上述故障。该车采用智能钥匙系统，是按钮式的启动方式。当按下启动按钮时，仪表信息屏上显示"不能挂到 P 挡"，并且启动机也不工作，所以无法着车。上一家修理厂无法完成维修，拖到我们修理厂来进行维修。

故障诊断：接车后，用解码器读取故障码，多个系统显示有关于通信方面的故障码。根据以往的经验，我们先仔细检查了该车的保险丝盒。经过检查，发动机室内保险丝盒上缺少一个保险丝，补上所缺保险丝后，再次试验，故障现象没有改变。驾驶室内保险丝盒上所有保险丝没有烧断和缺失问题。

查阅该车资料，该车共有 4 个网络，分别是 CF-CAN、PT-CAN、AD-CAN 和 DG-CAN，涉及挂挡信号的属于 PT 网络，也就是动力网。整理后的相关的网络拓扑图如图 5-20 所示。

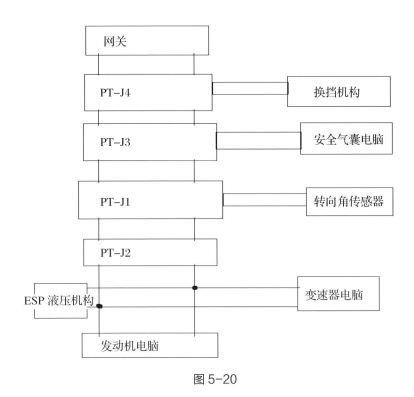

图 5-20

从图 5-20 中信息可以看到，在 PT 网中，网关和发动机电脑为两个终端电脑，我们把驾驶室内的中央操作台拆下后，测量终端电阻为 60Ω 左右，这说明这个网络中的通信线路导通正常。

清除所有故障码后，再次读取故障码，发现电子挡杆系统正常，网关内有发动机电脑无法通信的故障码。用解码器直接选择测量发动机电脑，显示无法通信。变速器系统和电子挡杆系统都显示可以通信。

由以上检测，我们得出下面的结论：终端电阻正常，说明该车 PT 网络的 CAN 通信线导通正常，发动机电脑无法通信可能是其供电发生故障，或其内部损坏。拔下进气压力传感器插头，在打开点火开关的状态下，测量线束侧插头的各脚电压都是 0V。我们怀疑发动机电脑缺少供电。找到此车的发动机供电线路图，该车发动机电脑由 35 脚（开钥匙有电）供电。实际检测发现，在打开点火开关状态下，35 脚没有供电电压。拆开电脑插头外壳后，找到此脚对应导线颜色为紫白色。在线束走向上分析，发现该线走向发动机室保险丝盒。把保险丝盒拆下后，打开其后盖，找到此线与相对应的保险丝测量电压，开点火开关时有 12V 电压，怀疑导线中间断路。直接用导线短接后，再试着启动发动机，发现发动机正常启动。于是，装复发动机电脑到其支架上，装复后再次启动试验，无法挂入 P 挡的故障现象再次出现。

反复检查，发现发动机电脑插头线束侧的 35 脚（紫白）存在接触不良，重新处理后，故障排除。

总结：

（1）该车故障现象是仪表显示无法挂到 P 挡，实际故障点在发动机电脑的供电上。

（2）因为发动机电脑没有正常开点火开关电源，所以无法正常工作，而启动机是由发动机电脑最终控制的，导致启动机不工作，同时仪表显示无法挂入 P 挡。

（3）该车的网络共有 4 个分支，我们根据故障现象结合网络拓扑图把故障范围缩小到了 PT-CAN 上，再通过测量终端电阻以及检查通信结果，确认问题在发动机电脑部分，最终再通过电路图的指导，把故障锁定在 35 脚及导线上，最终故障排除。

（4）该车为 2018 年 1 月份生产的车型，要查找电路图时发现 H6 有多个款式，刚开始时没有找到正确车型的电路图，发现实物与资料不相符，最后按车辆铭牌上的信息，打电话请教供货商才找到对应的款式，为 2015 蓝标运动款。找到对应的车型后，保险丝盒上的电路图信息才与实物相符，最终一步一步找到了故障点。同样的问题我们在多个车型都遇到过。在此车维修完成后，再次整理资料，我们发现，在多个车型当中，只有这个运动款的 1.5T 发动机电路图与本车相符，其他年款的也有采用 1.5T 发动机的，但其供电电路与该车实际情况有较大差异，根本无法参考。

▶5.11　2011 年福克斯无法着车

车型：配置手动挡变速器，已经行驶 80000km，发动机排量 1.6L。

故障现象：拧点火开关启动时，启动机不运转，并且仪表上的防盗指示灯一直闪亮，发动机无法着车。

故障诊断：该车因为出过事故，更换前保险杠、前大灯、转向助力泵，维修前部线束后，出现发动机无法着车现象。

启动时仪表上的防盗指示灯点亮，用解码器读取故障码，显示有多个故障码，清除故障码后，显示余下故障码如图 5-21 所示。

根据以往的经验，通信系统的故障码可能与仪表系统相关，有时仪表插头在电路板上虚焊也会引起上述故障，拆下此车仪表后，检查发现插头内部并不虚焊。装复仪表后，再次试验，故障现象没有改变，启动机不工作，且仪表上的防盗指示灯一直点亮。

找到此车相关的网络拓扑图，并经过整理后如图 5-22 所示。

根据电路图分析认为，此车的动力网络由发动机、仪表和电动转向助力以及 ABS 几个电脑组成。防盗信息在高速 CAN 之间传递，有可能是某个电脑损坏，导致 CAN 线路发生故障，引发不能着车现象。

断开蓄电池线后，用万用表测量网络通信的终端电阻。具体方法是，从诊断座上第 6 脚和第 14 脚之间的电阻，检测终端电阻为 0Ω。用示波器检测 OBD 诊断通信波形，如图 5-23 所示。

图 5-21

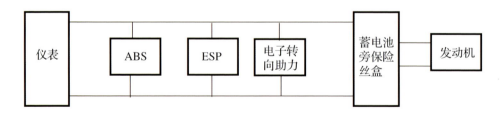

图 5-22

从以上的检测结果分析，两条 CAN 导线上没有信号波形，并且两线的电压一样，说明可能存在信号线短路问题。并且，我们注意到用解码器快速测试菜单检测完成后，从解码器提供的检测结果上看，电子转向助力泵的状态是没有

图 5-23

安装，而实际上是装有助力泵且插头连接正常（拆下前保险杠后，在右前大灯下面可以看到转向助力泵），这时再结合车主所反映的更换过转向助力泵的信息，怀疑是转向助力泵内部出现故障。于是，拔下转向助力泵插头后，再次检测终端电阻为 $59.7\,\Omega$。

用示波器观察打开点火开关情况下的通信信号波形，如图 5-24 所示。

图 5-24

打开点火开关后，仪表上的防盗指示灯点亮 1s 后自动熄灭，试着启动发动机，发动机顺利着车。由此判断，新换上去的转向助力泵是有故障的助力泵，因为是帮其他修理厂诊断故障，所以把车辆交给这家修理厂，再次更换一个新转向助力泵后，故障彻底排除。

总结：

（1）该车故障是由于转向助力控制单元内部故障导致不着车。因为其内部损坏，影响了防盗信息的传输，所以发动机电脑在收不到来自钥匙的数据时，保护性地启动了防盗措施，导致不着车。

（2）通过读取故障码，分析车的通信网络的组成，结合测量终端电阻的方法，确认问题的方向——通信线路出现故障，再使用拔电控单元插头的方法，锁定了故障点。

▶ 5.12　网络故障的特点与诊断方法

如同我们的因特网一样，在近几年中飞速发展，汽车上的电子模块越来越多，整个行业的发展趋势就是汽车的控制系统越来越网络化。

最早的汽车开始电控化时，各个电脑之间没有紧密联系，比如发动机控制模块只起着发动机方面的控制，而 ABS 与发动机之间没有任何数据交换，甚至发动机与变速器之间也是两个独立存在的模块，这时就有两个节气门位置传感器，两个水温传感器，造成硬件结构复杂化。

随着技术的发展，汽车模块越来越多，类似的问题越来越突出，在趋势的作用下，汽车电子模块之间开始出现网络化。

技术发展到今天，汽车网络已经普及，各个模块之间不再独立存在，它们可以共享一些数据，把一些数据放到 CAN 总线上，不同模块根据自己的需要，从 CAN 线上获取信息，这种方式也带来了汽车故障诊断上的变革。我们必须知道具体车型上的网络结构，才能对一个故障进行诊断，因为一个传感器损坏，可能引起多个故障现象，而你不知道该传感器属于哪一个网络，就不知道如何缩小故障范围。

比如，在较新的大众朗逸上，外界温度传感器给仪表提供信号，然后仪表将此信号放到 CAN 网总线上，自动空调系统通过总线获取此信息，当此传感器损坏后，会引起空调不工作。但空调不工作时，用解码器进入自动空调模块，你发现不了关于外界温度传感器的故障码，只会有一个指向仪表的故障码，如果不了解此结构，就会不知道如何进行下一步的诊断。

不同的汽车生产厂家采用不同的网络结构，甚至同一公司不同年代生产的车型，也存在不断升级的问题。我们还有必要了解一下关于汽车的生产平台知识。

诊断汽车网络时，需要相关的网络拓扑图，网络拓扑图可以让我们看明白，该车由几个网络组成，这样从着手诊断开始，就能够对故障进行一个初步分割，然后再进入相关的网络中进一步排查。

对于网络故障来讲，第一步的范围划定非常重要，首先是需要熟练掌握网络结构，其次是要有一定的检测经验，还要有一定的技巧和方法，才能快速完成诊断。也可以采用逐个拔掉控制模块插头的方法来确定故障部位。还可以用示波器观察 CAN 的通信波形，根据波形分析问题所在。由于综合修理厂很难有条件找到详细的资料，得到正规的培训，有足够的机会去接触这些故障，所以目前来讲，对于大多数综合修理厂来说，网络故障是故障诊断中的难点。

之所以成为难点，与其他故障不同的是，网络是一个涉及全车的系统，必须对全车有熟悉的了解，才有可能顺利排除故障。所以，重点是对整个网络要有全面了解才行。

综上所述，网络故障有如下特点：从表面上看，故障点与故障现象"毫不相关"，并且会出现多个控制模块无法正常工作，还有多个控制模块会出现与通信相关的故障码。将以上内容用思维导图总结，如图 5-25 所示。

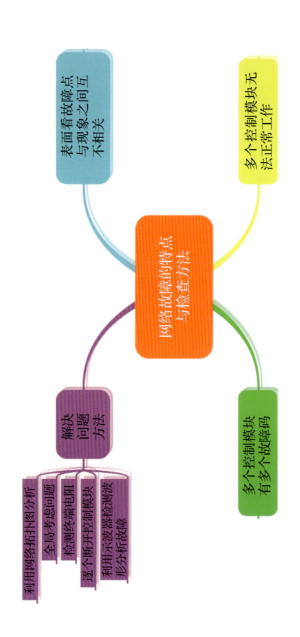

图 5-25

6 配合使用效率高

▶ 6.1 与万用表配合使用

解码器的功能虽多，但在大多数故障诊断中，仅能起到预诊断的作用。对于大多数故障，不能仅用解码器来确诊故障，需要借助其他设备辅助才能完成最终的确诊，比如万用表、示波器、真空枪、尾气分析仪和汽油压力表等，通过这些设备与解码器的配合使用，最终才能确诊故障。

比如说，水温传感器故障，这个故障码出现时，可能涉及的元件有水温传感器本身、水温传感器与电脑之间的连接线路以及电脑。这是设计上的原因造成的，因为电脑的自诊断系统在设计与水温传感器的故障码时，是利用值域法判定的，信号电压超过一定范围，就会存储上相关故障码，而这 3 个元件出现故障时，都会造成信号电压偏离正常值。到底是哪一个元件损坏，需要用万用表进行辅助性检测，才能最终判定故障原因。

汽车上的传感器都是将一些物理量转变成电信号，送给控制器进行处理。比如水温传感器将发动机温度信号转变成模拟电压信号，进气压力传感器将进气歧管的压力转变成模拟电压信号，空气流量传感器则是将进入发动机的空气转变成模拟电压信号。空气流量传感器是一个精密传感器，要想检测它的好坏，需要一定的外部条件。我们汽车维修中检测空气流量传感器的一个好方法就是在考虑机械结构的情况下，利用发动机转速信号，配合解码器进行检测，分析空气流量传感器是否损坏。

首先，要以理论为基础进行分析。

（1）空气流量传感器是精密测量进气量的传感器，可以精确到 0.1g/s，其信号电压的精度在 0.001V。

（2）通常要确定一个传感器工作是否正常，要先看给定的外部条件是否有问题。外部条件是指传感器的供电是否正常，实际进气量是否全部经过空气流量传感器计量后才进入发动机系统。那么，实际进气量跟哪些因素有关？

一台工作正常的发动机，其实际进气量跟两个因素相关：发动机排量和转速。为了分析问题方便，我们一般假设机械系统正常的情况下来论述以下问题。机械系统是电控系统正常工作的技术，在平时维修中则要先考虑机械系统是否正常，在机械系统正常的基础上再进行电控部分故障的分析。

对于进气测量系统，机械系统正常指的是发动机缸筒活塞、活塞环密封正常，气门不漏气，配气相位正常，可以实现良好的压缩。以此为基础，发动机的进气量仅与排量和转速两个参数有关。而实际工作中，因为发动机进气管存在负压，当产生故障时有可能会有一部分未经空气流量传感器计量的空气进入发动机。

综上所述，机械压缩系统正常的情况下，发动机的进气量实际上只与转速有关，所以，如果是粗略测量，则完全可以利用转速这个信号计算出进气量，而不用空气流量传感器。但随着发动机的磨损，以及气门的密闭性，发动机的进气量会有轻微变化，空气流量传感器就是用来精确测量进气量，让发动机电脑可以精确计算出喷油量。

检测空气流量传感器是否工作正常，可以借用上面的理论分析，因为发动机热车怠速状态下，发动机转速在一定范围内，其进气量应该也在比较小的范围内。经过工作实践中不断总结，我们得出这样的宝贵数据：以桑塔纳时代超人 2000 为例，发动机排量为 1.8L，热车怠速状态下，无外在负荷时，进气量为 2.8~3.0g/s。正常情况下，此数据不会偏差太大。在保证机械系统正常，不存在真空漏气的情况下，则可以判定空气流量传感器是否损坏。

案例：2003 年日产帕拉丁加不上油

故障现象：发动机着车后踩下加速踏板，发动机转速不上升反而下降。

故障诊断：用解码器读取故障码，显示为空气流量传感器信号错误。经过检查，此车的空气流量传感器安装在节气门体上，有一个取样孔可以测量进气量。该空气流量传感器有 3 根线，为电热丝式空气流量传感器。用万用表测量空气流量传感器的 3 根导线，电压分别为 12V、0V 和 0V。

这时，我们的修理工认为应该从发动机电脑送来一个 5V 的信号线，于是对传感器到发动机电脑之间的线路进行了检查。检测结果表明，线路正常，之后就无从下手了。

笔者接手后，了解到检测结果，认为空气流量传感器本身应该有输出信号电压，而不是与水温传感器类似。当断开传感器插头后，会从发动机电脑方向送来一个 5V 的参考电压。

用万用表检测了信号线对地无短路后，用解码器读取故障码，显示有空气流量传感器信号错误的故障码。读取数据流，显示空气流量数据始终为 0g/s，确诊为空气流量传感器损坏，更换一新空气流量传感器后，故障排除。

总结：

（1）此车结构比较特殊，空气流量传感器与节气门体做成一个总成，我们可以看到其中的热丝，是一种较老的车型，在蓝鸟车上曾经见到过类似的结构。

（2）空气流量传感器是一种可以直接输出信号电压的传感器，与之相似的还有氧传感器，以及各种电磁式传感器，这些传感器不依赖于发动机电脑，在其工作时可以直接输出信号电压。当然，空气流量传感器所需要的 12V 电压，有时也来自发动机电脑或直接由电源线提供，它是传感器工作的外围条件。而信号电压可以看作是由传感器输出，送给发动机电脑的，所以在断开传感器插头后，我们不会从线束方面测量到电压，这一点往往在初学者中易出现误诊。

▶ 6.2 与喷油器试验台配合使用

解码器的主要作用是与车载电脑通信，诊断人员通过它读取故障码和数据流，来分析故障范围，然后利用其他检测设备来准确锁定故障，再通过维修或更换配件的方法将车辆故障排除。当检测到混合气调节方面故障时，根据我们的经验，利用超声波喷油器清洗机来清洗喷油器是一项比较常用的保养项目，有些车辆使用劣质燃油或是长时间没有清洗喷油器，再或是更换的喷油器型号及质量问题，往往容易引起各缸喷油量不均匀问题，当我们怀疑喷油器喷油量不均匀时，可以用试验台来试验各缸喷油量。下面的案例就是利用解码器进行初步诊断，再利用喷油器试验台来确认故障的案例。

案例：标致 206 排气管冒黑烟油耗高

车型： 标致 206，该车装用 1.4L 发动机，型号为 TU3A。

故障现象： 排气管冒黑烟，发动机怠速抖动，易熄火，排气管有不均匀的排气。

故障诊断： 读取故障码，显示有氧传感器的故障码。

读取数据流，发现进气压力传感器的数据有些异常，压力为 60kPa。更换一新的进气压力器后，故障现象没有改变。发动着车，在热车怠速下测量尾气，结果 HC 和 CO 都明显高于正常值（HC 为 685，CO 为 8.0），NO 不高（NO 为 31），标志着燃烧质量好坏的 CO_2 也明显偏低，正常值应在 14~15，目前为 9.34，说明此车的燃烧质量很差。

根据 HC 和 CO 明显偏高，分析认为是此车的混合气过浓造成的。为了多个角度考虑问题，还用真空枪检测了进气管的真空度，在热车怠速状态下为 117kPa，明显比正常值偏低。进气管真空度低可能有两方面的原因：一方面是配气正时或气门间隙有问题；另一方面或是由于燃烧不良引起。先作简单的排除，检查了气门间隙，发现进气门间隙为 0.25mm 左右，排气门为 0.3mm 左右。实践经验表明，这样的气门间隙正常。

再接上解码器，读取数据流中喷油脉宽的读数为 5.3ms，明显偏高。用真空枪给进气压力传感器一个模块信号，可以使喷油脉宽下降到 3.4ms，但发动机排气管仍然有不均匀排气冲击，发动机的工况没有明显的改善。在这种状态下再次测量排气中的成分，发现仍有较高的一氧化碳和氢。

再根据排气不均匀这一现象，怀疑此车的喷油器有滴漏或是喷油量过大。

将喷油器拆下来装到试验台上进行检测，实际油量结果 1~4 缸喷油量分别为 52mL、44mL、38mL、37mL，1 缸喷油器的喷油量明显偏高，而 2 缸的喷油器明显偏低，3 缸、4 缸的喷油量正常。

更换 4 个新喷油器后，发动机工作平稳，排气管不再冒烟，尾气检测也恢复正常。进气管真空度升高到 138kPa，恢复到正常水平了。

总结：

（1）该车故障是由各缸喷油器的喷油量不均匀造成的，因为 1 缸喷油器喷油量过大，造成燃油中的成分不能充分燃烧，形成排气管冒烟的故障现象。另外，由于其他各缸的喷油量过少，造成该缸的混合气过稀，形成怠速状态下，发动机因为混合气不均匀而燃烧不良，进而因为燃烧不良而出现排气不均匀的故障现象。

（2）在该车的故障诊断中用真空枪及尾气分析仪进行故障分析，结合万用表及解码器的检测，最终锁定了故障。各种测量仪器交叉运用，再加上适当的拆检工作，首先是诊断工作的高效率，才使整个维修工作高效率地完成。在现代汽车的故障诊断中，要想提高维修效率，仪器检测及数据分析是必不可少的一个环节，汽车电控系统越来越复杂，不能单靠经验来进行诊断工作了。

（3）关于进气管真空度的测量，在一开始时怀疑是因为气门间隙过小引起的真空度下降，经过拆检排除了这方面的可能。此车的进气管真空度过低是因为混合气失调引起的燃烧效率下降，时而影响到进气管真空度。具体的原理分析是：因为混合气的失调，造成混合气出现过浓和过稀的问题，因为氧气和燃油的混合比不正常，使可燃混合气中的燃烧速度变慢，造成做功冲程瞬间由热能转换成机械能的效率下降，引起活塞下行速度不够。而进气管真空度正是由 4 个缸的活塞下行速度与通过节气门开度之间平衡所形成的一个进气管内的压力值，所以以上原因引起进气管内形成的真空度下降。由此得出结论，进气管真空度是判定发动机工作状态好坏的一个重要参数，并且它具有测量方便特点，对于故障诊断非常有用。另外，值得注意的是，由于配气相位会引起进气管真空度下降，其他影响燃烧速度的故障，都会引起进气管真空度降低。

（4）尾气分析仪也起到了至关重要的作用，它为我们的分析指明了方向。另外，对于喷油器的流量测量是确认故障的关键设备，喷油器清洗测试机不仅可以用来清洗喷油器，还可以用作故障诊断工具。

▶ 6.3　与红外线测温仪配合使用

我们在本书中讲了几种用解码器判断三元催化器是否工作正常的方法，实际上有些情况下如果用红外线测温仪测量三元催化器的温度，可以更方便地帮我们确诊故障。

汽车诊断往往会利用各种手段去完成，只有灵活运用才能实现高效解决同样的问题。但不同的车型就有不同的好方法。有些车型的三元催化器拆装比较方便，直接拆下来检查也是可以的。而有些车型拆起来非常困难，要花很多的时间才能完成。这时，就需要我们要有相应的方法，帮我们锁定故障后，再去拆装，同时在拆装前要给客户报出拆装工时费。

红外线测温仪可以检测物体表面的温度，而三元催化器内部的工作原理是这样的：当排出的废气流经三元催化器时，三元催化器陶瓷载体上涂有的铍、铑、钯等贵金属，会对其中的 NO_X 进行催化，把它分解成氮气和氧气，氧气会再次与 HC 和 CO 进行氧化反应，实际上就是再次燃烧，然后变成无害的 CO_2 和 H_2O 排出排气管。

因为在三元催化器内部发生了再次的燃烧，所以其出口温度比进口温度要高。根据实践经验，正常情况下，这个温度差为 30~50℃。损坏了的三元催化器已经不具备催化的作用了，所以它的出口温度要比进口温度低或是相等。

在检测时要注意以下几点：

发动机达到热车状态，并且发动机转速达到 2000r/min，持续 3min 以上，再用红外线测温仪检测。如果符合出口温度高 30~50℃这个规律，表明三元催化器工作正常；如果不符合这个规律，表明三元催化器可能已经损坏。我们可以结合用解码器读取数据流的方法来确定它是不是损坏了。

利用元征 431 解码器读取到的东南菱悦 V3 轿车上的前、后氧数据流波形如

图6-1所示。

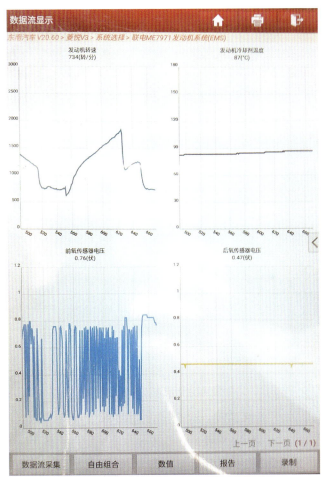

图 6-1

通过波形我们可以看到,此车的三元催化器工作正常,此车的混合比控制正常。

总结:

（1）用红外线与解码器配合,对于大多数车型,都能比较准确地判断三元催化器是否损坏。

（2）利用新型解码器的新功能，把数据转化成波形，可以很直观地看到三元催化器的工作状态与混合气调节是否正常，还包括发动机的燃烧质量是否正常，是值得推荐的一种好方法。

▶ 6.4 与示波器配合使用

车型：进口大众途安，生产日期 2011 年，已经行驶 80000km。

故障现象：发动机冷车启动困难，并且在维修过程中，发动机故障灯亮。

故障诊断：用解码器读取故障码，显示为 12425，解释是燃油泵设备电子信号线电气故障，静态。清除故障码后，启动着车，故障码会再次出现。说明这是一个目前存在的故障。在后座下面找到燃油泵控制单元，发现此控制单元有一个 5 线插头。从线路走向上可以看出，该模块输出两根导线，接到燃油泵，另外一个正极电源，一个是负极电源，还剩下一根信号线。

用万用表检测信号线电压，着车前为 3.8V 电压，着车后为 4.3V 电压。用示波器观察波形，如图 6-2 所示。波形是一条直线，正常情况下应该为占空比可调的方波信号。根据测量结果，怀疑是线路故障，测量从发动机电脑到燃油泵控制单元的信号线，电路为 0.1Ω。再测量信号线对负极的电阻为 120Ω，说明

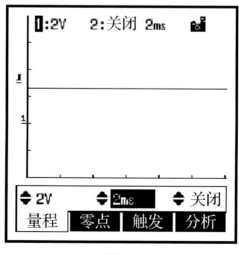

图 6-2

线路没有问题。

再次仔细观察故障现象，当打开点火开关时，燃油泵就会长时间不停地转动。关点火开关后，燃油泵仍旧不能停止，直到几十秒后主继电器断电，燃油泵才能停止工作。

观察数据流中燃油压力数据，高压压力在怠速时为4000kPa，提高转速时可以达到13000kPa，说明高压系统基本正常。

综合以上的检测结果进行分析，确定燃油泵控制单元有故障，订购一新的燃油泵控制单元后，装车试验，结果恢复正常。再次测量正常的波形，如图6-3、图6-4所示。

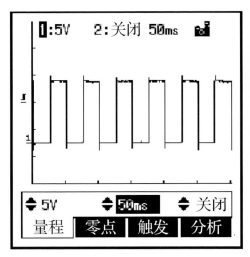

2000r/min 时波形

图6-3

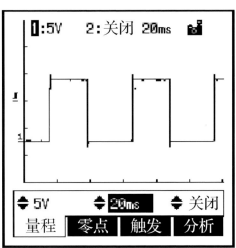

怠速状态时波形

图6-4

这时再用解码器清除故障码，显示系统正常后着车，故障码不再出现。故障排除。

总结：

（1）此车故障是由燃油泵控制单元损坏引起的，更换燃油泵控制单元后故障排除。

（2）发动机电脑通过燃油泵控制单元控制燃油泵的转速，目标是保证低压压力正常的情况下，尽量减小燃油泵的磨损与电流消耗。

▶ 6.5　与传感器模拟器配合使用

利用红外线测温仪检测校准水温传感器的方法，除了这个有效对付疑难故障方法外，我们还有一个"法宝"——传感器模拟器。利用传感器模拟器也可以快速准确确诊与水温传感器相关的故障。传感器模拟器如图6-5所示。

图6-5

传感器模拟器内部相当于一个可变电阻，可以用它临时代替水温传感器，从电路的角度模拟一个假定的温度值，看故障现象在这个假定的温度信号的影响下有什么变化。如果与我们预期的现象相符，说明水温检测系统是正常的；如果与我们预期的现象不相符，问题就不仅仅是水温传感器本身引起，相关的线路或发动机电脑内部可能出现了故障。

　　传感器模拟器可以代替绝大多数常见的水温传感器，利用替代法确定故障后，再去订购配件，可以使综合修理厂提高工作效率，避免误订配件引起的成本升高、工效降低的问题出现。

　　我们利用下面的案例，来学习如何使用传感器模拟器诊断水温传感器失准故障。

案例：比亚迪 F3 水温表失准

　　车型：比亚迪 F3，生产日期 2008 年，已经行驶 90000km。

　　故障现象：发动机着车后，当水温接近正常温度后风扇转动时表针大幅度下降，而风扇停止转动后指针又大幅度上升。

　　故障诊断：用解码器进入发动机数据流功能，观察到发动机水温数据在超过 90℃后，水温表指针在 90~100℃之间变化范围过大。该故障是在一次发动机高温后冲坏缸垫，在更换缸垫维修后出现上述故障现象。

　　水温传感器电阻与电压及表针位置对应关系。该车的具体故障现象是水温表指示不稳定，98℃时风扇转，92℃时风扇停，这个温度非常准确。只是水温表在风扇不转时为水平位置，此时对应温度 92℃左右。当发动机升温时，表针明显上升，很快接近红线，但只要关掉点火开关，重新打开，则可以马上看到实际表针下降 1 格左右，感觉是假高温。

　　刚好车间还有一辆 F3，经过观察，此车的温度表十分稳定，没有这样明显变化。我们又把故障车的仪表装到正常车上试验，结果发现在正常车上，水温表显示也是正常的。

　　订购一新的水温传感器后，装车试验，结果在风扇转时，水温表指针接近红线。

　　于是，用传感器模拟器模拟原车的水温传感器，找到电阻与表针位置之间的对应关系，如表 6-1 所示。

　　重新进行对比，确认故障是水温传感器引起的，再次订购一新的传感器，到货后将传感器装到车上试验，此时的水温表在风扇转动时十分稳定，没有明

表6-1

电阻 （Ω）	信号电压 （V）	指针位置从 上往下数	电阻 （Ω）	信号电压 （V）	指针位置从 上往下数
40	1.49	0	130	2.90	12
50	1.74	1	140	2.99	12.5
60	1.95	4	150	3.07	13
70	2.13	6.5	160	3.14	13
80	2.30	7.5（7格为水平位置）	170	3.21	13.5
90	2.44	8.5	180	3.28	13.5
100	2.57	9	190	3.34	14
110	2.70	10.5	200	3.40	15
120	2.80	11.5			

显变化，在水平位置略高一点位置。水温表指示恢复正常。最终，此车在更换水温传感器后故障排除。

总结：

（1）该车故障是因水温传感器的电阻与温度之间的线性关系错乱引起。解决问题的方法是替代性试验法，但利用的是一个专用小设备——传感器模拟器。

（2）传感器模拟器是一个可以替代传感器，对电路进行试验的好设备。一个传感器模拟器几乎可以替代所有车型上的水温传感器进行试验，降低了综合修理厂对配件的依赖，这是它独有的优势，是任何其他检测设备代替不了的独有的优势。

▶6.6 与尾气分析仪配合使用

用解码器检测维修与排放相关问题时，解码器可以起到缩小故障范围的作用，但仅凭故障码还不能百分之百地确认故障原因，如果利用尾气分析再进一步锁定故障就能有效提高诊断的准确性，提高工作效率。下面是解码器与尾气分析仪结合使用，并配合拆检完成一个关于排放故障的案例。

案例：2012 年五菱之光 EOBD 检车不能通过

车型：2012 年 12 月份生产的五菱之光，发动机排量 1.0L，发动机型号 L2Y。

故障现象：车主反映该车在进行年检时无法通过。仪表上发动机故障灯点亮。

故障诊断：接车后，我们观察仪表，发现发动机故障灯点亮。用解码器选择 EOBD 菜单进行检测，确认其可以正常通信，再换成普通车型选择的方式进行通信，发现有如下两个故障码：一个是 EGR 阀电路故障，另一个是三元催化效率低。

根据故障码的提示，我们检测了此车的 EGR 阀，确认其损坏，更换一新的 EGR 阀后，清除故障码，试车，回厂后再次检测，只剩下三元催化效率低的故障码了。用尾气分析仪测量尾气数据，如图 6-6 所示。

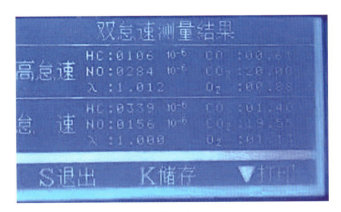

图 6-6

根据尾气数据分析，此车的三元催化器可能已经损坏。与车主沟通后，先更换 EGR 阀并清除故障码后进行试车，回厂后，再次读取故障码，仅剩下三元催化器效率低这个故障码了。试车过程中没有发现发动机有异常现象，决定拆检三元催化器（因为此车的三元催化器比较容易拆），拆下三元催化器后，检查发现三元催化器仅剩下一个外壳，其内部已经没有陶瓷载体了，更换新三元催化器后，再次检测尾气成分，如图 6-7 所示。

图 6-7

根据尾气成分分析，此车的排放已经恢复正常，然后进行试车，回厂后检查，发动机故障灯不再点亮。用解码器读取故障码，显示"系统正常"，到此，故障排除。

总结：

此车故障有两点：一个是 EGR 阀损坏；另一个是三元催化器损坏。用解码器与尾气分析仪配合使用，提高了诊断的准确性和工作效率。

▶ 6.7 与 OBD 监听器配合使用

OBD 监听器（图 6-8）由两个接头和一个电子控制盒组成，两个插头分别是一公一母的 OBD 插头，设备在使用时接在被检测车辆的 OBD 插头上，解码器则连接在该设备的另一个插头上，这样解码器与车载电脑通信时，相应的引脚上有指示灯，可以反映 OBD 插头的 16 个引脚上电压的变化。为了方便检测，还提供了 16 个插孔。

一般的维修和诊断用不到此设备，解码器检测无法与车载电脑通信时，使用此设备则非常方便。尤其是该设备还提供了 16 个插孔，必要时可方便地接入示波器，在不影响解码器与车载电脑通信的情况下，观察通信波形。利用此设备外接示波器，测量到的 2018 年马自达昂克赛拉 OBD 诊断口与解码器通信的波形如图 6-9 所示。

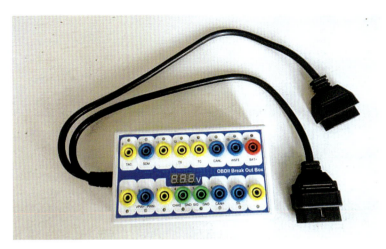

图 6-8

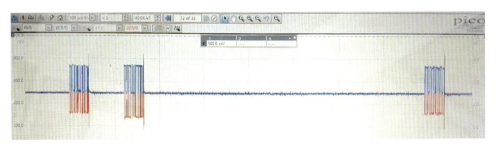

图 6-9

　　并且为了进一步方便使用者，在设备的中间部位还有个 LED 电压表，用来显示当前电压，以防止电压过低引起通信异常，为维修工作进一步提供方便。

　　一般情况下，第 16 号插孔位于右上角，它的作用是为解码器提供电源，4、5 号插孔是接地，正常情况下该插孔对应的两个绿灯应该点亮。该设备上各个插孔的标号如图 6-10 所示。

　　该设备的适用范围如下：

　　排除疑难故障时使用。对于不能通信的故障车来讲，非常实用方便。当车辆通信时，各个引脚的指示灯会不断闪烁，报告给维修人员，信号是在哪个引脚上传递或者是否有信号传递。对于正常通信的车辆，可以用来收集资料。

图 6-10

在更换蓄电池时，如果是一辆比较新的高档车，最好不要直接拆掉蓄电池，让车辆断电，因为断电后车上的控制单元会丢失一些数据，如果要恢复这些数据可能比较麻烦，所以我们可以利用这个设备给车辆接上一个备用电源。我们给这个设备做了一个小改进，就是打开设备后，从 16 脚和 4 号脚引出了两根电源线，然后当需要换蓄电池时，把电源线接到备用蓄电池上，这样我们就能方便地更换掉原车蓄电池，换完蓄电池后再去掉这个设备即可。

▶ 6.8 智能编程电源

该设备不属于诊断设备，主要是用于高档豪华车编程时，给蓄电池充电使用。记得在 8 年前，我们维修一辆宝马车，因为蓄电池亏电，让员工给蓄电池充电，该员工没有从车上把蓄电池拆下来，用普通充电机给蓄电池充电，第二天发现发动机无法着车，后来维修发动机电脑才排除了故障。经过实际检测我们发现，普通的充电机输入电压可达 18V 左右，远远超过了汽车电子控制单元所能承受的电压。如果利用这种充电机在车上给蓄电池充电，损坏控制单元是不可避免的。

可是新的问题又来了，如果蓄电池亏电时，不充电就无法正常工作，拆下来充电，又会使很多的控制单元内的记忆数据被清除掉。越是高档车这种恢复数据的操作越烦琐，所以如果能有一台不用拆蓄电池线，在车上就能给蓄电池充电的充电器就好了。

　　智能编程电源刚好就是完成这项工作的专用设备，除了以上的用途外，当我们给车辆做编程时，必须要用它才能正常工作，原因是给车辆编程通常是需要打开点火开关，不能启动着车，所以当编程时间过长时，汽车蓄电池里的电能会很快耗尽，而蓄电池亏电后会造成编程中断。编程中断是一个大问题，可能会损坏某些控制单元。

　　一台智能充电编程电源（图6-11）解决了这一问题，在编程开始前连接车上的蓄电池，在不用拆下蓄电池线的情况下，利用220V交流电给车辆供电，可以保证长时间打开点火开关蓄电池不亏电，保证不会因为蓄电池电力不足影响编程。

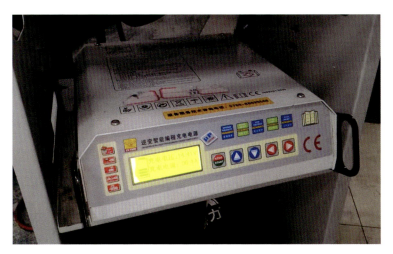

图6-11

　　虽然它不是诊断设备，但是我们在给豪华车编程时它是必不可少的设备之一，有了它可以方便、放心地长时间进行编程与诊断。

　　该设备使用时，会提醒我们连接好充电夹后，再开启充电或编程模式。充电时，它会缓慢提升充电电压，当检测到电流正常时，会不断调整充电电流，充起电来电流大，可以很快完成充电，并且安全可靠，不用人工调整，也不会引起车辆故障。

▶6.9 不同品牌解码器的配合使用

解码器的重要作用是解释故障码的含义，但汽车电控系统的设计还是以国外的为主，所以有些故障码的解释是翻译人员把外语翻译后得出来的，我们偶尔会遇到一些无法理解的故障码，当然也就无法完成诊断了，但其实有可能是翻译人员搞错了，产生了一些歧义。下面我们就举一个案例来说明这个问题。

案例：力帆620发动机故障灯亮

车型：2014年生产的力帆620轿车，已经行驶80000km。

故障现象：该车采用双燃料系统。因为年检不能通过，来我处维修。车主反映仪表上的发动机故障灯点亮。

故障诊断：用解码器读取故障码，显示故障码如图6-12所示。

图6-12

根据故障码的解释，是燃油温度传感器损坏，或是相关线路出现故障，但自己的维修经历中，没有关于这个传感器的印象。这是一个什么样的传感器？它安装在什么位置？查找相关线路，也没有发现具体的安装位置。换用另一品牌的解码器再次检测，这次的解释是这样的，如图6-13所示。

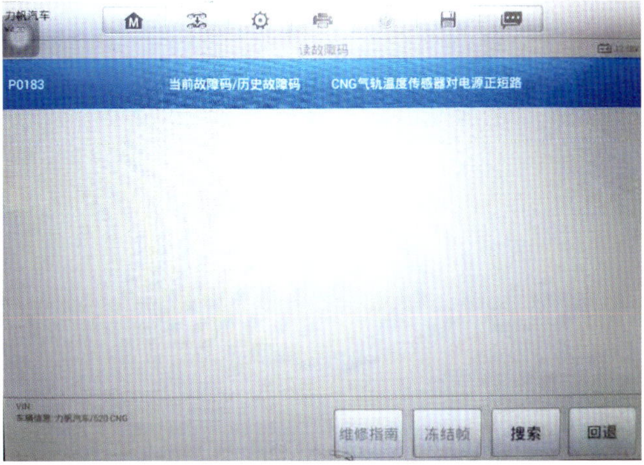

图6-13

我们看到，两次检测所读到的故障码都是P0183，而解释却大不一样。有了后面的这个解释，感觉可能是天然气控制方面出现了故障。请教专门维修天然气车型的朋友，回复我们说，是天然气压力温度传感器上的温度解码器损坏。跟车主沟通后，更换一个新的压力温度传感器总成（压力和温度传感器集成为一体，类似进气压力传感器）后，故障排除。

总结：

（1）该车故障是燃气系统中的燃料温度传感器电路故障引起的，具体故障点就是传感器本身损坏引起的。

（2）在诊断过程中，某一品牌解码器的解释是燃油温度传感器电路故障，显然这是一个错误的解释。因为从维修电控燃油喷射系统的经验看，从来没有遇到过燃油温度传感器，而此车显然也不可能装备这种传感器，让我们一时摸不着头脑。换用另一品牌的解码器再次测试时，给出的解释就比较具体了，是燃气系统温度传感器电路故障，更换一新的压力温度传感器（一体化）后，故障排除。

（3）总结以上的诊断过程，我们可以得出这样一个经验：当遇到不合理或无法理解的故障码时，可以换用不同品牌的解码器试一下，或许会给出正确的解释，在正确的解释下，我们才能有正确的诊断方向，最终排除故障。

▶ 6.10 设备配合使用效率高

解码器帮我们找到故障方向，我们根据方向，再选用合适的设备去检测数据，根据数据分析故障，最终锁定故障，这个过程就是诊断。在这其中，万用表可以解决 80% 以上的电路故障，示波器可以帮我们解决一些疑难故障，传感器模拟器可以帮我们试验出一些传感器的数据，OBD 监听器可以方便地用于诊断通信故障，解决排放故障的尾气分析仪是必备的专用设备。所有这些还不够，我们还要有足够强大的资料库，这些都是硬件，在软件配合下，才能高效完成故障诊断。软件包括专业维修人员和我们解码器上的软件。

在以上软硬件的支持下，诊断故障的过程基本上是先检测，然后分析数据，这其中不要忘了，诊断一定是从你的大脑开始的，因为去哪检测，选哪一个设备的前提是你有诊断方向和思路。

锁定故障的设备不仅仅是我们所提到的，检查手段也不仅是我们提到的，诊断的过程就是一个解决问题的过程，是一个由诊断开始时的发散思维，在过程中运用收敛思维逐步找到故障点的过程。

灵活运用各种设备，才能像一个大将军一样，在诊断过程中指挥你的千军万马，准确杀敌。将本章内容用思维导图总结，如图 6–14 所示。

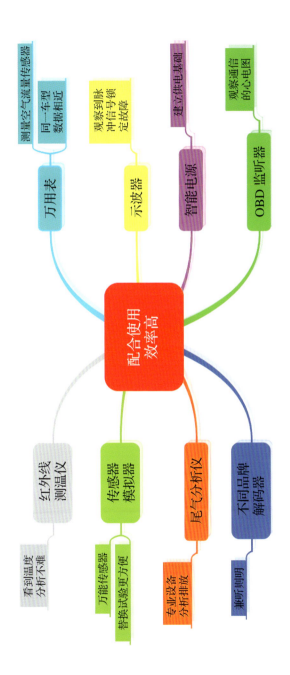

图6-14

7 疑难故障找灵感

▶ 7.1 模糊诊断法

修理工小高遇到一辆别克英朗散热风扇常转的故障，我们看看这个案例的诊断思路。

案例：别克英朗散热风扇常转

车型：别克英朗。

故障现象：散热风扇常转。

小高进行检查车辆，发现溢水壶内缺少冷却液，添足冷却液后，再次启动着车试验，结果散热风扇仍旧常转不停。当时的天气是 3 月初，在我们河北当地春天气温在 10℃左右，不应该出现风扇常转的现象，说明该车仍旧存在故障。

故障诊断：用解码器检测故障码，有一个电子节温器故障的故障码。用万用表检测电子节温器的阻值为 300Ω。接着用万用表检测加热电压，发现万用表的读数闪烁不定。想用示波器检测一下电压波形，这时刚好我到旁边，经过交流后，我认为不用示波器也能确诊故障。

理由是这样的，估计电子节温器的加热电阻应该在几欧到几十欧，300Ω 的电阻一定是有问题的。我们改用试灯来检测加热电压是否是虚压，结果可以正常点亮试灯，由此说明供电系统正常，电子节温器电阻过大。

当我把这一问题在技术交流会上向我的同事进行交流时，发现大家都不能给电子节温器一个较为接近的电阻值。反思我自己的思路，到底为什么大家没有这方面的经验数据呢？

经验数据其实是一项模糊的概念，在此车上，我们维修时没有注意过此类数据。那么怎样对一个新的元件做出一个估计，这是一个什么性质的元件，它的工作原理是什么，怎样进行粗略判断，这其实是一系列的问题。

电子节温器的工作原理是这样的，它是一个执行器，受控于发动机电脑，发动机电脑根据发动机热负荷，调节电子节温器的打开开度与打开速度。

两个水温传感器，一个安装在发动机上，另一个安装在散热器上，这两个传感器为发动机电脑提供主要的温度信号，发动机电脑再根据其他数据，比如负荷、转速等信号进行统一计算处理后，来确定怎样给电子节温器提供加热电压，最终使其控制水流是否通过散热器进行大循环。

观察电子节温器外形，它既有电子加热部分，又有原来的石蜡加热芯。由此我们可以推理此元件的工作原理：既受控于电加热，又受控于冷却水，只不过电加热时，可以使其控制更加精确、更加快速、更加符合发动机散热的需要。好处是：不需散热时，保持发动机水温，以利于燃烧稳定；需要散热时，降低发动机过热的可能，调节更加迅速。

根据其工作原理，确定就是一个辅助加热的作用，所以功率应该在几十瓦左右，电流应该在 1~10A，电阻应该在 1~10Ω。对于 300Ω 的电阻，必然是有问题的。新的电子节温器到货后，用万用表测量其在 15℃ 左右温度下的电阻为 15Ω，与我们的估值相近。

在此次故障诊断中，我们利用其工作原理推理一些问题，最终给出了一个估计值。这个估计值其实联系了我以往对功率与电流的检测经验，比如，大灯灯泡远光 60W，近光 55W，相应的工作电流为 5A，启动机功率为 1000W，工作电流为 100A，氧传感器加热电阻 4~40Ω，电流 0.3~3A，甚至我们用的普通小型内热式电烙铁为 20W，电压 220V，电流约为 0.1A，电阻 2000Ω。电子节温器的功率与电流是怎样的呢？我们为了计算方便，给其取一个近似值，12Ω，电流就是 1A，功率就是 12W。在理解的基础上进行记忆，在维修时加以分析应用，可以促进我们的经验积累，加深记忆。

总结：

（1）诊断故障需要的是基础理论，加以实践经验，对检测数据进行分析。对于一些明显异常的数据要敏感，判断才能准确。平时的思考是一种习惯，只有长时间专注于一件事，才能将其做到最好，这其实就是工匠精神。

（2）不是不能用示波器，因为用示波器也只能让我们看到供电的波形是一个脉冲波形，不能确定是否提供了正确的加热电流，对于诊断故障起不到决定性的作用。从电流加热的基本原理上讲，此时的示波器还不如一个试灯更能说明问题。

（3）当然，示波器可以让我们看到加热电压的波形，对以后的维修经验也可以有所帮助。

▶7.2 2012 年雪铁龙 C5 胎压故障报警

车型：2012 年雪铁龙 C5，该车装配自动挡变速器和自动空调系统。

故障现象：仪表显示右后轮胎压低，但用胎压表检测压力，压力不低，并且给右后轮补充气后，也无法排除故障。车主怀疑是右后轮胎压传感器损坏，打算让我们更换新的胎压传感器。

故障诊断：用道通 508 专用胎压匹配仪进行检测，进入智能诊断菜单后，根据仪器提示选择正确车辆生产日期后，仪器提示需激活胎压传感器。

首先从左前轮开始，依照左前、右前、右后、左后的顺序逐个激活 4 个轮胎压传感器，4 个轮的胎压传感器顺利激活，完成了位置学习。接着仪器提示连接 OBD 插头，如图 7-1 所示。

再按照仪器提示，进行操作，将 4 个车轮的胎压数据写入车身电脑，最后显示"写入成功"。

然后着车进行路试，行车几十米远，仪表提示"左后轮气压过低"，用胎压表检测左后轮胎压，确实偏低，才 150kPa。重新打到 230kPa，再检查其他 3 个轮，都按要求补足气压后，再次进行了位置学习。

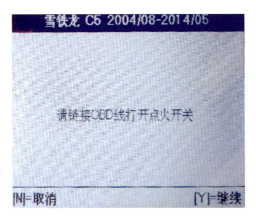

图 7-1

进行完位置学习后，仪器的显示界面和往车身电脑写入胎压传感器数据界面如图 7-2、图 7-3 所示。

位置	ID(Hex)	P(kPa)	T(℃)	电量
左前	CE25C6F6	219	28	正常
右前	CE24C34C	212	28	正常
右后	CE25C73A	238	27	正常
左后	CE25C79D	220	29	正常

图 7-2   图 7-3

从图中可以看到，完成位置学习后，每个轮的实际胎压会显示出现，并且可以在右下角看到，无故障码。写入车身电脑数据前，可以看到每个轮胎压传感器的位置、编码、压力、温度和电量信息。按图显示，该车 4 个轮胎压传感器工作正常。

按仪器提示，重新将设备连接到诊断座上，连接好诊断线后，打开点火开关，按继续后，仪器提示"将各传感器数据写入"，按确定键后，显示"写入成功"。再次试车 2km，仪表不再显示胎压故障，故障排除。

该车故障排除过程中有一个疑问，为什么客户更换右后轮胎压传感器，而我们检测出左后轮胎压低呢？与客户沟通后得知以前的维修经过，该车仪表一直提示"右后轮气压低"，在其他修理厂给右后轮补气后无效，所以怀疑是胎压传感器损坏。

根据客户描述的问题，分析整个过程，我们做完位置学习后，再试车时发现是左后轮胎压低。逆向分析推理，可能是在上一次维修中，将两后轮轮胎左右位置装反了，并且没有进行位置学习，这样当左后轮气压过低时，仪表收到信号后，根据原来记忆判断为右后轮胎压过低（实际上当前位置是在左后），误将左后轮报告成右后轮，当然，给右后轮补气不能排除故障。这样，我们先做了位置学习，已经将正确的轮胎位置信息进行了重新改写，所以仪表所报告的信息与实际情况一致，经过补气后问题解决。

总结：

（1）此车是因为两后轮轮胎换位后，没有进行位置学习，从而引起仪表误报故障。经过位置学习操作后，顺利排除了故障。

（2）此车胎压传感器激活时，点击激活键后，仪器显示激活图标动态变化，大约需 20s 才能完成一个传感器的激活操作。激活完成后，显示当前轮的胎压数据。

（3）该车 OBD 诊断座位置在挡杆前的扶手箱内，打开扶手箱后就能看到，我们在找诊断座时费了点时间。

▶ 7.3　捷达偶发性加速熄火

车型：2006 年捷达，发动机排量 1.6L。此车为出租车，已经行驶 490000km。

故障现象：行车过程中出现偶发性加不上油，甚至加速熄火。

故障诊断：因为故障是偶发性的，所以在多个修理厂检查维修，都没能排除故障。我们接车后，进行初步检查，没有发现明显异常，发动机系统有几个故障码，但都与此故障无关，比如发电机负荷信号丢失等。

跟客户沟通后去试车，在试车过程中，故障现象也没有出现。继续跟车主进行交流，想通过交流得到更多的线索。在交流过程中得知，此车出现故障时，在原地加速，也会出现熄火问题。不用行车，就会出现故障，将故障现象进一步精确，不是行车过程中加不上速，而是加速时熄火。

再次接上解码器，打开点火开关不着车状态下观察数据流，在观察第 3 组数据流时，发现一个异常数据，如图 7-4 所示。

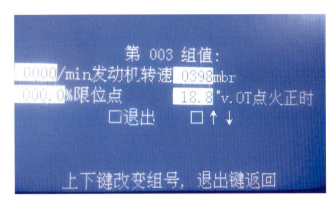

图 7-4

从图中数据可以看到，在发动机转速为 0 的状态下，进气压力数据为 39.8kPa，而此时并未启动着车。这个数据一定是有问题的，因为在不着车的状态下，进气管内的气压与外界大气压力相等，应该为 100kPa（1000mbar）左右才对。这个数据是发动机电脑计算喷油量的主要依据，如果此数据错误，一定会造成混合气调节故障，极有可能加速熄火就是该传感器损坏引起。启动着车后，进气压力传感器的数据仍然是在 39.8kPa（398mbar），没有变化。

打开发动机舱，检查进气压力传感器的安装，没有问题。再检查进气压力传感器的导线，因为此车进气压力传感器的线束在长时间使用后容易出现疲劳折断，但经过检查，确认线路正常。用万用表检测传感器的供电，正常，由此判断该车的进气压力传感器损坏。更换一新的进气压力传感器，启动着车后再次检测数据流，如图 7-5 所示。

从数据中可以看出，在着车状态下，发动机转速为 800r/min，当时的进气压力传感器输出的信号正常，压力为 33.66kPa（336.6mbar），熄火后进气压力变

图 7-5

成 100kPa（1000mbar），由此判断该车的偶发性熄火故障是由进气压力传感器损坏引起的，到此故障排除。

总结：

（1）该车故障是进气压力传感器损坏造成的，由于该传感器损坏，使 ECU 调节混合气出现偏差，造成加不上油和加速熄火的故障现象，是一例偶发性软故障。诊断时因为没有明确的故障码，所以有一定的难度。更因为进气压力传感器一般不容易损坏，所以当它出现故障时，往往比较容易忽略。

（2）进气压力传感器是一个重要传感器，它是发动机电脑计算喷油量的主要传感器，它的信号产生漂移，肯定会影响到喷油量的计算，所以在诊断时我们可以利用不着车时该传感器数据进行参考，来确定传感器工作是否正常。经过长时间积累掌握了数据变化规律，通过数据规律分析故障，最终实现高效诊断、准确诊断的目标。

（3）进气压力传感器的规律是：热车怠速状态下 30~40kPa，不着车时打开点火开关的状态下 100kPa 左右为正常。

▶ 7.4   2012 年波罗偶发性启动困难

车型：2012 年 1 月份生产的波罗，发动机排量 1.6L，型号为 CPJ，功率 77kW，配装自动变速器。

故障现象：偶发性启动困难。

据车主讲，该车偶发性启动困难，尤其是在热车后。如果在太阳下晒的时间长了，更会出现这种故障。该故障曾经在其他修理厂多次维修，并且更换过多个配件，没能排除故障。已经更换过火花塞，清洗过进气道积炭和喷油器，但都没能排除故障。

故障诊断：接车后，试车没有发现明显问题。读取发动机系统故障码，发现有 1 个故障码，解释为燃油箱排气系统通过量不正确。根据以往的经验，此故障码可能会造成热车启动困难，与客户沟通后，更换该电磁阀进行试验。

更换电磁阀后第 3 天，客户打来电话，说故障重新出现，但比以前出现的频率低了。该车再次进厂维修，我们再次读取发动机系统故障码，显示"系统正常，无故障码"。

反复启动试验，我们发现有时会出现故障现象，具体现象是这样的：拧点火开关到启动挡，在没有松开点火开关时，发动机还未着车时，启动机自己中断工作，好像是发动机电控系统判断发动机已经着车，然后中断了启动机的供电，而实际上发动机并未着车。

该车是否有此功能，发动机着车后，即使一直拧着点火开关，控制系统也会中断启动机的工作，我们不能确定。请教 4S 店的师傅，给我们回复该车不具备此功能。建议我们从电路图上分析一下问题，看是不是启动继电器出现故障，比如说触点接触不良，引起启动机供电中断。

我们刚开始时不太相信是继电器触点引起故障，理由是——如果是触点接触不良，那么故障应该表现为偶发性启动机不工作，而不会表现为启动机工作过程中断。因为我们试验过，即使启动不着车，但每一次拧点火开关，启动机还是工作的，只是时间不够，没有等到着车，启动机就退出了工作。

找到启动继电器，检查它的触点，没有发现问题，直接更换一新继电器，故障现象仍旧没有改变。

用解码器观察启动瞬间的数据流，当故障出现时，发动机转速信号为 0r/min，而正常可以着车时，发动机转速与实际转速近似。是不是像我们推断的那样，因为发动机电控系统判断启动过程中的转速，达到一定转速后，就中断启动机的工作？为了验证这个想法，我们用示波器的双通道功能，同时观察启动机的供电端电压和曲轴转速信号。

经过观察，当故障出现时，两个通道的波形如图 7-6 所示。

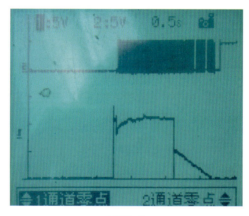

图 7-6

从图中可以看到，先是启动机供电断电，然后曲轴转速下降，曲轴信号在启动过程中并未中断，曲轴转速信号并未在启动过程中出现中断。

没能从波形上发现明显问题，我们改变方法，给启动机控制线上接一个试灯，启动同时观察试灯状态，并且告诉车主，启动时间尽量长一点。这时我们发现一个问题，当启动机中断工作时，试灯一直点亮，并未熄灭，到此判断启动机内部出现故障，引起启动困难。为了从另一方面验证故障，我们直接从蓄电池正极接一根导线，给启动机控制供电，发现启动机工作过程中也会出现中断。由此断定，启动机内部出现故障。

更换启动机后，反复试验，在启动过程中，如果不松开点火开关，即使发动机已经着车，还可以听到启动机工作的声音，由此证明，该车故障已经排除。

总结：

（1）该车故障是启动机内部故障引起的，困为偶发性故障，所以当故障不出现时，往往无法进行诊断。对于这种少见的故障，一时没有思路，因为吃不准该车是否有监测发动机转速，着车后启动机自己退出工作的功能，在专业师傅的帮助下，我们才逐渐找到方向。

（2）用解码器读取数据流，发现故障出现时没有发动机转速信号，可能是因为启动机齿轮出现短暂打滑，引起发动机转速过低，形成上述故障。因为时间较紧，没有进一步拆检启动机。在多年维修工作中，我们还是第一次遇到启动机工作中断故障，如果是单向离合器打滑，会在启动过程中偶发出现，一般表现为打滑开始后，就一直打滑，除非第二次重新启动，才能恢复正常，很少会在启动过程中断。

▶7.5　江淮同悦长时间怠速易熄火

车型：江淮同悦轿车，发动机型号 4A13，电控系统是联合电子 M7 系统。

故障现象：正常行驶时发动机工作基本正常，长时间怠速运行易熄火，有时怠速转速跌落将要熄火，又会缓慢恢复正常。

故障诊断：该车在其他修理厂更换进气压力传感器后，故障现象没有改变，然后来我厂维修。用解码器读取故障码，显示有"电源电压不合理"和"进气压力传感器信号错误"两个故障码。清除故障码后，再次启动着车，进行检测，故障码不再出现。

在着车状态下，观察故障出现时的现象，同时用解码器读取数据流，数据流显示正常。但发现一个新问题，就是当发动机熄火瞬间，解码器的数据流显示会突然中断，仪器显示与车载电脑无法通信。当出现此故障现象时，不做任何其他操作，重新用解码器进入数据流功能，解码器可以再次正常读取数据流。为什么会出现这种现象呢？我们分析认为有 3 种可能会引起上述现象：①发动机电脑供电中断；②发动机电脑内部损坏；③有干扰信号导致发动机电脑通信异常。

在着车状态下，拔下曲轴位置传感器，发动机突然熄火，但解码器与发动机电脑之间的数据流不会中断。拔下发动机室内的主继电器，解码器与发动机电脑之间的通信也不会中断。由此判断，问题不在各传感器上。

找到此车的电路图，经过分析得出，此车共有2根正极供电和3根负极线，其中有常电和开钥匙电源，以及3根负极线。从驾驶室内驾驶侧的护板处找到发动机电脑，再找到2根供电线，同时用万用表监视其电压，在发动机怠速运行时，发动机熄火瞬间，常电和开钥匙电源电压有轻微变化，但都在12V以上，不至于造成发动机熄火。用示波器进行检测，供电引脚上的波形如图7-7所示。

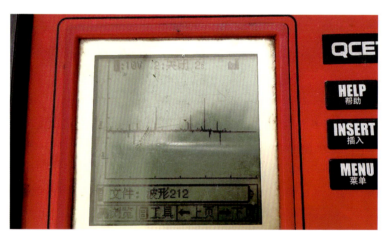

图7-7

根据波形，我们怀疑该车的供电线存在干扰，干扰一般是由于点火系统或充电系统产生的，于是决定检查点火系统。

经过检查，发现有1根高压线断路，4个火花塞共有两种型号，其中1个火花塞中心电极的电阻为0Ω，确认该火花塞不合格，极有可能是它造成的干扰。更换1套新火花塞和1套高压线后着车试验，发动机怠速平稳，再不熄火，到此故障排除。

总结：

（1）该车故障是因为火花塞质量不合格引起的，因为火花塞中心电极内没有防干扰电阻，所以形成强烈的干扰信号，通过供电线进入发动机电脑内部，造成发动机电脑内部程序错乱，导致发动机熄火。

（2）在更换了火花塞后，没有更换高压线的情况下，启动着车，发现高压线对缸盖之间有偶发性的漏电，同时发动机会抖动一下，但这种情况下发动机仍旧可以保持稳定运转。由此验证，该车怠速熄火故障主要是由火花塞造成。

（3）在排除了该车故障后，还遇到过另外一辆长城哈佛 H2，行驶无力，发动机故障灯点亮故障，并且总是报凸轮轴位置传感器信号错误的故障码。用示波器检测凸轮轴位置传感器信号，有较多杂波。经过检查确认该车的火花塞也是中心电极没有电阻的火花塞，更换火花塞后，故障排除。后来分析认为，此车为 1.5L 发动机，凸轮轴位置传感器与 4 缸点火线圈非常近，可能是这个原因导致其受到强烈干扰，引发上述故障。

▶ 7.6　2011 年别克英朗偶尔加不上油

车型： 2011 年别克英朗，已经行驶 80000km。

故障现象： 仪表上发动机故障灯亮，中央显示屏显示故障码为 94。用解码器读取故障码，显示为"加速踏板位置传感器 1、2 不合理"。

故障诊断： 经过检查，发现此车的加速踏板位置传感器插头存在接触不良，处理后，清除故障码，显示系统正常，试车正常后交车。

行驶几天后，故障重现，再次检查，发现从加速踏板位置传感器到发动机电脑之间的线路，电阻太大。经过检查，是位于左大灯后面的插头存在接触不良，处理后故障排除。

再次交车，但行驶一天后，再次返回，故障重新出现。

这次，我们发现故障码无法清除，但如果踩着加速踏板，则可以清除故障码。根据电压显示，认为是加速踏板位置传感器损坏，里面的传感器信号不是1:2 的关系，造成故障码无法清除。读取数据流，验证了这个想法，订购一新的加速踏板位置传感器，再装车清除故障码，显示系统正常，试车，也没有问题，交车。

没有想到的是，经过几天的行驶，该车再次返回，仍旧是上述故障码，读取数据流，如图 7-8 所示。

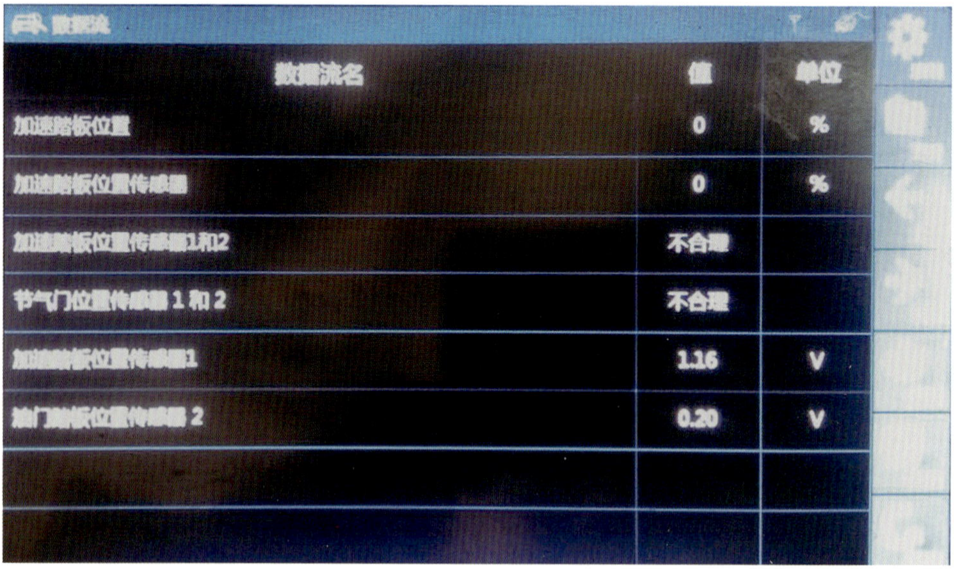

图 7-8

根据数据流显示，说明节气门信号 1 和 2 的不合理问题是当前存在的故障现象。再进一步检查，发现在驾驶员左侧 A 柱内的线束上还有一个大插头，被人为改掉了。原来此车是一个事故车，碰撞比较严重，在上次的维修中，人为跨接插头，在接线时有个别铰接点没有接好，时间长了形成氧化锈蚀，实际情况如图 7-9 所示。

分析认为，因为线路氧化，造成加速踏板位置传感器无法正确传递信号，发动机电脑发现问题后，保护性限制发动机转速，形成上述故障现象。

将相关导线重新焊接处理后，清除故障码，试车，故障排除。

总结：

（1）此车的故障原因是因为 A 柱内的插头接触不良，引起加速踏板位置传

图 7-9

感器的信号无法正确传递给发动机电脑。

（2）加速踏板位置传感器共有 6 根线，从连接关系上是直接与发动机电脑相连，在实物上通过了两个插头，分别位于左侧 A 柱内和发动机室左大灯后方。

（3）由于是事故车，线束维修不规范，造成隐患，引起多个故障点。

（4）在诊断加速踏板位置传感器的故障时，就是不能清除故障码，是当前存在的故障码。改变加速踏板位置，可以清除，意味着内部接触不良。而此车有可能不是这个原因，是因为本身存在不稳定的导通，造成信号偶发性不稳定。

（5）两个位置传感器信号保持 1:2 的关系，发动机电脑确认这种关系正常后，才会执行节气门驱动功能，如果不正常，则启动备用程序保护性地限制发动机动力。故障表现为加速迟钝，最高转速不能超过 80km/h。

▶7.7 2017 年新帕萨特急加速时抖动

车型： 2017 年新帕萨特，已经行驶 120000km，发动机为 2.0T，缸内喷射发动机，手动变速器。

故障现象： 车主反映该车在急加速时明显抖动，动力不足。

故障诊断： 接车后，观察怠速状态下，发动机工作平稳。用手摸排气气流，感到气流平稳，没有缺缸现象。接上解码器，读取故障码，显示有 4 缸偶发失火的故障。

接上解码器，让客户试车，低速缓加油时，行车正常。挂上 5 挡后，急加油时发动机出现明显抖动，同时观察 14、15、16 组数据流，在 16 组数据中发现发动机 4 缸失火记录与抖动现象同步发生，其他各缸没有缺火数据。由此判定，该车 4 缸可能存在问题。

拆下 4 缸点火线圈及火花塞，没有发现明显问题。该车火花塞刚更换且行驶了 4000km，应该没有问题。极有可能是 4 缸点火线圈出现故障，造成发动机缺缸。将 4 缸点火线圈与 2 缸点火线圈对调后，重新装好试车。

这时，发动机出现抖动时，2 缸失火记录数开始增加，通过此项操作确认是 4 缸点火线圈损坏。

更换一新点火线圈后，清除故障码。再次试车，急加速冲击现象消失，交车。

总结：

（1）该车故障是由于 4 缸点火线圈内部漏电，引起急加速时发动机缺缸现象。

（2）诊断此类故障的一个方便易用的方法就是在试车过程中，观察数据流第 14、15 和 16 组。其中，14 组为 4 个缸的总断火次数记录，15 组数据为 1、2、3 缸的断火记录，16 组数据为 4 缸的断火记录。通过试车，故障现象与失火记录同步发生时，就能判断出是哪一个气缸发生了断火。

（3）断火或者失火，所说的不一定是点火系统问题，它是指没有做功，也就是说无论是不喷油还是不点火，再或是不压缩，这些造成点火失败的问题，发动机通过监测曲轴的加速度可以判断出来，所以我们在分析故障时，要注意这一原理。但事实上，我们维修中遇到的问题，还是以点火系统问题居多。

（4）因为急加速时发动机气缸充气量最大，所以需要较高的电压才能击穿，一般点火系统有缺陷时会表现出来。我们在试车时，要重点试验高挡急加速工况，可以快速使故障重现。

（5）用思维导图进行总结，如图7-10所示。

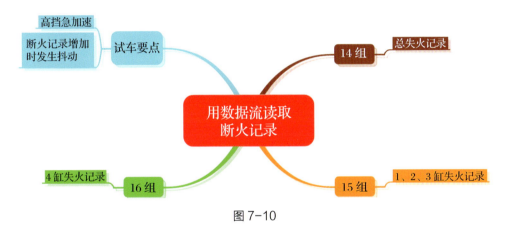

图7-10

▶ 7.8　2010年高尔夫6热车偶尔启动困难

车型：2010年高尔夫6，发动机是16气门1.6L。

故障现象：发动机热车偶尔启动困难。

故障诊断：接车后，根据车主的描述，确认是偶发性软故障。当时多次启动试验，每一次都能顺利启动着车。用解码器读取故障码，显示系统正常，无故障码。

再进入数据流功能，读取31~33组数据，如表7-1所示。

根据数据分析，没有发现异常，长期修正怠速和部分负荷在正常范围内，短修正也在正常范围内，氧传感器电压也在正常范围内。

车主提到，如果踩下加速踏板，则启动困难现象好转。我们怀疑是节气门

表 7-1

组号	1 区	2 区	3 区	4 区
31	0.10~0.66V	0.44V		
32	集成器 -0.19%	集成器 1.56%		
33	-1.56%~0.00%	0.12~0.66V		
2	760	负荷 14.29%	喷油 2.05ms	绝对压力 24kPa
3	800	26kPa	节气门 3.1%~3.5%	点火角度 6.7°

脏引起。于是清洗节气门后，车主反映有所好转，但故障现象没有完全排除，只是发生的频率有所降低。

该车再次返厂维修，这时忽然想起，是不是因为活性炭罐阀卡在打开的位置，造成热车时燃油蒸气进入进气管过多？

拆下空气滤清器上罩后，找到炭罐电磁阀，拆下后用嘴吹气，发现在不通电状态下，有轻微漏气，确认故障原因是炭罐电磁阀无法关闭严而损坏。该零件号为 6QE 906 517。

因为炭罐阀无法关闭，所以在热车时，停放时间稍长，会出现燃油箱内的燃油蒸气直接进入进气管，将进气管内的空气驱逐出进气管，时间合适的话会使整个进气管内只有燃油蒸气，没有新鲜空气，也就没有氧气。

这时如果启动车辆，造成启动时混合气过浓，因为只有燃油蒸气，没有氧气进入，火花塞也无法点燃混合气，形成上述热车启动困难故障。多次启动后，随着活塞及进排气门的工作，不断从进气管泵入新鲜空气，随着启动次数的增加，新鲜空气的进入冲淡了过浓的混合气，当混合气达到可以点燃的正常范围后，车辆就可以启动着车。

出现这种故障有一个规律，仅是在热车停放时间较长时会出现，比如 10min 以上，一直行车不会出现，车辆放置时间超过一夜一般也不会出现，因为时间长了，进入进气管内的燃油蒸气会被稀释，因为进气管不是完全密封，是相对密封。还有随着燃油的冷却，燃油箱内部压力降低，还有可能往回吸走进气管内的燃油蒸气。

以上都是我们的推想及思考，更换一新的炭罐电磁阀后，故障确实排除，验证了我们的推想。

总结：

（1）该车故障是由活性炭罐电磁阀损坏引起的。从故障特点上看，用解码器诊断时没有故障码，并且故障现象是偶发性的，在诊断时有一定难度，除非我们有相当丰富的经验。

（2）既然数据分析帮不上忙，那就要从基本原理上对整车的结构有一个全面的认识，问题的突破靠的是与客户充分交流，进而总结出故障规律，这样对以后的诊断会大有帮助。既要充分发挥解码器的优势进行初步分析，又要开动脑筋全力以赴才能排除故障，不断挑战难题才是我们汽修人工匠精神的最高境界。

▶ 7.9　偶发性故障的诊断思路

有了诊断系统，当电控系统出现故障时就会存储上相应的故障码，一般情况下按照故障码的提示就可以找到故障点。但有时会遇到一些偶发性故障，虽然有故障码，但不一定能顺利排除。

案例：2015 年丰田 RAV4 不着车

故障现象：该车因为不着车，被拖到我们修理厂维修。经过与客户交流，我们了解到，此车因为不着车，在其他修理厂维修，更换了 1 个新燃油泵，但之后还是不着车。用解码器检测，有发动机系统防盗锁死的故障码。

故障诊断：我们接车后，先试着启动车辆，发现启动机工作正常，没有着车迹象。通过启动时的声音大致判断发动机机械压缩正常，观察仪表也没有看到有防盗系统指示灯点亮。清除故障码后，再次启动试验，结果仍旧无法着车。

再次读取故障码，显示系统正常。我们拆下点火线圈并接上 1 个火花塞进行试验，发现启动瞬间有高压火，再装复点火线圈后，从进气口喷入清洗剂后，发动机可以着车。用示波器观察启动时喷油器驱动波形，有正常的波形出现。

由此说明，可能该车的燃油泵没有工作。拆下后座椅后，发现只有一个小观察孔，能勉强看到燃油泵，无法使用万用表进行检测。将车辆举起后，沿线束走向检查，发现有一处维修过的痕迹，拆开包扎的绝缘胶带后，发现线束内有4条导线，两粗两细，粗线应该是燃油泵供电线，一条为黄线，另一条为白黑线。测量两条导线间的电阻为 1.5Ω 左右。再测量两条导线与搭铁之间的电阻，白黑线与搭铁之间电阻为 0.1Ω 左右，确定其为负极。用外接蓄电池给燃油泵两线送电后，启动车辆，发动机着车。

沿线束进行检查，找出来在左前门踏板压条内有一个后接的继电器，该继电器受另外一个后加装的控制器控制，将其后加装的控制系统去掉后，发动机可以顺利着车，故障排除。

此车故障诊断思路是：

（1）确定故障现象，读取故障码，分析故障码是否与故障现象有关。经过试验认为与不着车现象无关。

（2）试验启动瞬间是否有高压火，来判断发动机电控系统是否工作正常。

（3）上述案例故障并不复杂，虽然没有故障码提示，但问题比较简单。

下面我们再来看两例偶发性故障。一辆 2009 年君越轿车，出现加不上油的故障，此车在其他修理厂也更换加速踏板位置传感器进行试验，结果故障现象仍旧存在。

我们接车后，用解码器检测，有加速踏板位置传感器信号1和2相关性故障。根据故障码的提示，我们检查加速踏板位置传感器与发动机电脑之间的导线，没有发现问题。仔细观察加速踏板位置传感器线束侧插头，发现插头端子有轻微变形，调整端子后，重新装复，清除故障码，试车，故障没有再次出现。经过几天的试用，故障现象一直没有再现，确认故障排除。

后来，还遇到过一辆行驶 200000km 的奥迪 A6，也是偶发性加不上油。用解码器检测，发现有节气门位置传感器1和2相关性错误的故障码，检查发现也是线束侧端子变形引起的故障，我们处理变形的端子后，故障也排除了。连续遇到的这两例故障使我想起，对于初学者而言，判断插头是否存在接触不良有一定困难。经过仔细思考，找到了一个参考标准。

　　一般的插头内部端子，分为公母端子，如果端子表面不存在氧化问题，那应要观察母端子是否"张口"了。

　　大家可能会提出疑问，张了口就一定会接触不良吗？这倒不一定，但起码是一个隐患，因为我们知道公端子的厚度非常薄，要想保证公母端子连接良好，就需要母端子给公端子表面施加一个夹紧力，如果有一开口，就容易形成夹紧力不够，造成接触不良。我们看到接上了，但随着车辆震动，就有可能出现接触不良的问题。为了保证其可靠连接，就要调整端子，使其保持夹紧，一般就能排除接触不良的隐患。我把这个想法在早会上给其他同事讲了，然后问大家，确定端子是否存在接触不良的隐患，标准是什么。结果大家在听完了我的讲解后，并不能随口说出判断标准，于是再次给大家总结，仔细观察端子，如果有"张口"就说明存在接触不良的隐患。

　　该标准在长期维修工作中多次排除"疑难"故障，方法虽然简单，只有用心思考才能掌握，并使用到平时的维修工作中。这个小方法对于解决偶发性故障十分有效。

　　当然，偶发性故障并非全部是这一类原因引起，我们既然说到这儿，就干脆做一个总结。

　　说到这儿，我想起刚进入汽修行业不久遇到的一件事，当时维修桑塔纳比较多，当该车喇叭插头损坏后，维修后的寿命非常短。我们更换喇叭插头，几天后就会再次出现接触不良，而原车的插头可以使用几年不坏。当时经过仔细观察发现，原车的插头端子是用红铜做的，最主要的是它的用料非常厚，而我们能买到的配件，都是用较薄的黄铜皮做成的，后来到电子市场上专门寻找到了质量好的端子，用这种端子做好的导线，插到喇叭上要用非常大的力气才能拔下来，也就是说公母端子之间有紧密夹紧的力量，用来保证长时间接触良好，因为喇叭本身工作时，有强烈的震动，所以这种现象表现得较为明显，刚好也引起了我们的注意。那么，既然端子质量这么重要，为什么汽车生产厂家不使用好的材料以降低故障率呢？

其实这件事并非那么简单，正规厂家所使用的端子是没有问题的，因为汽车行驶的环境比较恶劣，有强烈的震动和温度差，只要材料质量足够好，就不会出现上述故障，而后更换的端子质量明显不够，必然会造成使用长时间后的接触不良。

这些接触不良往往表现为偶发性故障，给我们的诊断带来麻烦。遇到此类问题，就要利用上面的经验，仔细观察端子的材料与形状，来判断是不是存在接触不良的可能。如果没有这方面的经验，很难快速缩小故障范围，仅凭检测往往不能锁定故障点。这是我多年来的经验与心得，希望能给大家以后诊断故障带来帮助。

▶7.10　新手挖坑别上当

最近店里添了个新手——我的学生小谢。小谢很好学，我非常喜欢他，但新手培养要付出好多心血，记住是"心血"，因为你一不小心，就掉进他挖的坑里，摔得头破血流，然后只能呵呵。

维修一辆2015年别克昂科威泡水车，我让他进行全车扫描，打开解码器后，告诉我说好多控制单元无法通信。此车在上次维修后就恢复正常通信了，怎么会出现无法通信呢？实际看他操作发现，不会打开点火开关？

读者朋友，你先别笑，你可能也不会！因为这是一辆带智能钥匙一键启动的车辆，只有一个按钮，并且现在还无法启动，怎么让点火开关打开到点火挡呢？

遇到这样的问题，我们可以按下启动按钮不松手，一般10s以上就能打开点火开关到点火挡了，打开点火开关的标志就是仪表上的发动机灯、充电指示灯在内的多个警告灯点亮。

如果我们只按启动按钮一下，仪表会点亮，但不是点火挡，只是附件挡，所以有好多电脑不会通信。

这事过了不久，小谢又出问题了。我让他用万用表检测车上的保险片是否有熔断的。他拿起万用表拨到蜂鸣挡就进行检测，我马上制止了他。这是为什么呢？你是不是也在平时的工作中这样检测保险片呢？在这里我告诉你，千万

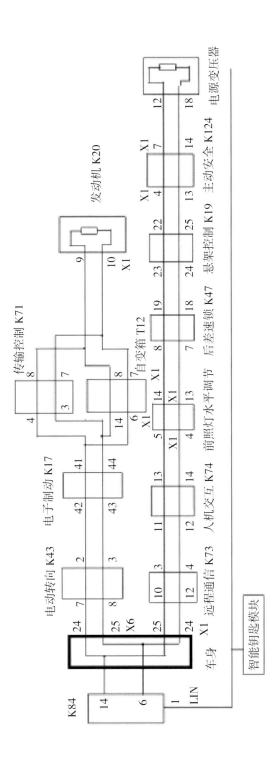

图 7-11

别这样测量保险片了。至于为什么，听我慢慢道来。

因为万用表的蜂鸣挡是用来检测普通民用电子电路的，而不适用于汽车电子线路中检测导线或是保险片的通断。进一步讲，从万用表的说明书中可以看到，一般是测量小于 75Ω 的电阻时，蜂鸣器就会鸣响，大于 75Ω 电阻时不会鸣响。而汽车用电器的电阻大多数小于 75Ω，它并不是直通。我们测量时会产生错误的测量结果，造成误判。这事在我培养的多个徒弟身上都遇到过，新手这样测量不奇怪，我们要及时制止。

我们的小谢还是非常优秀的一个好员工，下面这张图就是他分析原车手册后整理出来的别克昂科威的网络拓扑图，如图 7-11 所示。

如果我告诉你，他入职才 1 个月，就能看懂网络拓扑图，并且把原车线路图整理后，画出这张图来，是不是很牛的一个新手呀！

本节有两个知识点：①如何打开一键启动车辆的点火开关到点火挡；②在车上，用蜂鸣挡测量保险片的通断是错误操作。你学习到了吗？

▶ 7.11　2011 年新帕萨特发动机故障灯亮

车型：2011 年新帕萨特，发动机为 1.8Tsi。

故障现象：发动机故障灯点亮。

故障诊断：用解码器读取故障码，显示有 1 个故障码 P0011，解释是曲轴和凸轮位置相关性错误。

经过检查，发现该车的机油底上有许多漏油的痕迹。检查是缸盖上漏下的机油。经过与车主沟通了解到，该车刚在其他修理厂更换了凸轮轴油封。

检查机油油位，发现机油油位偏低，分析认为可能是机油油位过低，引起机油压力不稳定，进而引起可调气门正时出现错误调整。更换机油后，清除故障码试车，在第 91 数据流组可以看到，进气凸轮轴的理论提前量与实际提前量之间存在较大误差，并且不稳定。

经过反复试车，故障灯重新点亮，这时回厂检测，故障码有两个，P0017（凸轮轴位置）和 P0010。

分析以上故障检测过程，怀疑该车机油油压可能不稳定。于是，接上机油压力表，观察机油压力，在检测机油压力的过程中，发现有如下异常现象。

（1）缓慢匀速加油门，当发动机转速稳定在3500r/min时，机油压力可以上升到400kPa。

（2）猛轰油门，机油压力会突然上升到400kPa，然后又突然下跌到200kPa，这时发动机转速并未下降，仍在3500r/min左右，但机油压力下降为200kPa。

（3）在匀速缓慢加大油门时，随着发动机转速的升高，机油压力升到200kPa左右不再上升，这时转速为2000r/min左右。继续加大油门，当发动机转速稳定在3500r/min时，这时机油压力仍旧为200kPa，持续几秒钟后，机油压力会自己突然上升到400kPa左右。

用发动机专用清洗机油清洗后，换上新的机油泵，着车后观察机油压力，没有上述压力突变情况。试车十几千米后回厂，用解码器检测，出现新的故障码，变成0017和0010，有时会出现0016，都是曲轴和凸轮轴相关性错误方面的故障码。

观察数据流，发现第91组数据流中，在换上机油泵后，第3区在轻加大油门时会由38变小到10以下，随着转速上升而恢复到38。第4区则只有轻微的变化，由38变成34左右。由2000r/min以上松油门时，3区变化已经停止时，4区数据由34下降为18左右。

其中3区为理论值，4区为实际值，以上数据变化规律说明凸轮轴正时调节幅度不够且明显滞后。更换凸轮轴电磁阀后不起作用，此电磁阀电阻为6.9Ω。以前遇到过因为拆装时把电磁阀撬坏引起上述故障的，此车的电磁阀也出现类似问题。

经过我们技术人员会诊后，分析认为可能系统还存在其他问题，观察此车的凸轮轴正时调节电磁阀，发现有维修痕迹，可能是上次维修漏油引起。

综合以上检测机油压力的结果，分析认为，该车的机油压力不稳定，可能是因为机油泵内部的限压阀发卡引起。跟车主沟通后，更换一新机油泵。更换完机油泵后，再次测量机油压力，结果只能达到200kPa，在轰油门时压力可以偶尔达到 350kPa，但瞬间会下降到 200kPa，而不是如正常车辆一样，可以在 3500r/min 以上时维持在 330kPa 以上。

测量一辆奥迪车的 2.0Tsi 发动机的机油压力，为这样的现象：在 3500r/min 时，可以看到机油压力会瞬间升高到 380kPa 左右，并且稳定在这个数值，低于 3800r/min，则为 200kPa 左右。

并且在今天检查时，发现油底壳皮带轮附近有一个电磁阀，订购一电磁阀进行试验，电磁阀电阻 23.3Ω。

凸轮轴上的电磁阀电阻 7.6Ω。

该车在第一次检测机油压力后，更换了一新机油泵，但机油压力仍旧不正常。后又检测了一辆奥迪 2.0Tsi 发动机的机油压力，特点是超过 3500r/min 时，机油压力由 200kPa 突然升高到 400kPa。后来找到一辆同型号的帕萨特，机油压力是在超 3500r/min 时，由 200kPa 升高到 330kPa。把这个正常的帕萨特的机油泵装到故障车上，着车后机油压力变化规律也是这样。当转速超 3500r/min 时，机油压力由 200kPa 突然升高到 340kPa。说明我们新换上的机油泵是有问题的。其间我们把凸轮轴电磁阀以及机油泵电磁阀都与正常车做了对调，但对机油压力没有影响。

虽然机油压力恢复正常，但试车后，回到厂时用解码器检测，仍旧有 00017 故障码，并且数据流中 91 组数据变化规律仍旧是 3 区变化时，4 区不能同步变化。而正常车上的数据是，当轰油门时 38 组 3 区数据变化时，4 区数据与之同步变化，变化范围大致是 11~38，两区数据变化的同步性非常好。

通过以上检测，分析认为此车故障有两个方面：一个是机油压力不稳定，这是正时调节的基础；另一个是正时调节机构存在问题，或是机油油路存在问题。并且新换上的机油泵也存在质量问题。

到此，我们判断不仅是机油泵有问题，该车还存在问题，有可能是因为机油油路堵塞，还可能是凸轮轴上的正时调节机构出现问题。跟车主沟通后，决定将发动机拆下来进行维修，对整个发动机的机油油路进行检查。

将发动机拆下来后，在拆检凸轮轴时发现了问题，查到电磁阀所驱动的调整阀时，发现调整阀的弹簧已经脱落出来了，看来这是一个主要原因，因为阀芯松旷，所以当然不能形成正确的调整油压，从而驱动正时调节机构实现正时调节。确定故障原因后，订货，到货后组装，着车后试，故障排除。

8 实战典型案例 11 例

▶8.1 2011 年马自达 3 发动机故障灯亮

车型：发动机型号为 Z6，排量 1.6L，行驶 76000km。

故障现象：发动机故障灯亮。

用解码器读取故障码，显示为"三元催化效率低"。此车是一辆二手车，买到手后就出现发动机故障灯点亮，在其他修理厂进行免拆的三元催化清洗，只用了两天，发动机故障灯再次点亮。检测故障码，仍旧是三元催化效率低。用了 3 个月后，来我厂维修。因为是二手车，所以车主也无法提供更多的保养记录，我们只能根据检测进行故障分析。

故障诊断：接车后，再次用解码器读取故障码，确实是"三元催化效率低"，并且没有其他故障码。用尾气分析仪检测尾气数据，如表 8-1 所示。

再用解码器检测数据流，相关内容如表 8-2 所示。

同时，我们用红外线测温仪检测三元催化器进口与出口温度，进气口 190℃，出气口 230℃。综合以上的数据进行分析认为，此车的三元催化器工作基本正常，理由是三元催化器前后有正常的温差。之所以报三元催化器的故障码，是因为三元催化器只能在很窄的混合比范围内进行催化作用，当混合气调节偏离正常值时，会造成三元催化器无法正常工作。分析认为此车就是因为混合气调节不正常，造成三元催化器无法正常工作，发动机控制单元误认为是三元催化效率低。并且在从 2500r/min 降低怠速转速时，观察到尾气数据中 HC 和 CO 的数据有瞬间明显上升（减速时进气道真空度上升，会使吸附在积炭上的燃油大量析出，使混合气变浓），说明此车进气道积炭较为严重，因此，建议车主进行喷油器的清洗与免拆进气道积炭的清洗。

清洗完喷油器和进气道积炭后，试车 5km，再次检测尾气数据，如表 8-3 所示。

表 8-1

工况	高怠速						怠速					
成分	HC	CO	NO_X	CO_2	λ	O_2	HC	CO	NO_X	CO_2	λ	O_2
数据	14	0.14	104	20.00	0.998	0.0	23	0.30	16	20.00	0.995	0.0

表 8-2

喷油脉宽	1.42ms	长期自学习	2.34%（维修后 -0.78%）
进气流量	2.15g/s	短期自学习	-3.91%~3.13%
前氧传感器	0.07~0.77V	发动机水温	100℃
后氧传感器	0.6~0.7V（0.5~0.68V）	发动机负荷	15.69%

表 8-3

项目	高怠速						怠速					
成分	HC	CO	NO_X	CO_2	λ	O_2	HC	CO	NO_X	CO_2	λ	O_2
修前	14	0.14	104	20.00	0.998	0.0	23	0.30	16	20.00	0.995	0.0
修后	22	0.0	100	20.00	1.000	0.0	56	0.08	58	19.99	0.998	0.0

维修后，再次用双怠速法测量尾气时，观察到减速时 HC 和 CO 数据几乎不上升，说明清洗后，积炭量明显变小。检测时，怠速 10s 后 CO 的数据变为 0，说明排放中有害气体明显下降，燃烧效率明显提高。

对比维修前后数据，明显变化有高怠速时的 CO 和怠速时的 CO，分别从原来的 0.14 和 0.30 降到目前的 0.0 和 0.08，其他数据变化不大，已经表明混合气调节处于一个良好的状态，燃烧效率大大提高。但还存在一点不足之处就是 NO_X 仍旧偏高，估计缸内积炭过多所致。三元催化器工作正常，没有失效。同时，发动机排放污染物也达到了良好的状态。

用解码器读取故障码，显示系统正常，无故障码。解码器中数据流中长期燃油修正由原来的 2.34% 降到了现在的 −0.78%，已经恢复正常了，充分说明我们的维修是有效的。

在驾驶性能上，车主反映车辆的加速性能比以前明显变好，应该表明发动机的燃烧有好转。到此，确认该车故障排除，交车。

总结：

（1）此车的故障原因是混合气调节不稳定，加上进气道积炭过多引起三元催化器无法彻底对废气进行催化，进而形成上述故障。并非故障码所指向的三元催化器损坏。经过数据分析，确认故障。

（2）估计此车一直没有清洗过喷油器，所以出现雾化不良问题。经过清洗后雾化效果变好，因为进气道积炭清洗，使混合气的闭环调节速度变快，并且发动机内混合气燃烧充分，增加动力降低油耗的同时，降低了排放。

（3）在本案例中，发动机故障灯亮是表面现象，故障码也错误指向三元催化器本身，我们通过对根本原因的治理，解决了问题，表面的故障现象自然会排除。

（4）从车主的角度讲，通过维修，降低油耗且车更加好用；从修理厂的角度讲，有合理的收入；从社会角度讲，降低了排放污染。可谓一举三得，三方受益。用思维导图总结，如图 8-1 所示。

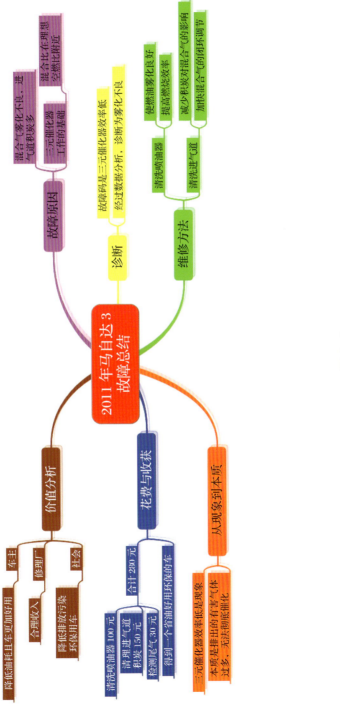

图 8-1

▶ 8.2 2012年宝马320i仪表显示PDC报警装置失效

车型： 2012年宝马320i，该车已经行驶80000km。

故障现象： 此车在一次事故维修后，仪表上自动泊车的故障灯亮了，并且倒车影像系统也不工作。液晶显示器显示泊车距离报警装置PDC支持失效。

故障诊断： 着车后，挂挡且踩制动踏板状态下检查，用手摸超声传感器探头，可以感觉到明显的震动感，只有左前方向的探头没有工作的感觉。用解码器检测，也是PDC系统左前超声传感器探头的线路故障。实际情况如图8-2所示。

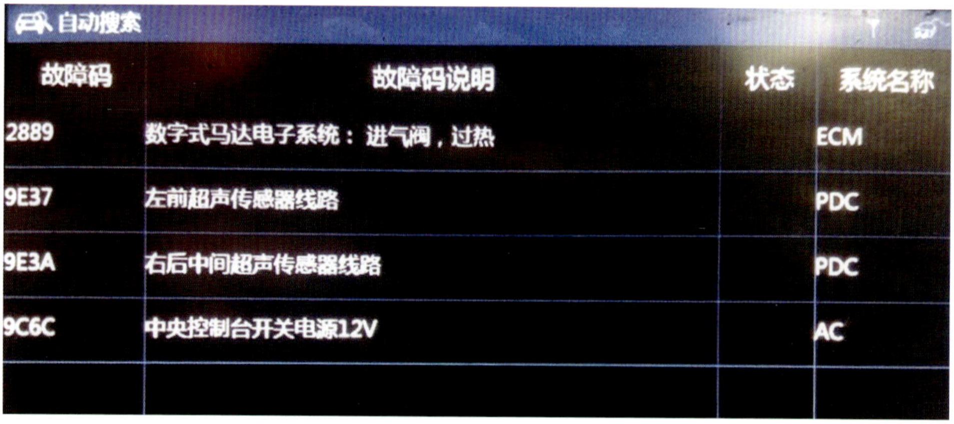

故障码	故障码说明	状态	系统名称
2889	数字式马达电子系统：进气阀，过热		ECM
9E37	左前超声传感器线路		PDC
9E3A	右后中间超声传感器线路		PDC
9C6C	中央控制台开关电源12V		AC

图8-2

试着清除故障码，只剩下"9E37左前超声传感器线路"故障码无法清除。

查看线路图，前部左外超声传感器的3根导线均来自PDC控制单元内部，线路中间没有插头，只有传感器和控制单元两处有插头。结合线路图、故障码以及故障现象进行分析，认为该车前部左外超声传感器或其线路出现故障。于是，拆开前保险杠进行检查，发现左前超声传感器探头插头的线路是经过改造的，其他3个均为原车线束。检查左前超声传感器探头线束，并与其他3个好的超声传感器探头线束进行对比，发现电源线与信号线的位置接反了（探头上三根线电源线为绿黑，负极为棕白线，信号线为黄灰，其他信号线也是以黄线为主色），实际情况如图8-3所示。

图 8-3

电源线电压为 8.5V，负极线电压为 0V，用示波器检测信号线上的电压波形如图 8-4 所示。

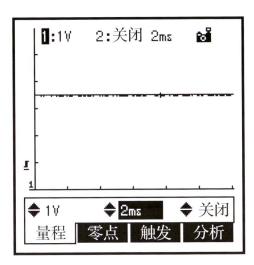

故障探头波形

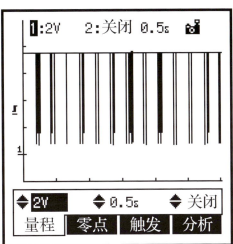

正常探头波形

图 8-4

经过试验，正常工作的超声传感器，如果有物体阻挡住探头后，波形会更加密集。此车有故障的左前超声传感器的波形为一条直线，没有任何波形，如图 8-4 中左图所示，正常的探头波形如图 8-4 中右图所示。

沿线束方向检查，发现此车线束有维修过的痕迹，并且维修部位采用简单铰接处理，已经生锈，存在接触不良。我们重新处理并加以焊锡以减小接触电阻，插上插头仍不工作。为了验证左前超声传感器的好坏，我们又把中间超声传感器的插头插在左前超声传感器上，这时，左前超声传感器用手摸可以感觉到震动，说明左前超声传感器没有损坏。

怀疑是从 PDC 控制单元到超声传感器之间的导线存在接触不良。在后备箱右侧的翼子板内，经过解码器检测到传感器之间的线路电阻，电阻为 0.1Ω，属于正常范围。

再次检查左前超声传感器插头，发现问题，该传感器插头是经过改装的，正反两个位置都可以插到超声传感器上。试着反向插上插头后，左前超声传感器起作用了。清除故障码后试车，故障排除。

总结：

（1）该车故障是由上次故障维修不彻底造成的，故障原因有两个：一个是线路接口处存在接触不良；另外一个是传感器插头插反，导致传感器不能正常工作。

（2）该车 PDC 系统在前、后保险杠上各有 4 个超声传感器，当 8 个超声传感器中有个别损坏时，为了安全起见，整个系统会退出工作，并从显示屏上提示车主注意安全，并且倒车影像也会退出工作。

（3）使用手摸传感器是否震动的方法可以快速进行粗略检查，检测超声传感器工作状态最好的方法是用示波器观察波形，可以更加准确地确定故障原因。

（4）该车故障都是由上次维修不认真造成的，认真的工作态度是提高维修质量的前提，也是技术的前提，没有仔细认真，就谈不上技术。

▶8.3 长城风骏 5 空调不工作

车型：长城风骏 5，装用联合电子 M7 电控系统。

故障现象：打开空调，空调开关指示灯点亮，但电磁离合器不吸合，空调不制冷。

故障诊断：遇到此类问题，我们首先要用压力表检测空调系统压力，看是不是因为空调系统没有制冷剂，导致保护性停机。经过检测，系统压力为700kPa，在正常范围内，可以排除制冷剂压力过低的可能性。

接上解码器，读取发动机系统故障码，显示系统正常。再读数据流，发现空调系统中的请求信号始终为打开状态，无论打开或关闭空调开关，此信号始终不变化。再看空调允许信号，却发现没有空调允许数据流项目。

换一个思路思考这个问题，可能是我们检测软件问题，导致我们无法正确测量该故障。我们换用执行元件测试操作，驱动空调电磁离合器工作，发现空调电磁离合器正常吸合，由此说明从发动机电脑到空调继电器、电磁离合器这 3个执行元件连接正常，工作也正常。问题就在于空调请求信号没有进入发动机电脑，或是发动机电脑本身发生故障。

用万用表检测空调面板上各个引脚电压，发现此车空调面板上有两个插头，其中一个插头上有一根细黄红色导线，在打开空调后，有一个 12V 电压，关闭空调后，电压变成 0V，此信号即为空调请求信号。测量到此信号后，我们分析认为，此信号有可能会经过空调低压开关后送到发动机电脑端子上。在发动机室的空调管上找到空调压力开关，拔下插头直接测量空调开关上低压开关的电阻。压力开关端子的排列如图 8-5 所示。

实际测量显示，电阻为 0Ω，低压开关导通正常。再测量空调开关对面线束插头上的导线，发现有一根为黄红色，另一根为黄色，在打开空调时，黄红色导线上没有 12V 电压。至此，我们怀疑是从空调开关到空调压力开关之间的导线断路，导致信号不能正确传递。于是，我们从空调面板上的黄红线直接接一临时导线，到空调压力开关的黄色导线上，然后发动着车，再打开空调开

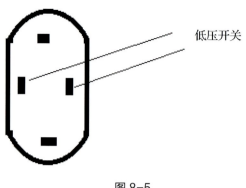

低压开关

图 8-5

关，此时空调电磁离合器吸合。由此证明，故障就发生在从空调开关到压力开关之间。

沿线束走向进行检查，发现空调压力开关的线束从发动机室右侧往左侧方向走，当我们检查到水箱左侧时，发现黄红线在此处断开。重新接好后，做好绝缘，发动着车后，空调工作恢复正常，故障排除。

总结：

（1）此车故障为空调请求信号在传递过程中中断，因为导线断路引起空调不工作故障。在此车故障排除过程中，我们充分利用解码器的功能"读取故障码""执行元件测试"，结合资料与经验，快速缩小故障范围，最终顺利排除了故障。

（2）难点一：设备不专业，设备的数据流中项目不全，无法通过数据流缩小故障，但我们通过执行元件测试功能，缩小了故障范围。

（3）难点二：因为资料不详细，我们通过以前的经验，推理分析出线路走向，排除了故障。

▶8.4　2014年长城风骏5防盗锁死不着车

车型： 2014年长城风骏5，该车配装4G69发动机，发动机电控系统是德尔福MT20U2系统。

故障现象： 车主报修，该车仪表上防盗指示灯不断闪烁，并且发动机无法着车。

故障诊断：接车后，试着启动车辆，发动机运转正常，但无法着车，同时仪表上的防盗指示灯一直闪亮不能熄灭。用解码器检测该车防盗系统，发现无法通信。经过检查确认，该车装用德尔福的防盗电脑，控制模块在转向柱下面。发动机电脑装在发动机舱蓄电池前面，同时该车装配了 ABS 系统。用解码器试着与 ABS 系统和防盗系统进行通信，发现均无法实现正常通信。

首先，怀疑是保险丝烧断，检查驾驶室和发动机室两个保险丝盒上的保险丝，发现各个保险丝正常，没有烧断现象存在。

防盗系统还是比较简单，经过检测，开钥匙电源引脚 B3 和常电引脚 B4 都有正常 12V 的电压，负极电压引脚 B2 为 0V，说明正常。并且从诊断座到防盗模块之间的线路电阻为 0.1Ω 以下，导通正常。于是，怀疑是防盗电脑损坏，订购一新的。

在配件到货前进行分析，该车的防盗电脑损坏不应该影响发动机电脑通信，发动机电脑难道也损坏了？这种可能性比较小，是不是还有其他原因？再者，ABS 系统为什么也不通信呢？是不是 ABS 电脑本身也损坏了，影响到发动机和防盗两个电脑的通信？这倒是有可能的。

将 ABS 电脑插头拔下后，用解码器与两个电脑通信，发现仍旧无法正常通信。用专用设备检测钥匙芯片，钥匙芯片也正常。

将发动机电脑插头拔下后，检测各个端子的电压，并参照表 8-4 所示中引脚功能。

表 8-4

脚号	电压	功能
1	12.05V	常电
17	12.15V	开钥匙电
18	12.15V	开钥匙电
58	12.15V	主继电器控制

对照资料发现发动机电脑供电的正极没有问题。剩下的问题，就是要确认开钥匙的电源和常电是不是"实电"，也就是说是不是电路存在接触不良。用试灯检测开钥匙电和常电，可以正常点亮试灯。再将试灯接到蓄电池正极，然后负极与 73 脚相接，发现试灯不亮，很明显这是一个异常现象，可能负极线断路了。

因为该车电控系统的负极线比较粗，中间断路的可能性不大，可能是发动机上某处的搭铁点螺丝松动了。于是，再进一步检查发动机缸盖处的搭铁点，发现此处螺丝松动。实际位置如图 8-6 所示。

图 8-6

将此处螺丝紧固后，再用试灯检测，发现试灯正常点亮。将发动机电脑插头插上后，打开点火开关，仪表上防盗指示灯熄灭。启动车辆，发动机顺利着车，到此，故障排除。

总结：

（1）此车故障是由发动机电控系统的负极搭铁线松动引起的，导致发动机不着车。

（2）由于发动机电脑负极不搭铁，导致通信线上的信号受到影响，进而引起不着车故障，可能是上一次维修时没有拧紧。提醒我们在工作中要认真仔细，才能做到万无一失。

▶ 8.5　2009 年大众迈腾最高车速仅为 90km/h

车型：2009 年生产的大众迈腾，发动机排量 1.8L，手动挡变速器，已经行驶 68179km。

故障现象：该车车主反映，最高车速仅为 90km/h，发动机加速无力。

故障诊断：用解码器检测，有 4 个故障码，如图 8-7 所示。

00665	主动的/静态的	增压压力控制,没有达到控制极限	
08581	消极的/偶发的	发动机冷却液温度传感器2,过大信号	
00289	消极的/偶发的	节气门电位计-G69-,不可信信号	
00545	消极的/偶发的	节气门驱动装置角度传感器2-G188,不可信信号	
08801	消极的/偶发的	涡轮增压器空气分流阀-N249,机械故障	

图 8-7

读取数据流冻结帧，如图 8-8 所示。

读取水温传感器故障码的冻结数据流，如图 8-9 所示。

节气门的故障码是在 68179km 时出现的故障，水温传感器故障码出现的里程数为 67933km，涡轮增压压力的故障码出现的时间则更早。此车已经行驶的里程数为 68179km。

与车主沟通后确认，此车故障为前一天晚上出现的，所以根据里程数和故障码出现的时间判断，应该是节气门信号故障引起的。

清除故障码后，再读取故障码，显示仍旧有节气门故障码，由此确认由节气门引起的故障码。直接更换一新节气门后，再读取故障码，显示仍旧有此故

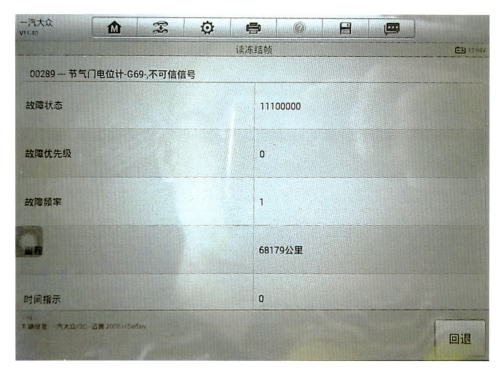

图 8-8

图 8-9

障码，说明故障是因为发动机电脑或是线路出现故障。

　　查阅线路图，节气门的 6 根导线全部直接与发动机电脑相连。将发动机电脑拔下后，直接用万用表测量节气门插头到发动机电脑之间的导线，确认断路。经过拆检，确认断路位置在启动机附近的线束上，实际位置如图 8-10 所示。

图 8-10

　　维修线束后，重新装复，发动着车试验，清除故障码后，显示系统正常。试车发动机动力恢复正常，可轻松跑到 120km/h 以上，故障排除。

　　总结：

　　（1）此车故障是由节气门相关线路断路引起的，我们用读取冻结数据流的方法，找到了故障发生的时间。经过与车主沟通，利用车主提供的信息缩小了故障范围，提高了诊断的准确性和工作效率。

　　（2）冻结数据流是新型发动机电脑都具备的一种功能，它可以将故障现象时相关的数据记录下来，比如说时间、发动机里程数，以及当时的车速、发动机转速等。在维修实践中，应该充分利用这些数据。

　　（3）两个解码器功能上都能实现冻结数据流的检测，但道通解码器操作起来，可以从故障码界面中直接读取冻结数据流；而元征 431 解码器需要退出故障码界面，再选择菜单中的读冻结帧，才能读取冻结数据流。

▶8.6 2009 年朗逸发动机故障灯亮

车型：2009 年朗逸，配置 2.0L 发动机。

故障现象：发动机故障灯亮。

故障诊断：用解码器读取故障码，显示为 08568，解释是无法确定故障类型，气缸列 1 混合气太浓，怠速过度。除了上述故障现象外，没有其他异常现象。车主反映此故障在不久前刚刚维修过，已经清洗了喷油器和节气门，但时间不长，发动机故障灯再次点亮。

用解码器读取数据流，如表 8-5 所示。

表 8-5

组号	1 区	2 区	3 区	4 区
1	720	91°	−1.6%~0.8%	11111111
2	720	15.8% 限位点	2.5ms	29kPa
3	720	29kPa	0.4% 限位点	8.3Vot
31	0.09~0.69V	0.720V		
32	空燃比修正 −2%	−16.4%		

表中数据反映长期修正出现故障，尤其是中小负荷工况，达到 −16.4%，这说明发动机控制系统努力把混合气往稀的方向上修正，而实际上还是出现了混合气过浓的现象。正常情况下，此数据应该在 ±10% 之间，说明此车的故障是一个硬性故障。怠速长期修正在正范围内，说明通过发动机电控系统的修正，发动机控制系统还能实现正常的混合气的闭环控制，所以对于行车没有太大的影响。

为了缩小故障范围，我们用尾气分析仪测量了尾气数据，如表 8-6 所示。

从尾气数据上看，NO 轻微偏高，CO_2 轻微偏低，无太明显异常。HC 不能说高，但对于此车型来讲，应该稍微偏高。

尾气分析也不能提供明确的故障方向。进行基本检测，检测燃油压力，发现燃油压力为 600kPa。此车为缸外喷射发动机，供油系统没有回油阀，正常状

表 8-6

	高怠速	怠速
HC	29	29
CO	0.0	0.0
NO	148	19
CO_2	15.51	15.53
λ	1.000	1.000
O_2	0.0	0.0

况下压力应该为 400kPa。为什么燃油压力偏高？根据以往的经验，怀疑是燃油滤清器换错了。

将车辆举起，拆下旧滤清器，上面标有 4.0Bar（400kPa）的字样，应该没有问题。滤清器外形如图 8-11 所示。

图 8-11

　　是不是回管堵塞，造成无法回油，引起压力过高？将燃油滤清器处的回油管拆下，直接外接一个瓶子，让回油不经原车油路回油。发动着车，发现燃油压力变为 400kPa，由此说明该车的燃油滤清器正常，可能是回油管堵塞。接着用气枪吹回油管，能听到燃油箱内有气流声。

　　既然能通气，为什么接上回油管后压力就会升高？于是，决定拆下燃油泵进行检查。拆下燃油泵后，发现在加油管的位置上有一个阀。是不是此阀损坏，造成的压力升高？接上软管后，用嘴吹此阀不能吹动。分析认为可能是此阀存在卡滞，造成回油不畅。订购一新燃油泵后，装车试验，结果发现燃油压力仍旧为 600kPa。

　　看来，我们的判断出现了问题，是不是该车的燃油压力就是 600kPa 呢？经过查找数据，没有找到准确的数据。反复思考该车故障，再对旧燃油泵进行观察，发现这个阀就是一个限压阀。用手向下拉动阀芯，可以打开通气，松手后，恢复到关闭状态，此时气体不能通过。燃油泵及调压阀外形如图 8-12 所示。

图 8-12

　　再将整个油路分析一遍，发现疑问：既然燃油滤清器上装有限压阀，为什么还要在燃油箱内部设计这个限压阀？有点多此一举。而此车的燃油泵没有更换过，只是平时在保养过程中更换过燃油滤清器，是不是燃油滤清器换错了？

打电话问经销商，该车配装了何种滤清器，答最少两种滤清器，再问滤清器与配套的车型，他们也不知道，只知道有的滤清器上面标有压力值，有的滤清器上没有标注压力值。

与库房人员协商，找到了不带压力标注的燃油滤清器，从外观上看，此滤清器上回油管的位置圆形凸起部位稍细，分析可能以上这种滤清器内没有装限压阀。用嘴吹了一下，确实 3 个管都通气。装有回油阀标注有 4.0Bar（400kPa）字样的滤清器，用嘴吹只有 2 个管子是相通气的。

将车上的滤清器换成这个没有限压阀的滤清器，着车试验，燃油压力变成400kPa。清除故障码后试车，用解码器检测无故障码，数据流中的 32 组数据为1 区 0.0%，2 区 –0.8%，完全恢复正常。

该车故障排除，因为时间关系，没有来得及测量尾气，但通过数据流与故障可以判断此车故障排除。

总结：

（1）此车故障是装错了燃油滤清器引起燃油压力过高，进而造成混合气过浓，超过调整范围，发动机故障灯亮。

（2）在总结时发现，维修前数据流中的喷油脉宽为 2.5ms，维修后变成2.9ms，当时没有注意此数据。经过维修，此数据也恢复正常。2.5ms 明显是偏低的数据，发动机电脑发现混合气浓，所以通过减少喷油脉宽的方法来调稀混合气，正常情况下不会再现这么低的喷油脉宽。

（3）此车自然吸气缸外喷射发动机可能配有两种滤清器，与之对应的燃油泵也有两种结构，如果燃油滤清器上带回油阀，那燃油滤清器上就不带限压阀；如果燃油滤清器上不带限压阀，则燃油泵上带限压阀。不论是哪一种，只有一个限压阀，而两个限压阀就会造成回油压力过高的故障。

▶ 8.7 2013 年速腾制动助力系统失效

车型：2013 年速腾，配置 1.4T 发动机，行驶里程为 21000km。

故障现象：仪表上的制动故障灯点亮。

故障诊断：用解码器读取故障码，显示有 1 个故障码 03366，解释是"真空压力传感器不可靠信号，间歇式"。

根据故障码的提示，打开发动机盖，在制动助力管上有 1 个压力传感器，压力传感器上直接接一根线束，通向 ABS 液压泵总成。检查该传感器插头，没有发现问题，拔下 ABS 电脑插头，也没有发现问题。

于是，进行试车，清除故障码后，试车 7km 时仪表蜂鸣器响起，同时制动故障灯点亮。液晶屏上显示，制动助力系统失效。回厂后，再用解码器检测，上述故障码重新出现。

该车结构比较新，以前车上没有这个压力传感器，所以也没有任何可以借鉴的经验，只能一点一点地检查。根据此车的结构，怀疑是真空压力传感器或是真空管出现故障，直接订购了压力传感器及真空管，但更换完后试车，故障重新出现。

用解码器进入制动系统，读取数据流，在第 5 组中可以读取一个单位为 bar 的压力值。在不踩制动踏板时，该值为 0.1bar（1bar=100kPa）；踩下制动踏板时，可以达到 40bar。随着增加制动踏板踩下的力度，该数据会升高。这个数据是真空压力的数据吗？经过分析，我们认为该数据是制动油压，而不是真空助力系统的压力，对于该故障没有参考价值。

我们在没有头绪的时候，请教了专修此车的工作人员，答复是线束或插头的问题，他们的做法是把该线束两端的端子挑出来，再用锡焊上就可以排除故障。因为没有自己的思路，只有先按照上面的方法试一下，经过试验，结果没有成功，故障现象再次出现。在挑出端子的时候，遇到了一些困难，此车插头内部的端子设计比较特殊，要用合适的钢针仔细操作才能完成。再次询问相关的专业人员，说还有一个方法就是把这个线束绞成麻花状，跟 CAN 通信线一样，这样可以提高抗干扰效果。结果我们也怀疑是干扰形成的，于是直接找来三芯的屏蔽线，进行改接后，再次试车，结果同样是行驶了 7km 左右，故障灯再次点亮，仍旧是 03366 故障码。

经过以上的处理仍然不能排除故障，我们换了个角度思考问题。如果是压力传感器的信号出现问题，那电脑在发现问题时一定是通过信号电压出现故障，才会出现这个故障码。我们不应该局限于纯电路故障，是不是存在机械问题？我们有示波器，如果接上示波器，则应该能在出现故障时测量到信号电压的异常。

即便是干扰，也可以用示波器来检测到，我们不用再反复进行试验。当没有诊断过程，只有经验时，可能无法排除此车故障。想到这里，我们决定接上示波器去试车，看到底出现故障是一个什么样的信号电压变化过程。有了这个想法后，我们很快连接好示波器，出去路试前，先测量了一下着车前后压力传感器上的电压信号变化规律，如图 8-13 所示。

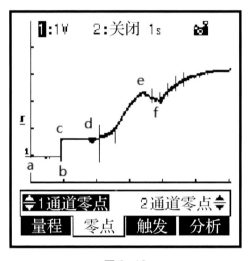

图 8-13

图 8-13 中，a 点到 b 点之间为打开点火开关前，压力传感器未得到电源时的一段时间；b 点到 c 点之间为打开点火开关，压力传感器得到电源后输出的信号电压的过程；c 点到 d 点之间为着车前，没有真空压力时的信号电压；d 点到 e 点之间为着车后，真空压力逐渐上升；e 点到 f 点之间为轰了一下油门，因为节气门打开，进气管压力下降，引起进气压力传感器信号电压下降，之后又恢复到怠速状态，此时真空压力继续上升，信号电压也继续上升。也就是说，压力传感器输出的信号电压与真空度之间的关系是：真空度越高，信号电压越高；

真空度越小，信号电压越低。

在怠速车辆静止状态情况下，踩下制动踏板后，真空压力传感器的波形如图 8-14 所示。

从图 8-14 中可以看出，踩下制动踏板后，压力值也保持在 3.5V 以上。然后我们接上示波器后，进行路试，在路试过程中，将压力传感器的信号电压记录下来，如图 8-15 所示。

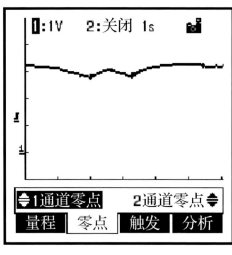

图 8-14

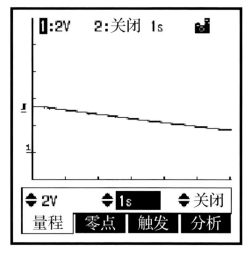

图 8-15

我们看到了这个信号，分析认为，只要我们一直在加大油门开度，行驶时发现信号电压会越来越低，看到最后，接近 1.0V 电压，也就是说，电压值表明此时的真空度非常低，而且并没有其他干扰波形出现，应该就是真空压力过低，引起故障码产生。为了防止制动出现故障，ABS 系统通过仪表指示灯与显示屏向车主报告故障。

有可能是真正的压力低，也有可能是电路故障。最主要的是现在有了一个方向，不是干扰或是接触不良引起的。回厂后，先检查一下真空助力泵，我们用手动真空枪给助力泵提供真空，但建立不起真空来，说明系统存在漏气。接上软管后，给真空助力泵用嘴吹气，结果听到了漏气声，由此确认，此车的真空助力泵漏气。

订购一新的助力泵，到货后开始维修工作，先是确认新的助力泵是不漏气的，用真空枪可以建立真空，用嘴吹气也不漏气，再确认零件号是一致的，在拆下旧的助力泵后，发现了问题，旧助力泵的外观已经变形。

因为在车上安装状态下，助力泵的外部有一层毡质保护层，在不拆开的情况下看不到损坏的部分，而拆下来后，才发现真空助力泵外观上的损坏。

装上新的制动助力泵总成后，清除故障码，试车15km后，制动助力系统失效故障灯没有再次点亮。车主反映说，制动踏板比原来轻了许多，也就是说制动踏板因为原来的真空助力不够，造成制动踏板偏硬。我们在试车时并未发现，可能当时把注意力集中到了电子控制系统上。

半个月后，我们打电话回访，故障灯没有再点亮，制动使用效果也正常，确认此车彻底修好。

总结：

（1）此车故障是因为制动助力泵外观变形，引起真空漏气。因为助力泵漏气，所以从发动机进气管传来的真空度偏低，在怠速状态下勉强可以达到要求，真空压力传感器的输出信号电压在正常范围内不报警。而行驶一段时间后，由于节气门打开，进气管内的真空度变低，当真空管内的真空度低到一定程度时，ABS电脑确认出现故障，存储故障码的同时经过仪表发出故障警告。

（2）此车结构较新，我们在排除故障时，没有经验可以借鉴，但可以从网上看到此车出现此种故障非常多，但都没有明确答案。诊断故障要有自己的思维，不能人云亦云，并且只有思路正确，才能排除故障，排除后觉得此车故障并不复杂，但找不到方向时，会出现思维上的漏洞。

（3）此车故障是一起机械故障，而形式却是以电子控制系统的故障码表现出来。刚开始也是走错了方向，导致诊断费了不少时间。但在扭转思路后，找到了方向，进而确定了故障点。示波器在故障诊断中起到了重要的作用，不仅是电子控制系统可以使用它，还可以在任何一个可以测量波形的地方进行应用，往往可以收到意想不到的效果。

（4）还有一个疑问没有得到答案：真空助力泵为什么会变形？是此车曾经

受到过撞击引起，还是因为真空吸力引起，车主没有向我们透露是否出现过事故，不过真空吸瘪的可能性很小，因为设计时这点强度都没有是不可能的。

▶8.8 2011 年帕萨特领驭发动机故障灯亮

车型：2011 年帕萨特领驭，发动机排量 1.8T，带涡轮增压发动机，手动变速器。

故障现象：发动机故障灯亮。

据车主描述，该车为二手车，为了排除此故障，曾经更换一新的前氧传感器，行驶 1 天后故障重现，然后转来我厂维修。此车油耗为百千米 9L 左右，稍微偏高。行驶性能正常，没有问题。

故障诊断：首先，用解码器读取故障码，显示为 P1128 气缸列 1 混合气自适应系统过稀。再进入数据流功能，读取第 3 组故障数据，显示如图 8-16 所示。

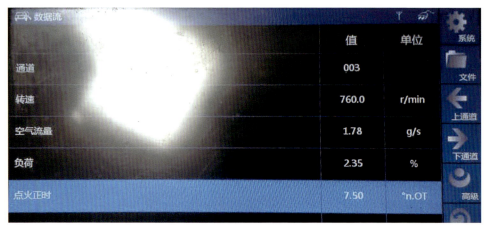

图 8-16

从数据流中可以看到，进气量在热车怠速状态为 1.78g/s，明显偏低。从数据上看，怀疑空气流量传感器损坏或是空气流量传感器后面存在空气泄漏。于是，用万用表测量空气流量传感器的输出信号电压，如图 8-17 所示。

从信号电压上看也明显偏低。

再进一步检测长期燃油修正的数据，读取 33 组数据流，如图 8-18 所示。

图 8-17

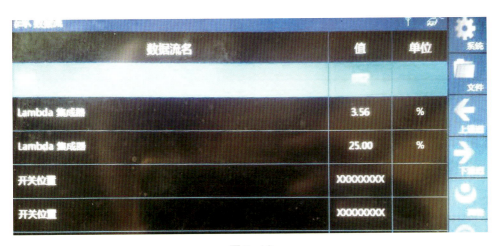

图 8-18

1 区显示为 3.56%，2 区显示为 25%，说明怠速时长期燃油修正在加浓，而部分负荷时发动机需要大量加浓。也就是说在部分负荷时，混合气如果不加以调整，会严重偏稀。根据这一规律，可以排除空气流量传感器后面漏气的可能，因为如果是空气流量传感器后面漏气，规律是怠速时长期修正值明显偏高，部分负荷应该稍高才对。由解码器的故障码可知，第 3 组关于进气量的数据流，以及 32 组的长期燃油修正的数据，再加上再次证明，空气流量传感器损坏的可能性非常大。我们再进入 33 组数据，查看氧传感器的数据，从氧传感器电压为 1.54V，也说明系统处于稍稀的状态。

综合以上几个方面的检测：故障码、怠速长期燃油修正、部分负荷燃油长期修正、万用表检测信号电压以及氧传感器在数据流中的反映，问题都指向空气流量传感器。于是，判断此车的空气流量传感器损坏。

原车空气流量传感器型号是 0280 218 212（06A 906 461 AC），库房中的型号是 0280 218 063（06A906461L），这两种空气流量传感器是否能相互代换？查资料后确认可以代换。

更换新的空气流量传感器后，3 组数据流变成 2.75g/s，恢复到正常的状态，清除故障码后试车，行驶正常。回厂后再次用解码器读取故障码，显示系统正常。此时的长期修正在 32 组数据流中的显示结果如图 8-19 所示。

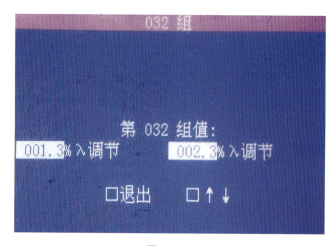

图 8-19

1 区长期燃油修正怠速为 1.3%，2 区部分负荷为 2.3%，恢复正常。到此故障排除。

总结：

（1）此车故障是由空气流量传感器损坏引起的，用空气流量传感器测量到的进气量比实际进气量明显偏低，发动机按空气流量传感器提供进气量数据进行喷油，比正常时要少，形成混合气过稀故障，点亮了发动机故障灯。

（2）用 32 组数据可以找到两个长期燃油修正的数据，怠速和部分负荷时的数据，这两个数据有一定的规律可以帮我们缩小故障范围。如果是空气流量传感器后方存在漏气，则会出现怠速时长期修正偏离负方向较多，如果是空气流量传感器本身，则会出现负荷燃烧修正偏离正常值较严重。因为怠速时进气管真空度高，容易形成漏气，而部分负荷时进气管真空度低，即使漏气，也会形成对空气流量传感器读数影响较小的结果。

（3）用解码器可以快速找到问题方向，用万用表检测可以不受解码器的影响，测量空气流量传感器电压可以让我们更加准确地了解实际的信号电压，在拆装时目视检查进气管是否存在漏气也是简单易行的办法。正常时，空气流量传感器在该车上的信号电压应该为 1.41V，对应的解码器中的数据流应该为 2.8g/s。此车数据分别是 1.21V 和 1.78g/s。

（4）燃油自适应数据，在正常情况下怠速应该在 ±4% 以内，部分负荷应该在 ±8% 以内，此案例中部分负荷达到了 25%，说明数据严重偏离正常值，所以才存储故障。关于大众车燃油修正方面的组号与数据，可以参考思维导图，如图 8-20 所示。

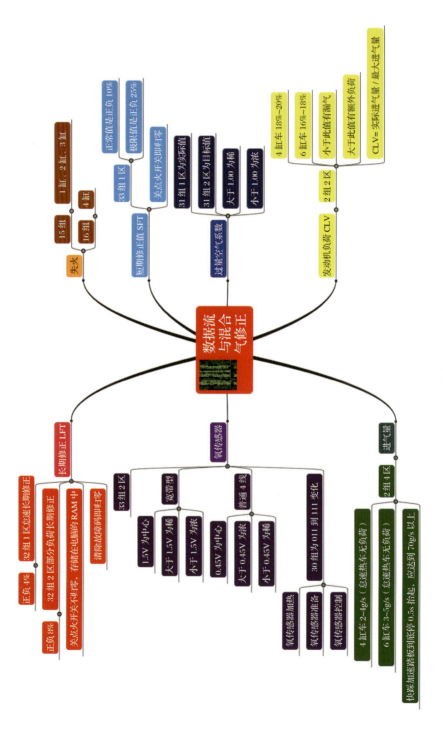

图 8-20

▶ 8.9　2008年奥迪A6L冷车加速不畅

车型：2008年奥迪A6L，发动机排量3.2L，缸内喷射发动机。

故障现象：冷车起步时加速不畅，着车后发动机有明显抖动。热车后故障现象好转。

故障诊断：接车后我们没有马上维修，第二天进行维修，先试车。经过试车，冷车状态下，启动困难且有轻微回火状态，直觉是混合气过稀的感觉。

用解码器读取故障码，显示有如下几个故障码：

08196：进气管流量控制风门卡在全开位置，气缸列1，偶发；

08854：燃油压力调节电磁阀对正极短路，非偶发；

04406：混合气调校（叠加），系统过稀，非偶发；

04408：混合气调校（叠加），系统过稀，非偶发；

08198：进气管流量控制风门卡在全关位置，气缸列1，偶发；

00611：气缸1喷油量偏差，非偶发。

第140组数据如表8-7所示。

表8-7

第140组数据	功能含义	熄火后	着车后怠速
1区	压力控制阀占空比	0%	100%
2区	导轨压力（规定）	6038kPa	3500kPa
3区	压力	0	4.32
4区	无文本	未激活	

我们注意到，在行车时，2区数据会随着负荷增加而不断增加，最高可达9800kPa，怠速时为3500kPa，与以往的经验相比，有些偏低。

3区数据应该是低压压力，此压力值在行车急加速时只能达到350kPa，此时正好发动机出现加不上油的故障现象。按以往的经验，此压力也偏低，低压压力应该在急加速时达到600kPa才正常。根据以上分析，认为第3区为低压压力偏低。除了燃油泵本身原因之外，可能就是燃油滤清器的问题了。检查燃油滤清器，发现燃油滤清器内倒出的燃油很脏。更换燃油滤清器后，发动着车，再次检测 140 组 3 区数据，没有太大变化。

综合以上检测结果分析，认为此车燃油压力偏低是造成故障的主要原因，为了进一步验证问题的根本原因，我们读取了 32 组长期修正数据。

第 32 组长期修正数据如表 8-8 所示。

表 8-8

1 区	18.9%	怠速长期修正 1 列
2 区	27.8%	部荷长期修正 1 列
3 区	22.5%	怠速长期修正 2 列
4 区	37%	部荷长期修正 2 列

正常情况下长期修正应该在 ±5% 以内，为健康车辆，而此车数据都为正值且偏离正常值如此之多，说明该车混合气调节出现严重偏差，发动机电脑极力加浓才维持现在的工作状态。如果不加浓，一定会表现为混合气严重过稀，甚至无法着车，这与以上的故障现象相符，更进一步验证此车故障是由混合气过稀引起。

根据数据分析认为，此车存在混合气过稀故障，为了验证，我们在着车后怠速状态下，从进气管喷入化油器清洗剂，发动机运转状态明显好转。由此证实，发动机确实存在混合气过稀故障。

故障诊断的方向确定了，但到底是什么原因引起的混合气过稀呢？还需要将故障缩小到点上，才能完成维修。

根据故障码提示，有燃油压力调节阀对正极短路的故障码，此故障码在清除后，只要启动着车，就会再次出现。这说明是一个现存的故障，我们认为应该从这个点上下手。参考维修手册，拆下了进气管，沿着高压油管寻找，没有找到此电磁阀，最后在高压燃油泵下方找到了电磁阀，与燃油泵为一体的，只有整体更换。

先用万用表检测了一下新高压燃油泵上的电磁阀电阻为 1.4Ω，旧电磁阀为 0.7Ω，并且两个阀的温度接近，说明旧电磁阀确实存在内部短路。装车试验，这时再次观察数据流，发现 3 区数据与 2 区数据相接近，也在 3500kPa 左右，此时是怠速状态。低压压力怎么会如此之高呢？

经过分析认为，我们之前认定 3 区是低压压力是错误的，此车 3 区数据应该是实际数据，而 2 区数据是理论数据。正常情况下，这两个数据应该非常接近才对，正因为旧高压燃油泵上的电磁阀失效，导致高压压力过低，引起上述混合气过稀的故障现象。而此车的低压压力是正常的。清除故障码后试车，该车低速、中高速动力恢复正常，不再有加速迟钝的感觉。

回厂后用解码器读取故障码，显示系统正常，无故障码。另外，再次读取数据流，第 32 组长期修正数据流如图 8-21 所示。

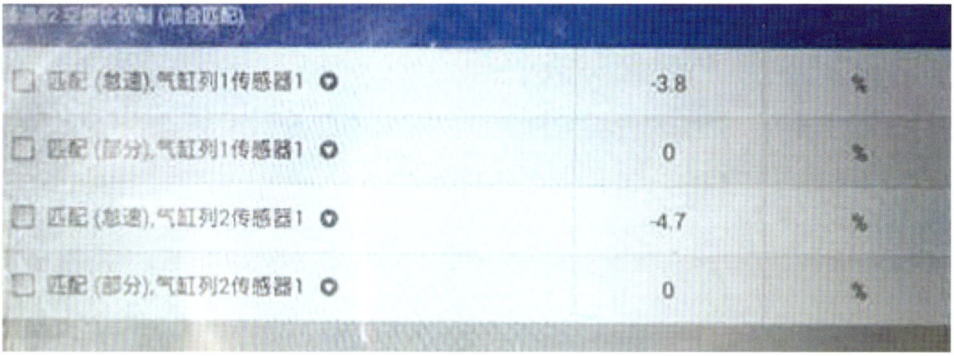

图 8-21

通过 32 组长期修正数据可以看出，该车的混合气调节回到正常状态，确认故障排除。

总结：

（1）此车故障主要是高压燃油泵损坏引起，因为高压燃油泵提供的燃油高压压力过低，造成混合气过稀，引起上述冷车起步抖动的故障现象。

（2）通过此次维修，认识到 140 组数据流 2 区显示为理论计算值，3 区显示为实际压力值，维修前我们误认为 4 区是低压压力值。正常情况下，140 组数据

3 区、4 区数据相近，相差不超过 100kPa，随着加减速，这两个数据会一致变化。而原来数据是 4 区仅能达到 500~600kPa，明显偏低。

（3）第 32 组长期修正值明显偏高，为 28% 左右，说明发动机电脑经过大量调节，最终实现了燃烧状态。

（4）此车燃油滤清器长时间没有更换，换下来的燃油滤清器中，倒出来的燃油非常脏。因为含有杂质的脏污燃油进入高压泵，引起高压泵磨损。进而因为高压泵磨损，导致其输出压力偏低，输出压力偏低时，发动机电脑会延长电磁阀的开启时间，电磁阀的导通时间变长，长时间大电流工作，终于造成电磁阀损坏。

▶ 8.10　东风风行发动机怠速不稳

车型：东风风行，该车装用的是三菱 4G63S4M 电喷发动机，后改装的天然气发动机。

故障现象：发动机怠速不稳。

故障诊断：接上解码器后，解码器无法与发动机电脑通信，所以只有先维修通信故障，才能进行怠速不稳的维修。

诊断座上共有 6 根线，其中 1 脚和 7 脚为数据通信线，4 脚和 5 脚为负极线，16 脚为电源线，同时 5 脚共有两根线加在一起一共 6 根线，但占用了 5 个插孔的位置。

该车的发动机电脑与诊断座有两个数据线，连接关系是诊断座的 1 号脚与发动机电脑的 56 号脚相连，7 号脚与发动机电脑的 62 号脚相连。用万用表测量这两条导线的电阻均为 0.3Ω 以下，说明发动机电脑的通信数据线与 16 脚诊断插座间的导通正常。将解码器插上后，打开点火开关与发动机系统进行通信，仪器显示无法通信。解码器在其他同型号的车上通信正常，所以确认该车发动机电脑与诊断座之间的通信线有故障。

接着进行线路方面的检修，用万用表测量两个数据线上信号电压变化情况，其中 1 脚的电压变化正常。在通信时的变化规律是：每次按下通信后，电压由

4.67V 降为 0V，如此反复两次后，仪器提示无法通信。在整个通信期间，7 脚的电压始终为 0V，没有变化。用示波器进行检测，也未发现有信号波形出现，怀疑此线对地短路。于是，将解码器插头拔下后，用万用表测量诊断座 7 号脚对搭铁间的电阻为 0.3Ω，由此证明确实存在对地短路。

为了提高故障诊断的效率，排除导线短路可能要花费较长时间，所以临时将对搭铁导通的线路剪断后，重新单独从发动机电脑的 62 脚接一导线到诊断座的 7 号脚，然后再试着与之进行通信，可以用示波器观察到信号波形，如图 8-22 所示。

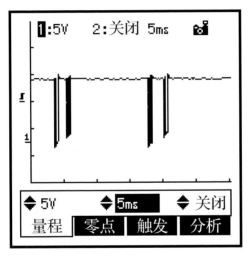

图 8-22

解码器与发动机电脑之间的通信恢复正常。

线路修复后，通信恢复正常，再接着进行发动机怠速不稳的故障诊断。用解码器读取故障码，显示正常，无故障码。读取数据流，如表 8-9 所示。

从数据流中可以看出有两处异常：一是氧传感器电压低，系统混合气过稀的状态；二是怠速开关的识别为关闭。再进一步试验，发现：如果是用天然气运行，则发动机抖动，并且这时混合气过稀，氧传感器的信号电压为 58mV；使用燃油时，氧传感器的信号电压变化范围是 100~800mV，属于正常范围。

将节气门拆下检查，发现此车节气门位置传感器的安装位置有一定的调整

表 8-9

氧传感器	58mV	大气压力	14.50
空气流量传感器	43.75Hz	怠速位置	OFF
空气温度	31℃	动力转向	OFF
节气门位置	644mV	挡位开关	N/P
曲轴信号	OFF	燃油喷射	3.3ms
冷却液温度	49℃	怠速控制电机	54STEP
曲轴转角	531°	点火提前角	BTDC9

量，松开螺丝后，调整的同时观察，发现当节气门位置的信号电压高于 600mV 时，数据流中怠速开关项显示由 ON 变成 OFF，将节气门位置传感器的信号电压调整到 410mV 后，固定好，并且清洗节气门后装复。

此时，用燃油运行时，发动机转速为 755r/min，发动机运转平稳，但改成天然气后，发动机有明显的抖动现象，同时怠速也降低到 531r/min，氧传感器信号电压也降到 58mV，说明混合气偏稀的故障现象仍然存在。

试着调整天然气减压阀上的压力调整螺丝，没有效果，并且试车时出现溜车熄火的故障现象，于是用天然气专用的解码器进行调整，增加怠速时的混合气浓度，发动机工作稳定，怠速恢复正常。

总结：

（1）该车的故障有两方面：一方面是通信线对地短路，造成无法通信；另一方面是混合气偏稀，引起发动机抖动。处理起来有一个先后顺序，只有先解决了通信的问题，才能进行下一步的检测，才能对检测数据进行分析。

（2）产生怠速抖动的故障根源是混合气过稀，但要想确认这一机械原因，还必须在电控燃油喷射的自诊断功能上才能完成。所以说，现在的汽车维修是机械电气一体化的维修。

▶ 8.11　奥迪 A4L 偶发性加不上油且怠速熄火

车型：奥迪 A4L，发动机 1.8T，该车装用自动空调。

故障现象：偶发性加不上油，没有怠速现象，并且仪表上的发动机故障灯点亮，中央显示屏同时显示水温故障。

故障诊断：接车后试车几千米后，故障出现，首先是怠速熄火，然后启动不着车，停车后等待几分钟再试着启动车辆，发动机可以着车，但一着车就会熄火。再反复多次启动后，勉强可以着车，将车开回修理厂进行维修。

经过检查，发动机水温并不高，没有"开锅"现象，检查溢水壶也不缺少冷却液。着车打开空调开关，也不出热风。根据以往的经验，怀疑此车是水泵损坏。理由是，因为水泵损坏后，冷却液不循环，造成没有暖风。

再进一步用解码器读取发动机系统的故障码，显示有水温传感器故障，数据流中水温传感器显示为 -40℃。

检查水温传感器，发现水温传感器插头被冷却液腐蚀，出现接触不良。再进一步检查，发现是水温传感器胶圈损坏，造成冷却液渗漏，时间久了，形成接触不良故障。

于是，更换水温传感器胶圈后，再着车试验，怠速恢复正常。用解码器清除故障码，显示系统正常。读取数据流中水温传感器数据，与实际数据一致，十几分钟后，发动机水温接近正常。再打开自动空调，暖风恢复正常。

总结：

此车故障是由水温传感器接触不良引起的，因为接触不良，使水温传感器电阻增加，引起发动机电脑接收到的水温信号出现误差，电阻增加等效于水温低故障，发动机电脑误认为是水温，于是会增加混合气浓度，造成混合气浓而怠速熄火。

自动空调系统也使用水温传感器信号进行暖风的调节，收到水温过低信号后，自然无法正确控制，所以也不能送出暖风。因为认真检测，才找到了真正的故障源，差点误判为水温不循环故障，希望同行们对此类故障引起注意。

9　典型故障比经验

▶9.1　"ECU 负反应"故障码

有些故障码的问题比较复杂，形成故障码的条件决定了如何分析故障，我们有时要从故障码的形成条件来分析故障。

前两天就遇到过这样一个奇葩的故障，故障排除后确认是混合气调节故障，但我们读到的故障码有些异常："ECU 负反应"。

这是一辆比亚迪 F3R，故障现象是发动机故障灯亮，用金奔腾解码器检测，选择德尔福 MT20U2 的系统进行检测，结果显示一个特殊的故障码 P0511，解释是 ECU 负反应。换用元征 X431 解码器进行检测，也是这样一个故障码 P0511，解释是参阅最新手册。

从网上查找相关资料，其中一个回复是 ECU 故障，建议去 4S 店刷新电脑解决，这可能就是车主要维修发动机电脑的原因。

另外一个答复是诊断服务从 Tester 端发给 ECU 端后，ECU 给出的响应。共分两种：Positive Response（正响应）和 Negative Response（负响应）。其中的负响应是指 ECU 没有正确处理你所发的请求信号（Request），可能是不支持也可能是出错。

从字面上看，应该是在检测时选择的软件不对，解码器无法解释某个故障码的问题。

最后，在检查时发现该车是联合电子 M7 的电控系统，用元征 X431 解码器，重新选择联合电子 M7 菜单进行检测，发现故障码变成了怠速电机线路故障。最终通过维修检测相关线路，确认故障在发动机电脑内部，维修发动机电脑后，故障排除。

总结：

本文我们学到了一个知识点：ECU 负反应这个故障码的含义是——操作者所选择的检测软件与实际车内 ECU 软件不一致，导致 ECU 无法与解码器正常通信。处理该故障码，需要换用其他软件进行通信即可。

▶ 9.2　P3014 故障码的排除

故障码 P3014（图 9-1），后面的文字是电子节气门，没有更详细的解释。这是从一辆 2008 年爱丽舍上读取的故障码。该车的维修过程如下。

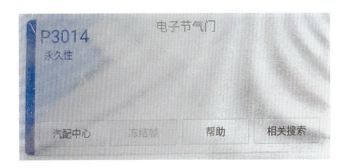

图 9-1

车型：2008 年爱丽舍，配置 1.6L 发动机、手动挡变速器。

故障现象：怠速高（1200r/min 左右）。该车为了排除此故障，先后更换了发动机电脑、两个电子节气门和一个加速踏板，故障仍旧出现。

故障诊断：接车后，先测量了一下故障码，有多个关于节气门的故障码。清除故障码，只剩下 4 个故障码无法清除。检测从节气门到发动机电脑的 6 条连线，发现电阻忽大忽小，不断变化。找到该车的电路图，如图 9-2 所示。

该车的电路图表明，电子节气门（元件编号为 1262）上有 6 根导线，分别是 1335、1334、1367、1219、1220、1218，都通向了 32V BE 插头上。该电脑插头的端子编号是字母加数字。拆下蓄电池线后，用万用表测量 6 根导线与发动

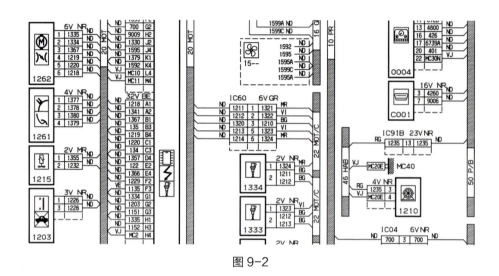

图 9-2

机电脑之间的导通情况，6 根导线一一测量后，电阻在 1Ω 到无穷大之间不断变化，确认存在接触不良。再进一步检查，发现节气门插头处的线路有维修过的痕迹。拆开绝缘胶带后，发现导线只是简单铰接在一起。用锡焊接后，重新检测导线导通情况，导通恢复正常，各导线两端电阻均小于 0.5Ω。

再次清除故障码，然后读取故障码，只剩下 P3014 故障码无法清除。用示波器检测两个信号线波形，如图 9-3 所示。

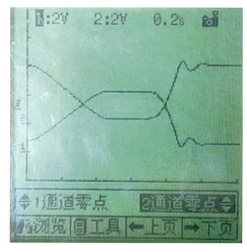

图 9-3

图 9-3 是用手扳动节气门阀片时，两个信号线电压的变化规律。从规律上看，信号 1 和信号 2 分别是在节气门开度增加时，1 上升和 2 下降，保持开度呈线性关系，但是信号 1 和信号 2 是反向变化的。

看到上述故障码感到奇怪，有两点与其他故障码不一样：第一是节气门的哪一个控制单元损坏没有提供；第二是什么样的损坏方式没有提供。

于是，我们试着找到解码器上的"特殊功能"菜单，里面有一个节气门匹配的程序：

（1）节气门开度初始化：将 KEY 旋到 M 挡（所有灯都亮），启动发动机，等 30s，关电源，拔出 KEY，等 15s 以上。

（2）加速踏板初始化：将 KEY 旋到 M 挡（所有灯都亮），再踩加速踏板到底，等 10s，松开，关电源，拔出 KEY，等 15s 以上。

按照匹配程序进行操作后，故障码清除掉了，发动机故障灯熄灭，并且怠速也回落到了正常转速，约 800r/min。

经过反复试车，故障码没有再次出现，到此故障排除。

总结：

（1）该车有两个故障点，主要是节气门插头线路接触不良和节气门匹配的软件故障。

（2）故障码 P3014 并非硬件故障，它的含义是匹配节气门，而并非节气门损坏。这可能是软件的翻译人员没有完整翻译引起的（当然这只是我们的猜想）。这也是本例故障的特殊性，以前没有遇到过类似的故障码。

（3）因为是偶发性故障，所以排除起来有点难度；又因为故障码的解释不太清晰，所以误以为是节气门存在硬件故障，从硬件着手时就无法排除。一个更换多个配件，历时 1 年多的"疑难故障"就这样被排除了！

（4）通过维修此车，我们学会了雪铁龙车系电路图的读图方法。雪铁龙车系的电路图中，各个元件都有自己的编号，每条导线和每个插头甚至每个端子都有自己的编号，具体编号的含义有一张专用的表格，有详细解释。与其他车型相比，导线颜色并没有明显的标志，但在导线上印有字符。实际工作中，这些字符往往难以辨认，所以并不实用。

▶9.3　2017 年高尔夫 7 胎压灯点亮

车型：2017 年高尔夫 7，已经行驶 3800km。

故障现象：车主反映，在高速公路上正常行驶时，仪表上胎压故障灯亮，同时信息屏显示检测到胎压泄漏。

故障诊断：用轮胎压力表检测轮胎压力，显示为 200kPa，略偏低。补气后气压升到 240kPa，试车时胎压灯仍旧点亮。

请教 4S 店朋友，说是有一个胎压复位按钮在中央仪表上，但一般情况下会在改装显示器时改掉。如果能看到这个复位开关，直接按下复位开关就可以解决问题。经确认，此车是改装的大屏幕显示屏，找不到复位开关，只能用解码器复位。接上道通 906，然后进入大众车系，选择 ABS 系统进入，发现有一个胎压过低的故障码，清除故障码后试车，胎压灯不能熄灭。

用如下方法可以将故障灯熄灭：

（1）接上解码器，选择一汽大众——自动读入 17 位码，按 17 位识别结果进入系统，再进入 ABS 系统。

（2）选择安全访问（图 9-4），输入数据 40168，按确定后，会显示登录成功，再退出系统。

（3）选择复位至轮胎压力监控显示器的工厂设置，正常情况下显示如图 9-5 所示。

这时防侧滑灯可能会点亮，但只要试一下车，所有故障灯都会熄灭。按以上操作，仪表胎压灯熄灭，顺利排除故障。

故障排除要点是保证轮胎气压恢复正常范围。

总结：

此案例是一起典型案例，我们经常遇到大众车类似问题，改装大屏幕导航后，把胎压复位按钮遮挡住了，无法进行胎压复位，此时可利用解码器执行操作，也可以把胎压复位开关重新改到合适的位置。

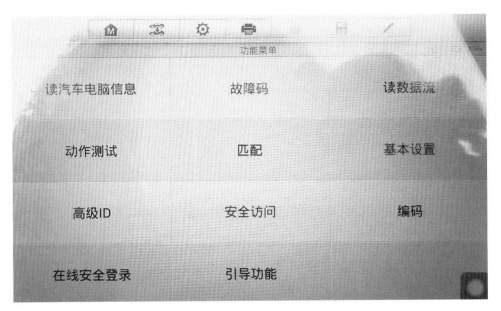

图 9-4

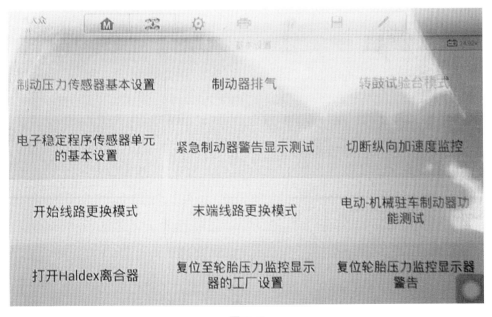

图 9-5

▶ 9.4　P0172 故障码的排除

车型： 英朗，配置 1.6T 发动机，发动机型号为 LLU。

故障现象： 报修该车总是出现 P0172 故障码，经过多次维修，更换多个配件，包括点火线圈、气门室盖、火花塞等，但都没能解决。

故障诊断： 接车后，先用解码器检测，发现确实如车主所述，有故障码 P0172，解释是混合气调节偏浓。清除故障码后，启动着车，再次读取故障码，显示系统正常。行驶 5km 后，故障码重新出现，但没有感到明显的行车异常。

根据以往的经验，估计活性炭罐电磁阀可能关闭不严，有不受控制的汽油蒸气进入进气管，造成混合气过浓。经过检查，确认活性炭罐电磁阀关闭良好，不存在漏气。

读取数据流，从数据流中看到，此车怠速状态下，没有打开任何用电设备，并且方向盘及轮胎都处于正前方，在没有外载负荷的情况下，空气流量为 3.2g/s。在热车怠速下，进气量为 3.2g/s，发动机转速为 690r/min，按以往的经验判断，此数据明显偏高。

结合本车故障现象，混合气偏浓，判断可能是空气流量传感器损坏导致。因为空气流量传感器误报进气量，造成喷油量加大，而实际喷油量没有这样大，这就造成混合气过浓问题。

我们以往的经验是，对于大众车，怠速转速为 800r/min，1.8L 发动机进气量在 2.8~3.0g/s 为正常，而此车发动机排量较 1.8L 小 0.2L，发动机转速也低 100r/min 以上，所以进气量应该更小才对，而此车比 1.8L 发动机进气量还要大，这明显不符合理论原理。

更换一新空气流量传感器，清除故障码后试车，回厂后再次检测，无故障码。读取空气流量传感器数据，变成 2.2g/s 左右，并且长期修正也基本恢复正常（正负 5% 以内），到此故障排除。

总结：

（1）该车故障是由空气流量传感器损坏引起的，因为空气流量传感器出现误差，造成实际进气量小于空气流量传感器报给 ECU 的进气量，ECU 按空气流量传感器提供的进气量进行计算，得出的喷油量偏多，引起混合气过浓。

（2）判断空气流量传感器工作是否正常，有如下的理论依据：发动机排量一定的情况下，其怠速进气量与发动机转速和排量相关，与其他因素相关性不大。根据不同排量的发动机，结合发动机转速，我们就可以判断出空气流量传感器的大致数据。比如，大众 1.8L 发动机，其怠速为 800r/min，此时的进气量应该为 2.8~3.0g/s。如果偏离此数据，说明有异常情况存在。

▶ 9.5 2007 年宝马 730Li 蓄电池过度放电

车型：E66，配置 N52 发动机，该车已行驶约 300000km。

故障现象：超过 12h 停放后，蓄电池电量低，需要外接电源才能启动着车。

造成蓄电池电量不足大致可以分为以下几类：

（1）某个控制单元硬件损坏，导致该控制单元漏电。

（2）某个控制单元损坏，其不断发出唤醒信号，导致整个网络不能休眠，导致漏电。

（3）充放电不平衡，充电少，用电多，最终导致蓄电池亏电。

（4）蓄电池损坏。

（5）车主使用不当，比如，停车灯或闪烁报警灯曾被长时间使用，或是熄火状态下长时间打开点火开关等。

故障诊断：造成此故障的原因虽然很多，但故障诊断要把重点放在"断"上，找出正确维修方向后，才能顺利排除故障。

首先是确认故障，打开后备箱，扳上后备箱锁块并使用遥控器将车辆锁死，再使用电流钳测量蓄电池输出电流大约 10A（图 9-6）。

正常情况下，车辆锁闭后电流应逐步下降。以往的经验得知宝马 E66 在锁闭车辆 70min 后，电流必须低至 80mA 以下。车辆是否进入休眠状态，可以通过观察启动按钮上的指示灯来判断。实际情况是，该车启动 / 停止按钮照明和前后电动座椅调整开关照明一直点亮不能熄灭，如图 9-7 和图 9-8 所示。

图 9-6

图 9-7

图 9-8

在锁闭车辆 1h 后蓄电池输出电流仍然没有明显下降，仍旧为 9.99A。由此确认该车故障是因为网络不能休眠引起。

连接宝马专检 ISTA 做全面检测，控制单元内储存大量因系统电压低引起的故障记录。

E66 网络总线是由 KCAN、MOST、FCAN 和 SIBUS 组成。从拓扑图中还可以看到，KCAN 系统中有多达 29 个控制单元，是哪一个控制单元引起的呢？如果要想逐个断开，则需要大量的拆除过程，这个方法肯定行不通。

用宝马专检 ISTA 进入系统进行诊断，发现有多个与通信相关的故障码，并不能起到确定诊断方向的作用。打电话请教北京安莱的李轩老师，在他的指导下，直接测量总线信号电压，判断车辆是否进入休眠，确认该车的 KCAN 始终不能进入休眠状态。再逐个拔下 KCAN 中比较容易拆装的控制单元，配合使用 ISTA 远程服务 Power Down 命令，让车载网络 3min 就快速进入睡眠模式避免长时间等待，节约大量诊断时间，逐步缩小区分故障系统范围和具体故障单元。

在大量故障列表里除 KCAN 外，并没有其他总线的故障码，所以就先从 KCAN 开始。在总线网络中找到便于拆装的 PDC 控制单元 2 号与 8 号网线针脚。

万用表分别测量两个针脚电压，一个 3.3V，另一个 0.3V，两个电压之和不是正常状态下的 5V 电压。引起这种问题的原因就是被故障控制单元干扰。先简后繁，开始拔保险片和控制单元，当拔下后部座椅加热模块时，网络电压恢复正常标准（CANL+CANH=5V），休眠电流降至 24mA。

由此确认，该车漏电故障是由后部座椅加热模块损坏引起的，更换此控制模块后，故障排除。

总结：

（1）此车漏电故障是因为后部座椅加热模块损坏，导致网络不能休眠，引起漏电。

（2）我们在北京安莱李轩老师的指导下，通过分析整车网络结构，结合检测保险丝盒电流，逐个断开控制模块的方法，逐步缩小故障范围，最终完成故障诊断工作。

▶9.6　上汽大众朗逸急加速时冲击

车型：上汽大众朗逸，配置 1.6L 发动机，已经行驶 100000km。

故障现象：车主反映该车在急加速行车时有冲击感。

故障诊断：接车后，启动着车，怠速状态下发动机运行基本正常。接上解码器，读取发动机系统故障码，有 1 缸失火和 4 缸失火的故障码。根据以往经验，加速冲击问题一般是由点火线圈漏电导致的。为了快速确定故障，我们决定去试一下车，观察数据流。

在读取数据流功能中，分别选择第 14、15、16 组数据流观察，可以读取到偶发性缺火的记录。其中第 14 组中为 4 个缸总的缺火记录，第 15 组为 1、2、3 缸的缺火记录，第 16 组为第 4 缸的缺火记录。如果有发动机出现偶发性不做功，即所谓的缺火，数据流中的数据就会从正常的 0 开始上升，根据缺火次数的多少，此数据会不断增长，如果没有增长，说明该缸没有出现不做功。

经过试车，我们发现 4 缸的缺火记录上升与故障现象同步，同时 1 缸有较轻微的缺火。经过检查，发现火花塞电极间隙形状及间隙正常，并且没有明显的积炭，怀疑是点火线圈内部漏电，更换 1、4 缸点火线圈后，故障排除。

总结（图 9-9）：

（1）该车故障是由 1、4 缸点火线圈漏电引起的，需要注意的是，更换点火线圈的同时一定要检查火花塞，如果火花塞间隙变大，会使点火击穿电压升高，导致点火线圈容易漏电损坏。

（2）诊断该类故障，利用数据流的方法可以快速缩小故障范围，结合拆检，找到故障原因。这种方法适用于目前大多数的大众车型，包括缸内喷射的发动机也有此功能，数据流组号也是 14、15、16 组。

（3）值得思考的问题有两个：①当出现加速冲击时，如果没有数据流功能该怎样锁定故障范围？②为什么此类故障往往在急加速时更易出现，而怠速状态下基本正常，不急加速一般也不会有明显表现。这是为什么？

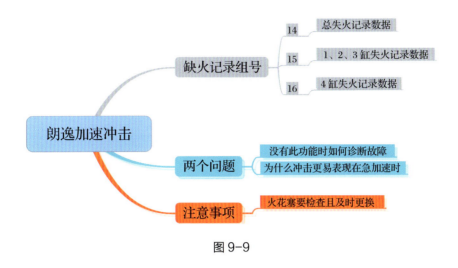

图 9-9

▶9.7 2011年新君越偶发性加不上油

车型: 2011 年新君越,配置 2.4L 发动机。

故障现象: 车主报修偶发性加不上油。

故障诊断: 该车在其他修理厂维修过多次,并且去 4S 店维修时建议更换发动机电脑,但更换完发动机电脑是否能排除故障,没有肯定回答,这时车主来找我们维修。

接车后,先用解码器读取故障码,如图 9-10 所示。

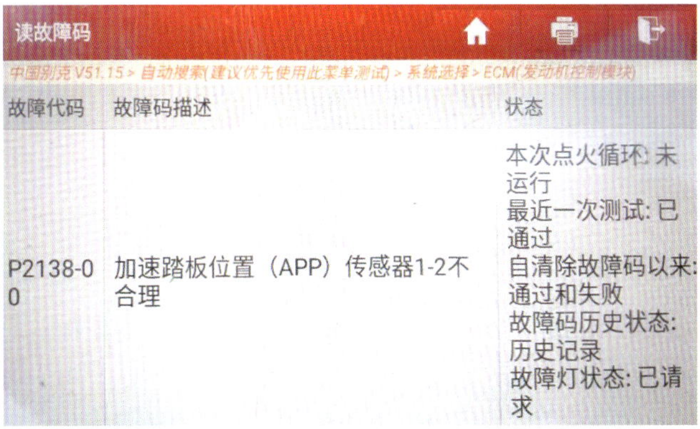

图 9-10

根据故障码的解释,怀疑是线路故障。与客户再次沟通后得知,此车已经更换过加速踏板位置传感器,但没有效果。接上解码器试车,反复试车 10km 左右,也没有发现故障。根据以往的经验,决定先更换一个加速踏板位置传感器插头后,暂时交车,但 3 天后此车故障重现。再次检测,仍旧是上次的故障码。

看来故障与加速踏板位置传感器插头无关,可能还是存在线路故障。这次决定用万用表仔细检查从加速踏板位置传感器到发动机电脑之间的线路。从以前的理论总结中,我们知道该传感器的 6 根导线直接与发动机电脑相连接,中间不会有其他的分支。因为是一对一的连接关系,所以可以用万用表检测电阻的方法来验证,并且根据经验我们知道,如果线路存在偶发性接触不良,也可以通过电阻的精确值找到问题所在。

经过检测,果然发现问题,实测表明 6 根导线中有两根电阻超过 3Ω。分析此车的线路走向,发现在发动机室左侧大灯后面,有一个多针插头,此插头中包含有加速踏板位置传感器的 6 根导线。拔开此插头后,检查发现内部有明显生锈的痕迹。直接用导线短接插头后,把两端的接口用焊锡的方法接好,清除故障码后交车,两个月后回访,故障没有再出现,确认故障排除。

总结:

(1)此车故障是由线路插头接触不良引起的,因为接触不良存在不稳定性,所以故障出现的频率不固定,导致故障诊断浪费了不少时间。此车的结构表明,此处是一个容易出现故障的点,因为在洗车时,此处容易受潮,时间久了容易进水,最终会导致故障产生。

(2)根据排除此类疑难故障的经验,我们总结加速踏板位置传感器的导线都是直接与发动机电脑一对一连接,但连接过程中可能会因车而异出现中间过渡接头,导致故障产生。此类故障在别克品牌的其他车型也遇到过,所以说此故障有一定的典型性。

(3)此故障码的机理是因为加速踏板位置传感器是涉及安全的重要传感器,传感器一旦出现故障会导致发动机失控现象。为了避免这种情况发生,一般装配全电子节气门的车辆,都装配双信号的加速踏板位置传感器,加速踏板位置传感器的两路信号同时工作，相互验证。如果所反映的信息一致，发动机电脑响应它的信息；如果两路信号出现不一致问题，就说明其中一个出现故障。为确保安全，会保护性限制发动机转速，形成上述故障。

▶ 9.8 凸轮轴与曲轴位置信号相对关系错误

该故障码的含义是曲轴信号与凸轮轴信号在时间上产生了错误。在更换科鲁兹正时皮带时，因为工具原因，没有对好正时，启动着车后，出现一个故障码，显示为排气凸轮轴与曲轴位置传感器相对关系错误的故障码。该故障码的含义是曲轴信号与凸轮轴信号在时间上产生了错误。

根据电控发动机的理论，我们知道曲轴位置与凸轮轴位置是需要精确保持相对关系的，如果它们之间产生错误，会导致 ECU 无法精确控制发动机的点火时刻与喷油时刻。也正因为如此，才采用正时皮带或正时链条来传动，以时刻保持曲轴与凸轮轴之间的相对关系。也就是保证活塞的运行与气门的运行同步进行，避免它们之间产生机械干涉的同时，保持精确的同步，才能实现对发动机的精确控制。

如果这两个信号产生了错位，会导致什么问题呢？如果错位严重将会导致活塞与气门产生碰损并出现机械事故。如果轻微错位可能会导致发动机动力不足。在早期设计的发动机上，当 ECU 检测到正时错位时，会保护性不输出点火信号，以防止机械事故进一步扩大。新型发动机大多是允许着车的，但会点亮发动机故障灯。

在遇到上述故障后，我们的同事不太明白其中的道理，对于凸轮轴与曲轴之间的精度认识不足，他看到发动机工作平稳，就认为此故障是轻微故障，不用维修。这种认识是因为没有对发动机的控制原理深刻理解所产生的。

前些天，我们还遇到过其他修理厂送来的一辆现代圣达菲，故障码也是这个。那辆车的故障是在更换缸盖后产生的，此车为 V6 发动机，前端正时采用的是正时皮带，横置发动机，分为前后两个缸盖，两个缸盖结构类似，曲轴皮带轮通过正时皮带带动前后两根缸盖上的排气凸轮轴，排气凸轮轴再通过一根链条带动进气凸轮轴转动。进气凸轮轴尾部有霍耳信号触发轮。根据故障码的解释，我们确认是从曲轴皮带轮到排气凸轮轴，再到进气凸轮轴之间的传动环节出现了错位。经过检查，发现链条部分错了一个齿，重新调整后，发动机工作恢复平稳，同时故障码清除掉后不再出现，发动机故障灯熄灭。

遇到此类故障码，最好用示波器的双踪功能，同时记录下曲轴和凸轮轴位置信号。一辆北斗星的波形如图 9-11 所示。曲轴信号齿缺出现后再过 6 个上齿顶后，出现 1 缸凸轮轴齿缺信号，如图 9-12 所示。

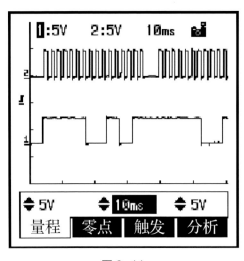 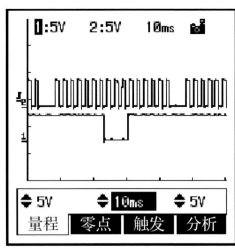

图 9-11   图 9-12

通过波形，判断出故障是因为曲轴和凸轮轴之间的相位产生错位，最终检查出来是凸轮轴上的传感器触发轮移位导致，更换一根凸轮轴排除故障。

对于此类型故障码，我们一定要与凸轮轴信号电路故障这一故障码分清，凸轮轴信号电路故障的含义是凸轮轴位置传感器没有产生正常的信号，可能信号幅度过低，也可能没有变化，是单个位置传感器的电路故障。而曲轴与凸轮轴相对关系错误的意思基本上就是正时错齿了，但从设计者的角度讲，这样给出故障码的解释不太严密，因为如果往复杂的方向想，假如凸轮轴的正时触发轮松动后，会产生圆周方向的位移，造成曲轴与凸轮轴之间信号相对错误，所以用了上面的一个解释"相对关系错误",而不能直接说正时错位。但一般情况下,我们遇到的还是人为因素引起的正时错位,极个别情况下会是上述原因。只有从理论上有了清晰准确的认识,我们才能有正确的故障诊断方向,也才能准确排除故障。

总结:

(1)"曲轴与凸轮轴相对关系错误"这个故障码的含义近似于正时错位。

(2)极个别的情况下可能是触发轮出现非正常的移位引起,比如正时齿轮的定位键损坏导致轴与轮之间滑动,或是信号轮与轴之间松动,也会引起类似故障。

(3)我们处理类似故障码时,一定要与凸轮轴信号电路故障分清楚,一个是纯机械故障,一个是纯电路故障。

▶9.9 大众CC发动机怠速时混合气稀

车型: 大众CC,配置2.0T发动机、自动变速器,已经行驶70000km。

故障现象: 发动机故障灯亮。

故障诊断: 用解码器读取故障码,显示为发动机怠速时混合气稀;进入数据流,显示如图9-13所示。

数据流名	值	单位
通道	003	
转速	760.0	r/min
空气流量	1.89	g/s
负荷	1.18	%
点火正时	2.25	°n.OT

图9-13

数据流中，发动机负荷偏低。对于 2.0T 发动机，我们以往得到的数据经验证明，该数据应该在 16%~18% 之间才合理。再看进气流量，实际数据流结果为 1.89g/s，这个数据也明显比正常值偏小。当前数据说明可能存在真空漏气，造成以上两个数据异常。为了进一步验证以上的诊断方向，我们还可以观察长期燃油修正数据。

用解码器读取数据流，进入第 32 组数据流，观察怠速长期燃油修正 1 区为 5.9%，4 区为 –3.0%。说明此车在怠速时确实存在混合气稀的问题，因为长期燃油修正为负数，意味着发动机电脑为了修正混合气，做了加浓修正。

用解码器进入数据流第 33 组，显示 1 区为前氧传感器信号电压，目前为 1.52V 左右，轻微变化，说明经过发动机电脑的加浓修正，混合气调节基本正常，可以实现闭环调节。跟客户沟通后，反映有时怠速会有波动。

综合以上检测结果，分析认为该车存在漏气，常见问题就是气门室盖上的废气阀。经过检查，没有发现其他问题，判断为废气阀漏气。

更换一废气阀后，试车几千米，回厂后再次用解码器检测，无故障码，第 32 组长期燃油修正数据仍旧是原来的样子，没有明显变化。暂时交车后，第二天该车就打来电话，说是故障灯再次点亮。车辆来厂后再次检测，故障码仍旧是怠速时混合气稀，看来上次的诊断是错误的。

跟客户沟通后，得知该车不久前刚在其他修理厂更换过进气管，当时是因为进气管漏气严重，无法正常行驶，加不上油更换的。

虽然上次的诊断失误，但我认为方向是正确的，应该是某个部位漏真空所致。经过拆检，发现进气管有 3 个固定螺栓滑扣，无法上紧，另外节气门与进气管接触处的胶圈损坏，这两个问题就是造成漏气的关键因素。将缸盖上滑扣的内螺纹修复后，再更换新的节气门胶圈，装复后试车。

用解码器读取相关数据，第 32 组 1 区为 0.5%（此数据为怠速状态下混合气调节的长期燃油修正数据，达到这个数据说明怠速时混合气过稀故障排除），2 区为 –5.4%，说明此时发动机故障排除，混合气调节恢复正常。

总结：

（1）此车故障不是由于废气阀 PCV 漏气所致，是因为节气门胶圈和进气管与缸盖接触面漏气，导致流经空气流量传感器的空气未经计量进入发动机，发动机电脑收到错误的进气量，计算的喷油量偏少，则引起混合气过稀故障。

（2）此故障的特点：在怠速时混合气偏稀明显，因为怠速时发动机真空度高，漏气部位吸进空气较多；在发动机加速时，处于非怠速时，真空度变小，漏进的空气变少，混合气偏稀问题会得到缓解，所以我们从第 32 组数据流中可以看到以上的检测结果。

（3）利用解码器观察几个数据：发动机负荷率、进气量、喷油量、怠速和部分负荷时长期燃油修正，可以较为系统地分析发动机电脑对混合气调节的控制能力，这几个数据都有一个基本的正常范围，远离此范围，说明混合气调节出现故障。

▶ 9.10　混合气调节故障和燃烧不良的 37 个原因

混合气调节出现故障会导致混合气过浓或过稀，再或是从时间上说一会儿浓一会儿稀，从空间上说是局部浓局部稀。这些都会导致发动机出现混合气调节故障。混合气调节故障出现时往往表现为发动机抖动，或是怠速转速游动，或是排气管冒黑烟。

单纯从故障现象上讲，发动机抖动的原因除了混合气调节故障外，还有可能是因为点火系统故障引起，用思维导图将混合气调节故障与点火不良故障进行总结，如图 9-14 所示。

再往下细分，混合气过浓的原因如图 9-15 所示。

混合气过稀的原因总结，如图 9-16 所示。

除了混合气调节引起的燃烧不良故障，还有几种原因，会引起燃烧不良，如图 9-17 所示。

经过以上的总结，我们在诊断燃烧不良故障时，可以从以上 37 种原因中去排除，当然有些故障还是比较明显的，或者说有些故障原因可以使用适当的设

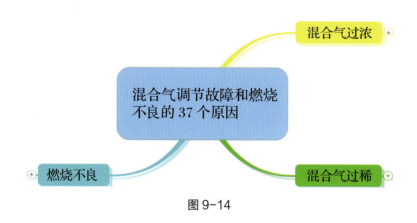

图 9-14

备进行有针对性的诊断。比如，使用尾气分析仪测量尾气成分，可以准确判断燃烧不良的原因，是混合气过浓引起，还是混合气过稀原因，再或是点火不良，以及其他因素。使用尾气分析仪分析燃烧不良故障，还是比较有效的。

在诊断故障过程中，除了尾气分析仪外，还可以利用解码器读取长期燃油修正和短期燃油修正数据，对故障现象进行分析。

以上利用思维导图进行总结，可以让我们的思路更清晰，把所有原因列出来后，可以帮我们更加全面地分析与燃烧不良相关的故障。思维导图的重要作用，是帮我们梳理以往的知识与经验，使之更加有条理，运用起来更加轻松方便。避免出现"不识庐山真面目，只缘身在此山中"的现象出现，因为通过总结，可以让我们有一个更高的视角来看待燃烧不良故障。

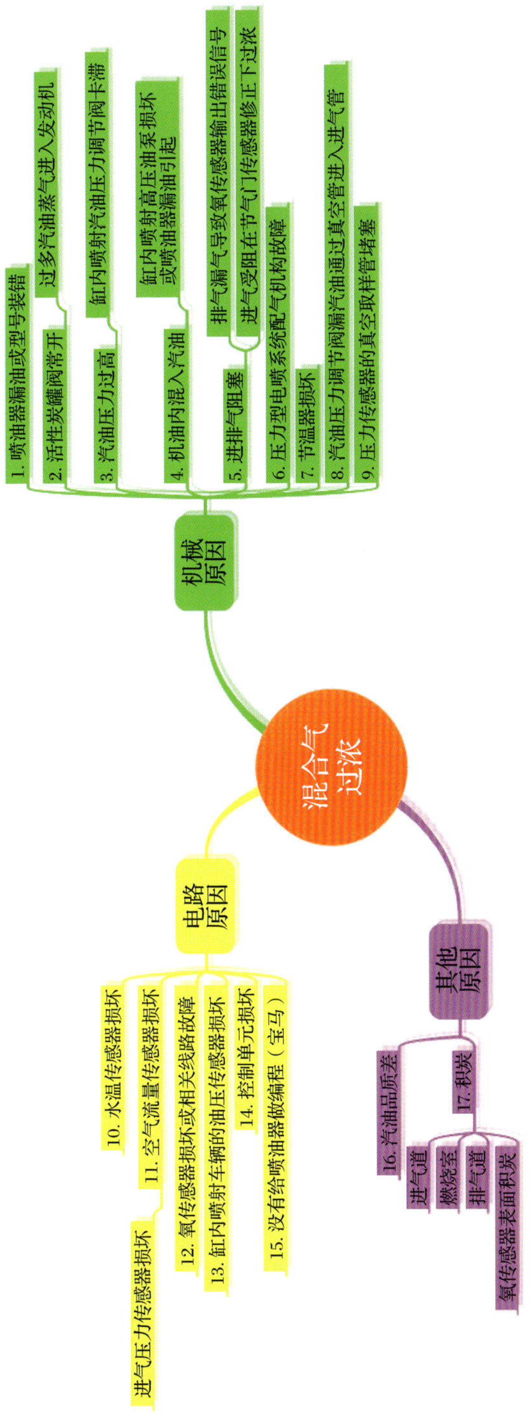

图 9-15

混合气过浓

机械原因
1. 喷油器漏油或型号装错
2. 活性炭罐阀常开 — 过多油蒸气进入发动机
3. 汽油压力过高 — 缸内喷射汽油压力调节阀卡滞
4. 机油内混入汽油 — 缸内喷射高压油泵损坏或喷油器漏油引起
5. 进排气阻塞 — 排气阻气导致氧传感器输出错误信号
6. 压力型电喷系统配气机构故障 — 进气受阻在节气门传感器修正下过浓
7. 节温器损坏
8. 汽油压力调节阀漏汽油通过真空管进入进气管
9. 压力传感器的真空取样管堵塞

电路原因
10. 水温传感器损坏
11. 空气流量传感器损坏
12. 氧传感器损坏或相关线路故障
13. 缸内喷射车辆的油压传感器损坏 — 进气压力传感器损坏
14. 控制单元损坏（宝马）
15. 没有给喷油器做编程

其他原因
16. 汽油品质差
17. 积炭 — 进气道、燃烧室、排气道、氧传感器表面积炭

·263·

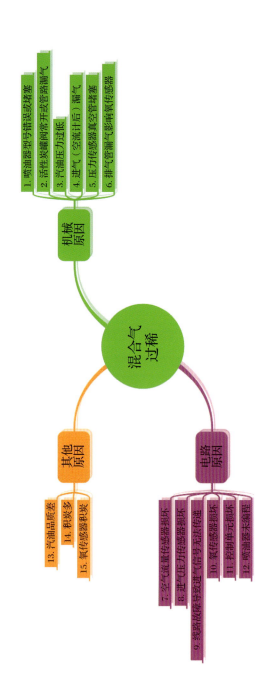

机械原因
1. 喷油器型号错误或堵塞
2. 活性炭罐阀常开或管路漏气
3. 汽油压力过低
4. 进气（空流计后）漏气
5. 压力传感器真空管堵塞
6. 排气管漏气影响氧传感器

混合气
过稀

其他原因
13. 汽油品质差
14. 积炭多
15. 氧传感器积炭

电路原因
7. 空气流量传感器损坏
8. 进气压力传感器损坏
9. 线路故障导致进气信号无法传递
10. 氧传感器损坏
11. 控制单元损坏
12. 喷油器未编程

图 9-16

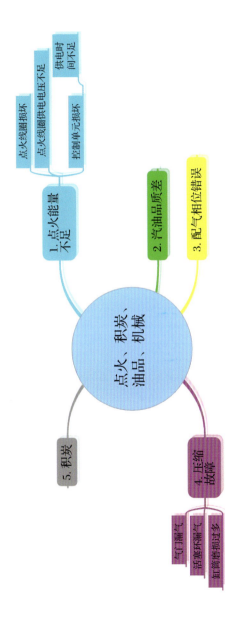

图 9-17

▶9.11 2017年捷达前挡风玻璃清洗泵不工作

车型：2017年捷达轿车，已经行驶10000km。

故障现象：前挡风玻璃清洗泵不工作。

故障诊断：扳动雨刷开关，雨刷工作正常，但提起开关时，不喷水，并且雨刷片有来回刷3次的动作。用解码器检测无故障码。

因为没有故障码，所以想看一下是否可以通过车身电脑看到喷水的数据流，发现数据流中也没有相关数据。在驾驶员侧脚踏板上方找到保险丝盒，拆下保险丝盒盖，没有发现保险丝功能说明，找到原车使用手册且上面只有保险丝盒的位置，并未提供保险丝功能说明，所以没有进展。

之前排除过新桑塔纳的喷水故障，我们知道雨刷喷水泵的保险丝在车身电脑输出端，所以当喷水开关扳动后，保险丝上才有12V电源供应。在扳动喷水开关瞬间测量各个保险丝，找到一个保险丝烧断了，保险丝位于如图9-18所示红色圆圈中。

图9-18

更换此保险丝后，喷水泵工作恢复正常，故障排除。

总结： 此类故障多发生在新型大众车型上，如果没有专业资料，我们可以利用上述方法找到被烧坏的保险丝。故障虽然简单，但如果不注意测量方法，往往也找不到故障点所在。

10 经验总结效率高

▶ 10.1 一句话案例

（1）2010 年标致 307 仪表红色三角内带感叹号故障灯亮

车型：2010 年标致 307，配置自动挡变速器。无行驶异常，扫描全车，仅在 BSI 系统有故障码"F52A：输出彻底禁止（参见功率输出参数测量状态）"。清除故障码后，再次读取故障码，故障码仍旧存在。检查全车灯光，没有发现问题。

进入变速器系统，读取数据流，如果有计数器达到最大 32958，说明变速器油该换了。更换变速器油后，做复位，重新输入数据，故障灯灭。

（2）2016 年宝马 730Li 燃油表显示不准

经过检测，仪表系统有故障码，左侧油位传感器损坏，更换燃油箱后解决。

此车在设计时有两个燃油油位传感器，左侧与燃油箱为一体化设计，右侧燃油油位传感器可以单独更换。如果是左侧传感器损坏，可进入数据流功能。读取数据，测量电阻，一般超过 900Ω 为断路。多数车辆更换燃油箱后，可以排除故障。

（3）大众燃油蒸发系统流量错误故障码

一般可检查一下炭罐电磁阀，电磁阀损坏后，常见表现为不通电状态下漏气，这样会导致油箱内汽油蒸气不受控制，进入进气管，导致混合气过浓，出现启动困难故障。该现象在太阳下暴晒后，现象更为明显。

（4）2010 年大众途观天窗不能下落到位

天窗前后动作正常，只是缺少关严后下落的功能。进入电子中央电气系统2，选择引导功能，执行作动器诊断，再选择天窗学习，然后在提示下进行操作即可。但此车按上述操作完成后，天窗也在设备操作下前后产生了动作，但仍旧不能下落关闭。我们拆开顶灯处的天窗开关，用专用旋具拧动电机轴一个小角度，再次试验，天窗可以完全关闭了。

（5）如何查找车辆 VIN 码？

一辆 2016 年捷达，故障是用设备读取到的 VIN 码，与实际 VIN 码不一致，导致检车无法通过。该车 VIN 码在发动机电脑、仪表和防盗电脑内部可以读到，操作方法是进入系统后，选择控制单元自诊断，再选择识别菜单，然后再进一步选择高级识别，在打开界面后，选择底盘号项目，就能看到 VIN。最终确认，此车为一辆事故车，维修时进行了全车编程，导致 VIN 码数据错误。

（6）P0016 和 P0017 故障码故障原因

P0016 故障码是曲轴与进气凸轮轴之间相互关系错误，P0017 是曲轴与排气凸轮轴之间相互关系错误，其背后的可能原因如图 10-1 所示。

检测此类故障最有效的方法是用示波器检测曲轴和凸轮轴的信号波形，并与正常车辆波形对比，可以快速准确地确定故障与诊断方向。

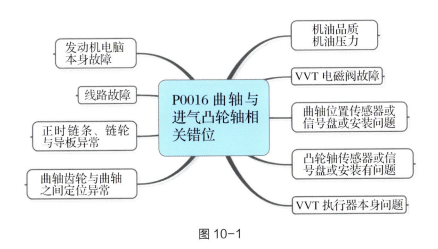

图 10-1

▶ 10.2 解码器使用技巧

一般情况下，我们综合修理厂操作解码器，先要插诊断插头到车上，要先选择车型，才能建立连接，然后进行检测。有些时候，因为车型众多，在解码器上找不到对应的车型，这时有些维修人员就没有办法了。

其实，在大多数解码器上，都为我们准备了至少 3 种方法进行车辆故障的诊断。

方法 1：人工选择车辆品牌、具体型号、生产日期、电控系统配置等信息，完成检测。

方法 2：新型车辆可以自动识别 VIN 中的车型信息，完成车辆的检测。

方法 3：选用 EOBD 菜单，进行检测。当然，这个功能主要是检测发动机系统时比较有效。

我们就简单说一下，读取 VIN 进行检测的方法，以道通 906 解码器为例，它上面有一个功能叫自动识别 VIN 码。插上解码器，选择车型总分类，有一个菜单是"自动扫描 VIN 码"，选择该菜单后，解码器可以读取 VIN 码，再按确认键后，解码器根据 VIN 码进行自动解析，自动识别车辆配置，并且在下一步的界面中给出选择。如果与实际车型相符，我们的选择是，可进行下一步的检测操作（这个功能我在别克专用型解码器中也遇到过）；如果检测后解析的车型不正确，则需要手工进行车型选择。

利用该功能，大部分车可以实现自动识别。因为现在的新车型层出不穷，对于综合修理厂来说，难免有不认识的车型，或是在车型分类细节上比较模糊的，都可以利用此功能实现车型的精确判断。

利用该菜单读出的车辆配置来选择相应的检测内容，可以避免选错车型引起的不能正常检测。相对于手工选择的车型，有时检测的准确性更高，并且省掉输入 VIN 码的麻烦。

在北京遇到元征的工程师给做培训，提到一些功能，其中有 OBD Ⅱ 这个菜单，是这样解释的：元征公司有实力生产某些车型的专用型解码器，在生产过程中，汽车生产厂家请元征公司开发专用解码器，可有效针对某些车型进行检测，说明元征公司有能力开发此类解码器。但已经跟该公司签订的保密协议，不允许在综合型解码器上过多地使用专用型解码器才有的技术，使用综合型解码器有时会出现一些车型，或某些功能无法检测的问题。于是，元征公司将一些功能集成到了 OBD Ⅱ 这个菜单里，也就是说，如果遇到某些电控系统无法检测时，可以使用 OBD Ⅱ 进行检测。

在实际维修工作中，我们检测限量版的福特美洲狮时，发现手中的解码器都没有这个菜单，所以无法选择该车型进行检测，在选用 OBD Ⅱ 这个菜单后，实现正常检测，充分利用了手头的设备。

▶ 10.3　解码器引起的误诊两例

案例 1：2014 年别克英朗无法与解码器通信

车型：2014 年别克英朗，配置 1.6L 发动机（LDE）。

故障现象：发动机故障灯亮，该车可以正常着车，但解码器无法与发动机电脑通信。

故障诊断：先用金奔腾解码器进行检测，结果发现无法通信。再用元征 X431 进行检测时，直接报给该车没有安装发动机电脑。

怀疑该车的发动机电脑通信部分损坏，理由之一就是两个解码器均反映发动机电脑有问题，而此前我们的解码器一直可以正常检测该车的发动机电脑。

再将蓄电池线断开后，检测终端电阻为 60Ω，并且拔下发动机电脑后，终端电阻变成了 120Ω。说明 CAN 通信的两个端子与发动机电脑连接良好，没有问题。并且发动机能着车，也说明发动机电脑的供电是正常的。综合以上的检测，判断为发动机电脑损坏。

订购一新电脑后，到货后装车试验，结果发现解码器仍旧无法与发动机电脑通信。

经过反复分析，请教 4S 店的朋友，指点我们可能是解码器的原因，因为解码器不是专用检测设备，有可能存在误判。于是，我们再次用金奔腾解码器与发动机电脑进行通信，结果真发现了问题。

经过我们试验，发现按下面的流程，就能实现解码器与发动机电脑的通信。正确的操作流程：上海通用→01别克雪佛兰新车型→A2010年→别克→英朗。按照上述流程才能正确检测该车的发动机系统。

经过以上的检测，最终确认解码器无法与发动机电脑通信的故障是一个假故障，因为我们的两个解码器中，元征X431存在软件问题，无法通信；金奔腾解码器可以正常检测该车的发动机电脑。因为操作原因，造成一开始的误判。

当恢复发动机电脑与解码器的通信后，发现发动机系统中有一个因为变速器系统的故障引起的故障码，就是变矩器存在不正常卡死。经过与客户沟通，发现此车已经行驶70000km，没有更换过变速器油，估计是因为变速器油过脏引起，应该先保养后维修，于是与客户沟通后更换了此车的变速器油，经过试车，故障没有再次出现，此车故障排除。

案例2：2005年别克君威着车后与解码器无法通信

故障现象：热车怠速易熄火，而冷车怠速正常。

故障诊断：经过初步检测，发现此车在不着车时检测故障码，读取数据流都可正常进行，而着车后，发现元征X431解码器无法与发动机电脑进行通信，以前没有遇到过类似的故障，怀疑此车的发动机电脑存在问题。

于是，更换了一个发动机电脑，但换好后做完匹配，发动着车后，再次试验，发现仍旧是着车后，解码器无法与发动机电脑通信，故障现象与以前一样。说明此车着车后不能与解码器通信的问题，不是由发动机电脑损坏引起的。

怀疑又是解码器的问题，但换用金奔腾解码器后，发现金奔腾一直反映插头错误，根本无法与之通信，后来换用X300进行检测，发现无论着车状态还是开钥匙状态，X300始终可以正常通信。

用OBD监听仪进行试验，发现当在开点火开关不着车时，解码器与发动机电脑通信时仅2号脚指示灯闪烁，而启动着车后，如果用元征X431进行检测，则会出现 2 号脚和 15 号脚都闪烁的情况，这时解码器无法与发动机电脑进行通信。当 X300 解码器与发动机电脑通信时，无论是着车状态，还是开点火开关时，都仅有诊断座 2 号脚指示灯闪烁。

恢复正常通信后，最终找到此车热车怠速熄火的原因是炭罐阀与进气管连接的真空管接头胶管漏气，因为此车进气测量采用空气流量传感器进行，真空漏气造成混合气过稀引起怠速熄火，将漏气处处理后，热车怠速熄火，故障排除。

总结：

（1）以上两个案例关于解码器无法与发动机电脑通信故障，均是由解码器原因引起，我们在诊断此类故障时要尽量用换解码器的方法来进行试验，可以快速搞清故障原因。

（2）OBD 通信协议是综合型解码器的一个菜单，此菜单不分车型，当遇到不能正常通信时，可选取此菜单进行试验。

（3）虽然以前用该解码器诊断此车型没有问题，但不能保证个别车型、个别生产年份所生产的车型都能进行正常诊断。如果可能的话，对于我们综合修理厂尽量准备两个不同品牌的综合型解码器，在关键时刻可以进行相互验证。

▶ 10.4　解码器使用中的误区

在解码器使用中，有些车主朋友或是我们的初学者往往会存在一些误区，笔者将这些容易出现的误区整理如下，看一下你是否也是这样想呢？

（1）故障码所指的故障即故障元件。

（2）清除故障码就等于排除了故障。

（3）读取数据流不可信就是解码器软件的问题。

（4）无法清除的故障码就是现存的故障。

（5）同一系统中多个故障码同时出现时，无法分析故障原因。尤其是出现相互矛盾的故障码，比如混合气浓和混合气稀故障码同时出现。

（6）相同的故障码重复出现时，不知是什么原因。

（7）通过故障码，就可确认故障原因，进行元件更换。

（8）发动机排放故障灯和电控系统故障区分不清。

（9）对于偶发性故障，只有故障灯亮时，才会检测到故障码。并且，当没有故障现象时，就没有办法进行诊断和维修。

昨天朋友的一辆本田 XRV 来找我维修，说是在行驶过程中发动机故障灯点亮。此车是 2017 年的新车，配置缸内喷射发动机，用解码器读故障码，显示为混合气过稀。

跟朋友交流得知，故障灯是行驶中点亮的，经过外观检查，先检查是不是空滤元件松动或是有漏气，经过检查没有问题。再检查机油，油量正常，机油尺安装正常，没有漏气的可能，此车为一辆新车，外观检查也没有发现问题，这时注意到仪表上的燃油表，燃油显示油量已经到了底限。是不是因为燃油过少，造成供油不足而引起的混合气过稀。

清除故障码后，让朋友去加油站加满燃油再试车，经过几天的使用，故障灯没有再次点亮，说明此次故障就是由于燃油过少引起的。

这样的一个故障给我带来的启示是，故障码分析时要注意全面了解故障产生的外界因素，否则分析问题时就可能出现误诊。

汽车的智能程度还不足以把所有的问题进行综合统一处理，一个简单的汽油少的问题，居然由发动机故障灯来提示，并且存储上了故障码混合气过稀。我想这个车的设计需要完善一下，如果燃油油量过少时，就不要存储混合气过稀的故障码，更不要触发发动机故障灯点亮，这在软件设计中要综合两个不同控制系统的信息：一个是发动机电子控制系统，另一个是车身控制系统，不过在当今的技术能力上，应该不成问题。只是生产厂家有没有注意到这件事情，本着把事情做到完美的思路讲，这个改进是应该尽快完成的。

作为汽车维修技术人员，我们注意不要把简单问题复杂化，分析故障码时要进行综合考虑，只有把经验、理论、数据、信息充分融合后做出的判断，才是正确的判断。该车故障诊断过程中，得益于多收集了一些信息，脱离了正确的思维方法后，该车故障特别容易引起错误的维修，要多收集相关信息，防止出现误判。

发动机故障灯和 EPC 故障灯有如下区别：

发动机故障灯是表明发动机排放系统出现故障，使排放升高需要维修。

EPC 故障灯长亮代表发动机管理系统或是电控部分出现故障，常伴有车辆怠速不稳或发动机冷启动抖动等现象。不过对于国内车主，尤其是大众系的车主来说，EPC 故障灯亮已经见怪不怪了。一般都是由国内油品的质量和用车环境较脏而造成，尽快开到维修服务站进行检修，一般情况下清洗节气门即可解决。

发动机故障灯在不同品牌的车型上叫法不同，有的叫发动机故障灯，有的叫排气系统故障灯，但图形标识都很统一；此灯亮起表示发动机排气废气监控系统出现故障，俗称三元催化器中毒。如果在行车中该灯亮起或闪烁，请立即减速，并行驶到最近的维修服务站进行检修。此故障大多是由于国内油品质量造成三元催化系统中的氧传感器损坏或三元催化器中毒所导致。

这样的问题还有很多，每一个误区背后就是一个知识的盲点。只有勤学苦练，才能熟练运用解码器完成故障诊断与维修。

在实际使用中，我们遇到过某品牌的解码器，检测标致 307 竟然找不到ABS 电脑，估计可能是软件问题。换用另外一台解码器后可以正常对 ABS 进行检测。福特致胜用某品牌解码器检测时没有故障码，换用其他品牌解码器检测，却可以检测到故障码。用某品牌解码器清除东风日产奇骏的保养归零灯时，无法完成，换用不同品牌解码器却轻松完成了。综合型解码器各有所长，对于大多数常见车型可以轻松应对，但对于个别车型，可能存在检测功能受限的问题。

▶ 10.5　如何提高解码器的检测速度

汽车发展到今天，其控制系统变得非常复杂，实际我们综合修理厂所面临的车型众多，如何在众多车型的故障检测中实现最快速度的检测，是一个值得我们思考的问题。

要想提高检测速度，就要先保证检测的准确性。VIN 码为解码器提供了准确详细的信息，有些解码器已经具备了自动识别车辆的功能，我所知道的解码器中，大众专检 ODIS 在接到车上，进入系统后，会自动读取车辆信息，程序启动后，先从防盗控制单元中读取 VIN 码，并且进行解析。正常情况下，会实现车型识别，我们只需要输入发动机型号就能完成车辆识别。

道通 906 解码器，在启动诊断菜单后，如图 10-2 所示。

图 10-2

在图中的左上角，有一个 VIN 标志，当我们接上解码器后，点击此标志，解码器会自动读取车辆 VIN 码，完成车辆识别。

这个功能非常好用，对于一些不熟悉的车型，它可以帮我们快速识别车型，不但快而且准。可惜的是，不是所有车辆都有这个功能，因为早期的车辆，没有把 VIN 码定制到车身电脑内部，再或是车上根本就没有车身电脑，这些老车型是用不上此功能的。

只有准确识别车型，才能有准确的检测结果。为了快速检测，我们要根据检测的目的进行合理调整。比如，我们遇到一辆车的发动机故障灯点亮，客户要求我们维修发动机系统故障。那么我们在识别完车型后，直接选择车辆控制系统，进入发动机控制系统，而不要选择系统扫描，或是快速检测。

在道通 906 解码器中，快速检测是指通过 CAN 通信线，对全车控制系统进行快速检测，相对于快速检测的另外一个检测方式是——通过 OBD 插头中的 K 线进行全车检测，这种检测是比较慢的。

还有一种检测方式叫"全车扫描"，这个功能适用于我们维修疑难故障，或是对整车电控系统做了大型维修后来选用。它的目的是让我们全面了解整车概况，全面分析故障原因。一般情况下，不适合于针对某一控制单元故障的维修。

要想快速检测，就要合理选用解码器的功能菜单，快速的基础是准确。准确识别车型后，再尽量精确到检测哪一个控制单元上，这样就能实现相对的快速检测。包括 ODIS 的使用，系统启动后，一般会快速对整个系统进行扫描，然后把所有故障集中显示给维修操作者。如果我们有针对性地要对某一个系统进行检测，也可以选择自诊断进行检测，这样的话，就可以实现快速检测。

我所知道的具备自动识别车型的解码器，在综合品牌中有道通、元征、朗仁，专检中有 ODIS、XENTRY 等，都具备自动识别车型的功能。

经常给设备升级，保持最新软件版本，有时可能升级的不是可测量车型的软件库，而是设备基础软件的更改，这样的升级可以使通信更稳定。

▶ 10.6 标准数据流的收集

使用解码器最大的收获不是可以看到这些数据，而是要通过分析数据找出变化的规律。发动机着车后，大多数数据都在变化，是一个动态的变化过程，比如喷油脉宽，就如同人的心电图一样，只要发动机处于着车状态，它就会不断地变化。因为在氧传感器的修正下，ECU 会输出加浓和减稀的指令，让喷油脉冲的宽度不忽宽忽窄地变化。车主操作发动机进行加速和减速时，ECU 必然通过增加和减少喷油脉冲的宽度调节混合气。就连脉冲宽度这几个字，都与人的脉搏一样，有着类似的工作方式。一台运行的发动机，就如同一个生物一样，是"活"着的。因为几乎所有的动物，也都是以消耗氧气、食物的能量为燃料，进行着氧化反应，只不过发动机是真正地燃烧，而动物是缓慢氧化。动态、电脑、脉冲、学习、诊断，把这些词放到一起，越看与人的各种行为越相似，不就是千变万化的动态世界吗?!

人有标准体温,超过 37℃为发烧,发动机正常工作温度为 102℃,超过这个温度叫水温过高;人有糖尿病,车辆有油耗过高,人得了糖尿病后,吃得多、喝得多,还没有劲;发动机得了病后,同样油耗高,动力差!

扯了这么远,就想说一件事,在千变万化的发动机运行数据中,是万变不离其宗的,有些数据有其变化的规律,通过规律,我们可以找出判断的标准。按我们以往的思路,发动机的喷油脉宽、进气压力、进气量、负荷率等,这些数据应该在热车怠速状态下维持一个很小的变化范围。因为它是基础数据,是一台机械系统运行的基础,只有出现较大故障,才会引起这些数据的变化。

因为发动机排量的不同,设计发动机机械的公司不同,电控系统生产的公司不同等,这些因素都会形成各自规律的数据,在不同中蕴含着相同规律。假如有一个标准数据,我们参考这个标准,一眼就能识别出来一些病态的数据,通过数据快速锁定故障,是我们学习的重要目的。

图 10-3 是从一辆东南菱悦轿车上读取的数据流,此车没有故障码,油耗正常,已经行驶 78000km。我们是在热车怠速状态下记录的发动机数据流,其中喷油脉宽为 2.50ms,进行压力为 31kPa,这两个数据都可以看作是标准数据,是一个发动机健康运行的结果。一旦发动机出现故障,关键数据就一定会偏离正常值,所以可以作为诊断使用的标准数据就出现了。我们可以用类似的方法收集这些标准数据,用于故障诊断上来。

除了收集发动机的标准数据流,各个控制系统几乎都有自己的标准数据,还可以把上述的概念扩展开来,在《汽车维修技师》杂志上看到过一篇这样的文章,利用网关数据流分析全车漏电,来判断是哪一个控制单元没有进入休眠状态引起的漏电。我们还可以利用元征 X431 把数据变成波形的功能,来进一步实现车辆进入休眠过程,各个控制单元先后退出工作的过程,来分析问题的所在。

技术在于精益求精。我希望通过本书不仅带给大家真实可用的技术绝招,

图 10-3

还希望在有限的内容中给大家带来思考和思路。无论如何也不可能通过有限的文字表达出无边的技术，所以以上两个方面的技术思路都是我们需要的。我们从事汽车维修工作的同行，每天都在与数据流打交道，要有这个意识不断地收集数据流，就能从中找到规律，提高我们的诊断能力。

▶ 10.7　解码器使用中的注意事项

作为汽车维修工作中最常用的诊断设备，就是解码器。一个优秀的维修技师最离不开的是解码器，作为高频率使用的诊断设备，有哪些注意事项呢？我们从一个综合修理厂的朋友与我聊的一个案例说起。

该朋友说，有一辆迈腾轿车有点小问题来找他维修，因为是在家中，手里只有一个手机版的小型解码器（插在 OBD 诊断座上，利用蓝牙与手机通信，进行简易诊断），插上解码器后与手机连通，提示需要升级，按菜单操作后，该车出现了新的问题，变速器所有奇数挡失效。经过反复尝试，都不能排除故障。去 4S 店请专业技师匹配都没能修好，当时怀疑变速器内有硬件损坏。无奈之下，回自己修理厂，让另一位技师反复试车后，故障又离奇地消失了！虽然故障消失了，这件事到底是怎么回事，又是如何形成的？作为一个技术人员，就无法放下这个问题了，一直思考了许多天，都找不到答案。

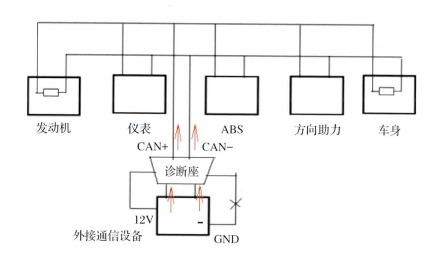

图 10-4

其实是由 OBD 插座接触不良引发很多故障现象。由于 OBD 插座接触不良，引起一些数据偶发性地改变了原车变速器控制单元，引起上述故障现象。因为最终是没有通过更换硬件排除故障的，那就可以肯定是软件出了问题，并且刚好朋友利用该车的诊断座对设备进行了升级，从这一点上可以反向验证故障发生的原因。此车维修完后，长时间使用，再也没有出现变速器相关故障。于是，我们通过以上案例可以得出这样的结论——我们平时每一次利用解码器进行检测，都存在一定风险，虽然概率比较小，但还是有可能会造成车载控制单元出现故障的。所以，在平时维修时也尽量使用专业的解码器来完成诊断。

▶ 10.8　修车感悟

无论多么复杂的故障，其背后可能是非常简单的一个科学原理；无论多么简单的一个故障现象，其背后可能是一个复杂的科学原理。汽车维修之所以让人头痛，是因为我们的科学知识与经验不足以解决面对的问题；汽车维修之所以让人着迷，是因为我们维修技术人员解决了很多客户所面临的难题，这种成就感让我们非常自信。

当我们全力以赴解决问题时，需要思考，需要把大脑当中所有的知识、经验、方法、数据调动起来。所以，我们修车人需要长时间地学习、长时间地积累，每一个成功的维修技术人员，都会随时随地学习，随时随刻应用自己的知识。

要把自己所读的书活学活用，解决问题才对得起书，对得起自己的学习。如果一个修理厂没有解码器，这是一件很奇怪的事。但是，亲爱的读者朋友，你是否思考过你每天面对的电控系统故障，手里竟然没有示波器——这种专门诊断电子电路的设备，并且你确实解决了很多的故障，这是否意味着你可能用非常不合适的工具在战斗，因为工具不顺手你可能耽误了很多的时间！

虽然本书是一本讲解解码器使用的书，但没有示波器的帮助，我们很难对一些电子控制系统做出快速精准的故障诊断。前两天一个专修自动变速器的好朋友给我发了一条微信，说他有一个想法，想跟我学习一下示波器的使用，原因是他组织的一个自动变速器联盟中，有人在学习我的《用思维导图学汽车示波器的使用》一书。我感到很奇怪，因为在我心中，搞自动变速器维修比发动机维修和其他车辆电子维修需要更多的知识与经验，他如此专业，怎么不会用示波器？这里一点也没有嘲笑这位师傅的意思，只是从我的角度来看，这事不合逻辑。但事实就是这样，他可能用不专业的方法，来诊断一些疑难的电子控制系统的故障，并且曾经为此浪费了太多的精力。

后 记

谁都没有预料到 2020 年的春节是这样一个不平凡的春节，新型冠状病毒肺炎使得全国人民都改变了过春节的方式——"宅"在家里或是赶赴抗击新型冠状病毒肺炎的第一线。对于我来讲，刚好有了整理此书的时间，使得本书能尽快出版！

本书写作中遇到的最大难题是素材的取舍，不是素材不够，而是太多，问题涉及方向太多后就太杂乱，如何取舍是一个大问题。经过"宅"在家里近一个月的努力，终于整理完成了。如何取得突破性进展的呢？这就显示了思维导图的作用了。

当今社会，汽车技术飞速发展，汽车维修行业要淘汰的不仅仅是那些不学习的人，还包括没有掌握学习方法的人。没有好的方法，学习起来就十分低效，而这个行业发展如此之快，跟不上就一定会被淘汰。

思维导图可以提高你的思维品质，进而提高思考效率，但前提条件是你大脑当中要有知识含量，在知识含量的基础上加强思维方法的训练，就能适应当前的形势。坚持用这种方法来思考，就能领先同行的竞争，立于不败之地，站到胜利的巅峰！

亲爱的读者朋友，你学会使用思维导图这个思维工具了吗？用它来解决一些什么问题呢？

2020 年 1 月 30 日　星期四

于河北辛集增雨轿车维修 / 杨增雨